KB214054

Disaster Psychological Support

재난심리지원

이해와 개입

이동훈 · 김정한 · 김은하 · 신지영 · 이혜림 공저

박영story

서 문

본 매뉴얼은 정신건강지원 제공자들을 위한 배경 지식, 교육 과정을 수립하는 지침, 교육 과정 설계, 장기적인 회복에 대한 사안과 현장교육을 다루고 있으며, 매뉴얼에 포함된 내용은 재난이 발생하기 전의 준비 교육, 사고 직후 정신건강 대응, 장기적인 정신건강 회복 프로그램을 위한 재난심리요원을 위한 교육의 일환으로 사용될 수 있다. 1장에서는 재난과 재난상담에 대한 기초지식과 재난 정신건강개입에서 중요한 원칙들을 소개한다. 2장에서는 재난으로 인한 생존자 반응과 생존자의 특성에 대해 살펴보고, 연령과 집단의 특성에 따라 상이하게 나타날 수 있는 반응 양상에 대하여 살펴보고자 한다. 3장에서는 재난심리지원의 실제를 다루기 위하여 기본적인 대응법과 고려사항을 소개하고 있으며, 4장에서는 심리적 응급처치의 개념과 지침에 대해서 소개하고 있다. 5장에서는 재난생존자를 위한 위기개입 전략 및 상담기법과 의사소통 기술, 안정화 기법에 대해 안내한다. 6장에서는 재난 발생 시 특별히 심층적인 심리지원이 필요한 생존자군에 대하여 안내한다. 7장에서는 재난심리지원을 수행하는 재난심리요원들을 대상으로 소진과 스트레스를 다루기 위한 개입방법을 제시한다.

차 례

Part 01 재난심리지원의 이해

Chapter 01 재난과 재난상담

Chapter 02 재난에 대한 생존자 반응

Part 02 재난심리지원의 실제

Chapter 03 재난생존자 대응법 및 정신건강개입

Chapter 04 재난생존자를 위한 심리적 응급처치

Chapter 05 재난생존자를 위한 상담기법 및 위기개입전략

Chapter 06 특별한 관심이 필요한 생존자에 대한 대응법

Chapter 07 재난심리요원에 대한 심리적 개입

재난심리지원의 이해

01 재난과 재난상담

가 재난에 대한 기본 이해

1) 재난심리지원의 필요성

지난 몇십 년간 한국 사회는 발전을 거듭하면서 여러 국가적 재난 상황을 경험해왔다. 1993년 서훼리호 침몰 사건부터 95년 삼풍백화점 붕괴사고, 97년 KAL기 추락사고, 21세기에 들어와서는 대구 지하철 화재사고 및 태풍 매미, 중부지방의 대설, 2014년 세월호 참사까지 이러한 사고들은 많은 사상자를 낳았고, 생존자의 삶뿐만 아니라 생존자 가족들의 삶까지도 영원히 바꾸게 되는 비극을 초래했다.

이러한 비극적인 사건들은 국가 전체에 영향을 줄 뿐만 아니라, 지역사회 주민들 및 직접적인 피해를 당한 생존자의 삶을 송두리째 바꿀 수도 있다. 재난은 생존자, 유가족, 응급처치 대응인력 등을 장기적인 신체, 정서, 심리적 위험에 처하게 하며(Office for Victims of Crime, 2000; Center for Mental Health Services, 2000b), 사법 처리과정에서 많은 분쟁을 야기한다. 예를 들어 수사, 체포, 재판, 선고, 항소와 같은 모든 과정들은 생존자와 유가족들의 삶을 더욱 고통스럽게 만들 수 있다.

미국의 경우 역시 크게 다르지 않다. 지난 십 년간 미국인들은 집단 폭력과 테러의 위험에 지속적으로 노출되어왔다. 예를 들어, 1992년 로드니 킹 판결 후 로스앤젤레스 시민 소요 사태, 1993년 뉴욕시 세계 무역 센터 폭탄 테러, 1995년 오클라호마시 폭탄 테러, 1998년 오레건주 서스톤 고등학교와 1999년 콜로라도 주 컬럼바인 고등학교 총기 난사 사건, 2001년 뉴욕, 버지니아, 펜실베니아 주의 테러 사건은 수천 명의 사상자를 초래했고, 많은 이들의 삶이 영구적으로 변화하게 되었다. 또한 학교 내 폭력 및 총기사고는 지속적으로 아이들, 선생님, 교직원들의 안전을 위협해왔다.

미국은 1974년 Rober T. Stafford 재난 복구와 응급 지원 법안의 권한으로, 연방 정부가 대통령이 지목한 재난들을 대상으로 정신건강 관련서비스를 25년 이상 지원해 오고 있음에도 불구하고, 미국 연방 정부에 대한 범국가적 서비스 확대요구는 더욱 커지고 있다. 또한, 테러 행위는 국가 범죄이기 때문에, 연방 사법 기관들은 심리지원과 함께, 생존자 권리 보호와 지원 서비스 제공에 대한 책임까지 지원 영역을 확대하고 있다.

미국의 경우 자연재난이나, 인재보다는 폭력 및 테러에 관한 사건 사고가 많은 특성상, 미국 법무부의 범죄 생존자 부서(office for victims of crime)는 "집단 폭력"에 대한 실질적 정의를 "미 연방 수사국(FBI)이나 다른 법 집행 기관에 의한 공식적 수사가 이루어지며, 법적 대응을 위한 생존자 지원에 대한 부담을 유의하게 증가시킬 징도로 많은 사람들에게 신체, 징서, 심리직 상해를 입히는 의도적인 폭력 범죄"라고 정리하였다. 미국 형법은 테러리즘을 다음 두 가지를 포함하는 활동으로 정의하였다. (a) 미국의 어떤 주에서든 폭력 행위나 형법을 위반하며 사람의 생명을 위험하게 하는 행위, 또는 미국 내 어떤 주의 사법권에서든지 위법에 해당하는 활동, (b) 시민들을 위협하거나 강요하려는 의도가 보이는 행위, 위협이나 강요를 통해 정부 정책에 영향을 주고자 하거나, 저격이나 납치를 통해 정부 활동에 영향을 주려는 행위"라고 정의하고 있으며, 이러한 기준을 바탕으로, 미국은 충격적인 공격을 당한 생존자들에게 더 나은 도움을 주기 위해 미 법무부(DOJ), 범죄 피해자 부서(OVC), 미 보건 사회 복지부(DHHS), 약물 남용 및 정신보건 복지 행정부(SAMHSA), 정신보건복지부(CMHS)가 1999년에 연계 기관 협약에 사인을 했고 2001년 모든 절차를 마무리했다. 이러한 협력은 각 기관의 실질적인 전문 기술, 지식, 실무 경험을 통합할 수 있는 지원체계 구축에 핵심을 두고 있다.

1974년 이후로, 미국은 약물 남용 및 정신보건 복지와 관련해 주 정신보건 전문가들에게 기술 지침과 상담을 제공하여 대통령이 지목한 재난들에 관련한 효과적인 정신건강 회복 프로그램을 개발하는 것을 도왔다. 정신보건복지부는 연방 응급 관리 기관(FEMA)과의 연계 협약을 통해 일하면서, 200개의 재난 후 정신건강 회복 프로그램들을 지원 및 감독해왔다. 이들 중 대부분은 위기 상담 프로그램에 해당하며, 이러한 프로그램들은 홍수, 토네이도, 허리케인, 지진, 산불을 포함한 자연재난을 겪은 지역사회들을 조력해왔다. 또한, 정신보건복지부는 여러 기술 지원 출판물들을 개발하는 것을 도왔다. 정신보건복지부는 연방 응급 관리 기관과의 협약을 통해 50개 주와 워싱턴 D.C의 정신건강지원 제공자, 행정 관계자, 관리자들에게 지역사회가 경험할 수 있는 재난에 대비할 수 있는 교육을 실시해왔다. 또한 최근에는, 정신보건복지부는 오클라호마시 폭탄 테러, 9·11 테러사건에 대한 대응을 위하여 설계된 위기 상담 프로그램들을 지원하고 있다.

약물 남용 및 정신보건 복지 행정부와 법무부는 폭력 범죄와 자연재난에 피해를 경험한 사람들을 지난 몇 년간 지원하며 개발한 다양한 기술, 경험, 견해들을 통합하였다. 이러한 통합작업은 집단 폭력과 테러에 영향을 받은 개인과 지역사회의 정신건강에 대한 필요에 효과적으로 부응하고, 생존자와 가족들의 권리를 보호하기 위함이다. 이러한 매뉴얼들은 재난 대응 시 필요한 정보를 제공하고, 복지 서비스 제공자들이 다음과 같은 업무를 수행할 수 있도록 설계된 교육 과정을 제공한다.

- 희생자, 생존자, 유가족이 트라우마와 손실을 극복하는 것을 도움
- 희생자, 생존자, 유가족이 사법처리과정에 참여하도록 도움
- 지역사회가 교육, 봉사활동, 지원 등을 통해 전반적으로 복구되도록 보조
- 서비스 제공자들의 노동에 관련한 스트레스 반응들을 이해하고 관리

일본의 경우, 다른 나라에 비해 지진을 비롯하여 태풍, 호우, 폭설, 지진 해일, 화산분화 등 자연재난이 발생하기 쉬운 나라이다. 면적은 세계의 0.28%를 차지하고 있는데 반해, 세계에서 발생한 지진 중 매그니튜드 6.0이상의 지진의 20.5%가 일본 국토에서 발생하였으며, 전세계에서 재난으로 사망한 사람의 0.3%가 일본의 재난으로 사망하였다(내각부, 2010). 특히, 1995년에 발생한 한신·아와지대지진에 의한 희생자수는 6,400여명에 이르며, 2011년의 동일본대지진은 희생자 18,800여명의 피해를 불러왔다.

오랜 역사 속의 대규모 자연재난의 경험을 계기로 일본은 1950년대 이후 방재체제를 강화시키게 되었고, 재난대책기본법 및 관계 법률에 의하여 재난대책이 추진되어 오고 있다(내각부, 2011). 재난으로 인한 생존자의 스트레스 문제에 대한 중요성은 1995년 한신·아와지 대지진 이후 대두되었다. 피해지역 안팎의 관계자들이 마음 케어 활동의 필요성을 인식하게 되었고 지역의 보건소를 중심으로 실제의 마음 케어 활동을 개시하게 되었다(효고현 마음케어센터, 2014). 2011년에 발생한 동일본 대지진 이후에는 마음케어 활동팀에 의한 장기간에 걸친 지원을 많은 생존

자가 경험하게 되었고, 발생 직후부터 정보수집·정보발신, 외부의 마음케어 팀을 받아들이는 것 및 중장기 지역정신보건복지활동의 재구축 등 마음케어에 관한 과제를 적극적으로 해결하게 되었다(미야기현 마음케어센터, 2014). 또한, 재난에 대한 대비가 중요하듯이 재난 시의 마음건강의 문제에도 사전의 준비가 중요함을 인식하고, 재난으로 인한 심리적 영향과 대처 등을 미리 알고 있는 것이 마음의 문제를 경감하는데 도움이 된다는 인식이 확대되었다. 일본은 이러한 인식을 바탕으로 재난 시 마음케어 매뉴얼을 이용하여 방재교육으로서의 마음케어에 관한 지식을 보급하도록 추진하였다. 일본의 재난 매뉴얼들의 특성을 살펴보면 다음과 같다.

첫째, 재난심리요원이 활용할 수 있는 자세한 정보가 포함되어 있으므로 재난심리요원을 교육하는 목적으로 사용할 수 있다. 각 매뉴얼들이 대상으로 하고 있는 재난심리요원은 전문 의료인부터 일반인 자원봉사자까지 매우 다양하다. 대상자들이 필요에 따라 활용할 수 있도록 사전 교육 및 체제와 재난 시의 생존자 대처의 실제까지, 재난 현장에서 도움이 될 수 있도록 스트레스 반응에 대한 기본적인 지식을 제공함과 동시에, 생존자를 대하는 방법과 재난심리요원 자신의 스트레스 관리방법에 대해 구체적으로 서술하고 있다. 매뉴얼 개발 단계에서는 해외의 프로그램이나 사례를 받아들이면서도 일본 국내의 재난구호에 도움이 되도록 일본의 문화나 관습에 맞춘 대응법을 제시하고 있다. 또한, 재난심리치료에 관한 지식을 정리하여 실제 지원에 필요한 브로셔 및 기록·보고의 양식을 모아 현장 활동에 도움을 주기 위한 안내서로서의 역할을 할 수 있도록 하였으며, 생존자의 심리적 반응과 재난에 대처해야 할 활동을 재난 발생 후부터 시간 순으로 제시하여 지원활동 상황에서 활용할 수 있도록 하고 있다.

둘째, 다양한 영역에 대한 대응법을 포함한다. 일본의 매뉴얼들은 직접적인 재난의 피해로서 인식되지 못할 수도 있는 언론으로 인한 문제에 대한 대처와 피해 지역에 머물면서 발생할 수 있는 재난심리요원의 심리적인 문제까지 재난의 마음 케어의 일부로 보고 자세한 대응법을 제시한다.

재난에 대한 보도는 필수적이고 긍정적인 측면을 지니지만, 이미지 위주의 보도나 인권침해 등의 부정적 측면에 의해 생존자들은 또 다시 피해를 입게 될 수 있다. 이를 예방하기 위하여 언론 측에 주의와 배려를 촉구하고 생존자가 스스로를 보호할 수 있도록 교육하는 등 2차 피해를 방지하기 위한 대책이 마음케어 매뉴얼에 제시되고 있다. 2014년에 우리나라에서 발생한 세월호 침몰사건의 경우, 사건 직후의 뉴스보도 중, 침몰이 일어난 후 전원이 구조되었다는 오보가 있어 생존자 가족들과 국민들에게 혼란을 주고 초기 대응에 혼란을 야기한 예가 있다. 이밖에도 대중매체를 이용한 희생자와 유가족의 비하와 욕설 등 희생자의 명예훼손과 정신적 피해가 문제가 되고 있는 등, 재난에 대한 언론 보도와 SNS 등에 관한 대처는 우리나라의 현실에 필수적인 사항이 될 것으로 보인다.

생존자의 케어를 담당하고 있는 재난심리요원의 경우, 생존자와 같은 상황에 놓여 있다고 볼 수 있다. 재난 이후 트라우마 경험은 이야기를 듣는 사람에게도 심리적 타격을 줄 수 있어, 몸과 마음에 여러 가지 변화가 일어날 수 있다. 일본의 재난시 마음케어 매뉴얼에서는 재난심리요원이 건강하게 계속 활동 할 수 있도록 하기 위해, 재난심리요원 개인으로서, 그리고 조직으로서, 재난심리요원이 처한 상황을 이해하고, 대처할 수 있도록 대응책을 제시하고 있다.

셋째, 특별한 주의가 필요한 생존자들에 대한 다양한 대처법을 제시한다. 일본의 매뉴얼들은 재난 시에 스스로를 지키는 행동을 하는 데에 도움이 필요할 것으로 여겨지는 어린이, 고령자, 장애인, 임산부, 외국인 등을 특별한 관심이 필요한 생존자로 간주하고, 각각의 필요에 맞게 대응할 수 있도록 제안하고 있다. 어린이의 경우, 재난심리요원이 줄 수 있는 도움과 보호자의 역할을 구분하여 피해 경험 후의 반응을 확인하고 그에 대처할 수 있는 방안을 제시한다. 어린이는 취학 아동과 영유아를 구분하여 차별화된 대응법을 보여주고 있다. 고령자는 심신이 쇠약해지는 것으로 인하여 재난 후의 환경 변화에 적응하기 힘들다는 특징이 있다. 또한 생활의 재건의 필요에 대한 불안이 스트레스 반응으로 나타날 수 있으므로, 일본의 매뉴얼에서는 이런 점을 고려하여 고령자에 대한 마음케어의 대응법을 제안한다. 장애자의 경우, 치료 시설의 이용이나 투약이 재난으로 인하여 중단되는 경우를 상정하여 그에 따른 스트레스를 경감시킬 수 있는 마음 케어를 실시하도록 하고 있다. 이 밖에도 임산부와 일본어로 의사소통이 자유롭게 가능하지 못하여 피해의 구조에서 소외되거나 그로 인한 불안을 느끼는 사람들을 특별히 배려한 대응책도 마련되어 있다.

이 책에서는 일본의 중앙 및 지방 정부와 일본적십자사 등이 제시하고 있는 재난시의 마음케어에 대한 연구와 매뉴얼들의 내용을 정리하여 일본의 재난생존자에 대한 정보와 대응법 등을 고려하고 있다. 한국인과 일본인은 사람들 사이의 관계와 공통의 이익을 개인의 이익보다 중시 여기는 집단주의적 성향을 공통적으로 지니고 있다(야마구치, 2003). 재난의 원조는 관계를 계속 유지시키면서 진행되는 활동이므로 인간관계의 특성이 유사한 일본의 재난 매뉴얼은 한국의 상황에도 활용되기에 적합할 수 있다. 단, 일본의 경우는 대부분의 재난의 원인이 주로 자연재난이지만, 최근의 우리나라에서 발생하는 재난은 사람의 실수나 범죄로 인한 사고인 경우가 많은 것으로 보인다. 이러한 경우, 원망이나 분노 등 정서적인 문제를 더욱 악화시킬 가능성이 있을 것으로 보이므로, 한국 실정에 맞는 매뉴얼을 개발하는 데에는 재난의 종류나 원인을 고려한 대책이 적합할 것으로 보인다.

한국의 경우, 2014년 세월호 참사 이후, 인재와 재난 및 재해 등에 대한 국가의 책임에 대한 인식이 대중들 사이에 자리 잡게 되었다. 사고의 재발을 방지하는 것과 자연재난 및 인적 재난 발생 시 관련 부처가 생존자들의 안전을 최우선시하면서도, 생존자들이 겪는 신체적, 심리적 고통에 즉각적이며 다각적으로 접근할 수 있는 훈련시스템의 개발이 국가적 의제가 되었다.

이 매뉴얼은 정신건강지원 제공자, 범죄 및 재난생존자 지원 전문가들이 재난 피해를 입은 사람들에게 적절한 정신 보건 서비스를 제공하기 위해 숙지하여야 할 기본적인 내용을 담고 있다. 또한 이 매뉴얼은 기본적으로 정신건강전문가들을 위한 것이나 모든 서비스 제공자들에게 유용한 정보를 담고 있으며, 프로그램 기획자, 행정관리자, 임상 수퍼바이저들이 정신건강 대응 프로그램을 개발하고, 생존자 대응 시 발생되는 필요와 쟁점, 임상적인 어려움을 다루기 위해 필요한 기본적인 정보를 포함하고 있다.

본 매뉴얼의 전반적인 내용에서는 심리지원과 치료, 범죄피해자지원, 영적 지침과 지원들이 위기 대응에 필요한 요소들임을 강조한다. 집단 폭력 행위와 테러는 지역사회에 광범위한 영향을 미친다. 정신건강개입은 피해를 경험한 사람들과 유가족 뿐 아니라 더욱 큰 범위의 지역사회를 대상으로 하며, 재난 구조 자원봉사자, 종교활동 관련 자원 봉사자, 양로원 관계자, 문화 단체 사회 서비스 제공자, 공공 지원 종사자, 보육원 직원을 포함한 복지 서비스 종사자들은 생존자, 유가족, 남겨진 주민들과 소통하여야 한다. 사건 이후 신체적, 심리적 증상을 경험하는 많은 사람들은 의료인들로부터 초기 치료와 지원을 구하지만, 각각의 재난상담인력이 생존자와 생존자 유가족들을 더 잘 이해하며 효과적으로 돕기 위해 필요한 정보들을 다루고 있다.

재난 및 재해에 대응하는 재난심리요원, 정신건강전문가, 범죄 생존자 지원 종사자들, 종교활동 관련 상담자들은 많은 사전훈련을 통해 준비되어 있어야 하며, 상황 발생 시 신속히 움직일 수 있어야만 한다. 각 집단에 대한 강조점과 우선순위는 서로 충돌하거나, 중복될 수 있으며, 간극을 남길 수도 있다. 사전계획과 사건 이후 협력은 사건의 여론이 가장 뜨거울 때에 발생 가능한 오해들을 최소화하고, 서로간의 반목을 몰아내기 위해 중요하다.

2) 재난이란?

재난이란 자연 현상 또는 인간에 의해 초래될 수 있으며, 사상자 및 지역사회의 손상의 정도가 극심하여 일반적으로 수행되는 행정절차로는 감당할 수 없는 상황이 초래된 것을 의미한다. 재난은 자연재난과 인적 재난으로 분류될 수 있다([표 1−1]). 재난 상황에서는 지역 및 중앙 정부 간의 협력이 중요하며, 인적, 물리적, 사회적으로 관련된 기관들의 유기적 협력이 대처의 핵심요소이다.

표 1-1 **자연재난과 인적재난의 차이**

비교차원	자연재난 (Natural Disaster)	인적재난 (Human-Caused)
원인	• 자연 현상에서 기인 • 재난 피해의 정도는 재난의 특성과 인간의 대응 정도 및 반응양상에 따라 다름	• 사회정치적 행위, 개인 또는 집단 등에 대한 편견, 증오, 혐오 등에서 기인
특성	• 자연의 힘에 대한 경각심 및 경외감을 동반함 • 자연재난 발생에 대한 사전경고 및 예측 가능 정도에 따라 위협의 정도가 다름	• 예방 가능하다는 믿음이 존재할 수 있으나, 일반적으로 통제와 예측이 불가능한 특성이 있음.
개인에 미치는 영향	• 가족 및 주변 사람들과의 분리 • 생존에 대한 위협 • 트라우마 발생 • 관련 기관 및 구호 기관등을 향	• 테러, 폭동 등으로 인한 혼돈 및 신변의 위협 • 인간 및 사회에 대한 배신감, 불신 등의 팽배

	한 분노 표현. 일반적으로 자연재난에 대한 분노는 사전경고 여부에 따라 좌우되며, 관련기관 및 구호 기관 등을 대상으로 표출되는 특성이 있음	• 복수심 및 증오심 • 정의 실현에 대한 욕구 팽배
세계관에 미치는 영향	• 종교적 믿음에 대한 불신 • 사회적 안전망에 대한 불신	• 인본주의, 사회적 안전망에 대한 불신 • 허무주의 • 올바른 삶을 살아야 할 이유에 대한 불신 등
낙인효과	• 경제적으로 취약한 계층에 상대적으로 더 심각한 피해, 노인, 장애인 등의 생존문제로 인한 차별 가중	• 타인의 죽음에 대한 죄책감 및 생존자 죄책감 • 자기비난 및 무기력감 등의 팽배 • 자신은 도움을 받을 가치가 없다고 스스로 낙인을 부여하는 행위 • 생존자로서 박탈감 및 상실감으로 인한 소외감 및 타인/집단에 대한 거부감 • 테러 및 폭력 등과 관련된 집단에 대한 사회적 차별 등을 가중
미디어 반응	• 재난 피해 지역 거주자의 상대적 박탈감 • 사상자 등의 언론 노출로 인한 개인 정보 침해의 우려	• 자연재난에 비해 상대적으로 많은 언론의 관심 • 과도하고 반복적인 노출/보도로 인한 이차 충격에의 노출 • 개인정보침해의 위험
이차 피해	• 재난 복구 등과 관련된 행정 절차상의 혼선 • 구호활동의 속도 또는 개입 여	• 사법 절차에 따른 혼선 및 충돌, 범죄 피해보상 및 혜택에 관련한 혼란 및 충돌, 또는

	부에 따라 사회에 대한 환멸감 등의 팽배 가능성 • 구호활동 및 복구활동이 재난 생존자들의 기대를 충족시키지 못하는 어려움	무력감 • 적절한 처벌 기준의 모호성으로 인한 불만 및 불안 가중

특히 많은 사상자와 희생을 낳는 폭력 사건들은 지역사회 또는 나라 전체에 충격과 트라우마를 남긴다. [표 1-2]는 집단 폭력 피해와 자연재난의 유형과 그에 따른 결과를 비교한다.

표 1-2 집단 폭력 피해(mass violent victimization)와 자연재난 비교

차원	집단 폭력 피해	자연재난
유형	• 집단 폭동 • 폭탄 테러 • 생물학적 테러 • 인질납치 • 총기 난사 • 항공기 납치 • 방화	• 허리케인 • 홍수 • 가뭄 • 지진 • 화산 폭발 • 토네이도 • 산불
원인	• 사람들의 악의, 고의적 사회 정치적 행위, 잔인성, 복수, 특정 집단에 대한 증오나 편견, 정신 질환	• 자연에 의한 사건. 자연의 힘과 사람의 실수의 상호작용에 의해 그 강도의 차이가 생길 수 있음
사건에 대한 평가	• 이해할 수 없음 • 통제나 예측이 불가하다고 지각하거나 방지 가능하다고 지각함. • 사회 체제가 파괴되었음	• 재난의 종류에 따른 예측 • 자연의 파괴와 힘에 대한 두려움 표현 • 사전 경고를 동반한 재난은 예측가능성과 통제가능성이 높다

		고 느낌 • 반복되는 재난은 지속되는 위협으로 다가옴
심리적 영향	• 생명의 위협, 집단 사상, 트라우마에 대한 노출, 회복을 위한 노력이 지연됨에 따라 심각한 신체적 정서적 결과를 초래 • 비교적 오래 지속되는 외상 후 스트레스 장애(PTSD), 우울, 불안, 트라우마로 남는 사망 발생률이 더 높음	• 재산 피해가 주된 결과이므로 손실, 이주, 재정적 스트레스, 일상적 어려움에 관한 반응이 나타남 • 재난으로 인한 트라우마와 스트레스는 일반적으로 18개월이면 해소되며 사망자나 심각한 상해자가 많지 않다면, 정신과적 진단의 발생률이 낮음
주관적 경험	• 생존자는 위험하고 생명을 위협하는 상황에 갑자기 본인도 모르게 처하게 됨. 공포, 두려움, 무기력함, 배신감과 침해(violation)를 경험함 • 불신, 인간에 대한 두려움, 외부세계와 동떨어져 있는 느낌은 사회적 철회나 고립을 초래할 수 있음 • 분노, 개인이나 책임이 있는 집단을 원망, 복수에 대한 욕구, 정의에 대한 요구가 일반적으로 나타남	• 가족으로부터 분리, 대피, 경고의 부재, 생명의 위협, 트라우마, 대체 불가능한 재산과 집을 잃는 것이 재난 스트레스 반응에 기여함 • 방지, 피해 경감, 재난 구조에 책임을 갖는 기관과 개인에 대한 분노나 원망을 표출함
세계관 및 기본적 가정의 변화	• 인류애에 대한 기대가 무너지고 세상이 더 이상 안전하고 정의롭고 질서 있다고 느끼지 못함 • 생존자들은 좋은 사람들에게 나쁜 일이 일어날 수 있다는 현실을 마주함	• 영적인 믿음이 흔들림(예: "신은 어떻게 이러한 파괴가 일어나게 내버려 두는가?") • 발을 딛고 있는 땅이 "견고"하다는 느낌, 의지할 수 있다는 "대지(terra firma)"에 대한 안전감을 상실

	• 자신이 취약하지 않다는 환상을 버리게 됨. 누구나 잘못된 시간에 잘못된 장소에 있을 수 있음을 인식함	• 자신이 취약하지 않다는 환상을 버리게 됨. 누구나 잘못된 시간에 잘못된 장소에 있을 수 있음을 인식함
생존자에 대한 낙인	• 어떤 생존자는 수치심, 다른 이들의 죽음에 대한 책임감, 살아남은 죄책감, 자책, 스스로 도움을 받을 가치가 없다는 낙인을 부여함 • 지역사회, 동료, 친구, 심지어 가족들도 생존자와 거리를 둠으로써 자신에게도 범죄 피해가 일어날 수 있다는 사실을 부인하려 함 • 좋은 의도를 가진 지인들이 생존자나 사별을 겪은 사람에게 잊어버리라고 함으로써 그들이 계속 고통스러워 하는 것이 부적절하다고 느끼게 하거나, 거절감을 느끼도록 함. • 대상 집단이 이미 겪고 있는 차별과 낙인이 증오 범죄로 인해 더욱 강화됨	• 경제적 자원이 부족한 사람들이 높은 위험 지대에서 저가의, 취약한 구조의 주거환경에서 살기 때문에 더 큰 영향을 받음 • 문화, 인종, 민족적 집단의 생존자, 한부모 가정, 장애인, 수입이 제한된 노인들이 회복하는데 더 큰 어려움을 겪어 위험이 증가하고 차별을 초래할 수 있음
반응과 회복의 단계	• 영향 • 격렬한 항의 • 믿을 수 없음, 충격, 부인 • 사법제도와 상호작용 • 훈습 과정 • 현실과 손실을 깨달음 • 복원	• 경고, 위협 • 영향 • 구조와 영웅심 • 희망 • 재난 구조 및 복구 지원과 상호작용 • 환멸, 각성 • 현실과 손실을 깨달음

		• 복원
언론 반응	• 언론이 참상과 심리적 영향에 더 큰 흥미를 보임 • 과도하고 반복적인 언론 노출이 사람들을 이차적인 트라우마에 노출될 위험에 처하게 함 • 개인 정보 침해에 대한 위험	• 재난이 짧은 기간 동안 언론에 보도된 후 사라짐에 따라, 사람들이 이 사건을 잊어버렸다는 인식을 갖게 함 • 언론 노출이 개인 정보 침해를 초래; 아이, 희생자, 가족들을 트라우마를 만드는 노출로부터 보호해야 함
이차 피해	• 생존자의 필요가 사법 절차에서 필요한 단계와 충돌할 수 있음 • 범죄 생존자의 보상과 혜택을 위해 필요한 절차가 혼란스럽고 짜증스럽고 관행적이고 비인간적으로 보이고 무력감을 야기할 수 있음 • 증오범죄를 당한 생존자는 차별을 당하거나 책임에 대해 비난을 들을 수 있음 • 생존자는 치료나 처벌이 당한 범죄와 피해에 비해 불충분하다고 느낄 수 있음	• 재난 복구와 지원 담당 기관과 행정 절차들이 불충분하고 혼선이 다수 발생함 • 손실, 필요, 가능한 자원 사이에 차이가 있다는 것을 깨달을 때 환멸을 느낄 수 있음 • 생존자들은 복구 노력을 통해 완전히 정상화되었다고 느끼기 어려움

2) 재난의 경과

1. **사전 위협 인지 및 경고단계(Warning or Threat)**: 재난의 양상 및 타입에 따라 사전 인지정도에 따라 다른 양상으로 나타난다.

2. **재난 발생 및 초기구조단계(Rescue)**: 일시적으로 혼란상태를 경험하지만 신속한 조치가 취해지는 단계이다.

3. **영웅적 단계(Heroic Action)**: 개인 및 지역단체 등의 이타적, 영웅적 행동이 증가하는 단계이다.

4. **허니문단계(Honeymoon)**: 허니문단계까지는 지역사회 및 관련 인력, 또는 보상 등의 법적 절차 등이 최대한 활용되는 시기이며, 재난생존자의 경우 슬픔, 분노의 감정과 함께, 감사와 희망을 동시에 경험하는 단계이다. 재난 발생 후 일주일부터 6개월까지 지속되기도 한다.

5. **현실인식단계(Disillusionment)**: 지원이 점차적으로 줄어들고 현실을 인식하게 되며 재난 당시보다 더 강하고 복잡한 분노 및 좌절, 고립을 경험할 수 있는 단계이다. 재난 발생 후 두 달에서 2년까지도 지속된다.

6. **재건단계(Reconstruction)**: 재난생존자가 자신의 삶을 재건하는데 노력하는 단계이다. 고통스러운 상실이 지속되면서도 새로운 삶의 국면을 맞이하는 단계이다. 재난 발생 후 몇 년간 지속될 수 있다.

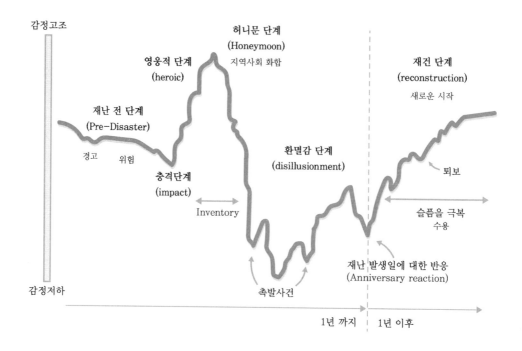

그림 1-1 재난의 경과

3) 재난에 대한 반응과 영향요인

가) 재난에 대한 반응양상

　　재난생존자들은 각자의 고유한 방어기제, 대처방식 등을 이용해 상황을 극복할 수 있으나 다음과 같은 증상들을 경험할 수 있다.

- **생리적 반응**: 피로, 메스꺼움, 구토, 미세 근육 운동장애, 틱장애, 근육통, 두통, 지속적인 발한, 오한, 이갈이, 현기증 등

- **인지기능과 관련된 반응**: 기억상실, 주의집중력 저하, 계산 및 의사결정에 대한 어려움, 중요한 문제 이외의 사소한 일에 집요하게 매달리는 현상 등

- **정서적 반응**: 불안, 슬픔, 우울, 짜증, 과각성, 격렬한 감정에 압도당한 느낌, 피해의식, 다가올 위험에 대한 불안 및 분노 등

- **행동적 반응**: 불면, 약물의존 및 중독, 보행 장애, 갑작스러운 울음, 재난 발생 장소를 떠나지 않으려는 행동, 종교적 행위, 허탈감에서 초래된 유머

- **트라우마 반응**: 재난 구호 안정기에서도 특정 상황이나 현상에 대한 트라우마 반응 양상이 증가함

- **심각한 수준의 슬픔, 비애, 애도 반응**

- **종교와 관련된 반응**: 종교적 믿음, 신념체계의 파괴 및 불신, 일탈행동

- **기념일 반응**: 장기화 가능성, 기념일이 가까워질수록 각성 증가, 트라우마 증상의 악화 및 인지기능의 저하 등의 우려

- **정신과적 진단**: 가장 대표적인 정신과적 문제 등만 소개되었으며, 이외에도 다양한 진단 및 정신과적 장애발생가능

   ① 급성 스트레스 장애(Acute Stress Disorder)

   ② 외상 후 스트레스 장애(Post Traumatic Stress Disorder): 많은 생존자들이 재난 발생 후 1개월 이내에 관련 증상을 나타내는 경향이 있음. 재난 발생 초기 단계에선 급성 스트레스 장애로 나타날 수 있으며, 외상 후 스트레스 장애의 주요 증상인 "회피(Avoidance)" 또는 "무력감 또는 무감각(Numbing)"한 반응을 보이는 경우에는 상대적 고위험군으로 분류함

   ③ 주요 우울장애(Major Depression)

   ④ 약물중독 및 남용(Substance Use Disorder)

   ⑤ 범불안장애(Generalized Anxiety Disorder)

   ⑥ 단기정신증적장애(Brief Psychotic Disorder): 재난에 대한 노출로 인한 일시적인 현실감 상실을 나타낸다. 상대적으로 낮은 발병률을 보인다.

나) 재난 노출로 인한 위험요인

직접적으로 피해를 경험한 생존자들이나 고위험군의 생존자들은 다음과 같은 보다 심각한 위험에 노출되어 있을 수 있다.

- 자해 및 타인에 대한 공격적 행위
- 극도의 불안 및 공포
- 자신 및 가족 등의 직접적인 생명의 위협
- 타인의 피해, 재난으로 인한 심각한 부상 및 장애를 목격 경험
- 부모, 가족 지인 등의 죽음
- 애완동물/반려동물 등의 죽음
- 대피 지연 등으로 인한 공포
- 자녀, 가족 등의 실종
- 재난 관련 질병 및 질병으로 인한 상실
- 거주지 상실 및 파괴
- 재난으로 인한 기존의 신체적, 정신적 병력 악화

다) 재난에 대한 개인적, 사회적 반응에 영향을 미치는 요인

- 사전 경고 여부
- 재난의 종류: 인적재난 또는 자연재난에 반응하는 양식에서의 차이
- 재난의 정도 및 지역사회의 파괴 및 손실 정도
- 트라우마로 이어질 수 있는 극한상황에의 시각적 경험
- 재난 발생 시기
- 재난 발생 및 추후경과에 대한 불확실성
- 인적재난의 가능성 여부

- 효과적인 대응의 부재 여부
- 신체적 건강상태: 개인이 경험하는 장애의 유무(시각, 청각, 언어, 지체)나 질병의 유무(만성, 급성 질환, 또는 정기적인 검진의 필요 여부)
- 문화적 요인: 개인 및 지역사회의 서비스 네트워크, 개인적인 변화(이혼, 사별 등), 사용 언어 및 재난을 이해하는 문화적 차이
- 연령 및 성별: 아동, 노인 및 여성의 경우 어려움에 노출될 가능성이 높음
- 재난과 관련된 개인의 내력(재난 및 트라우마의 경험 여부, 정신과적 내력 등)

4) 트라우마 사건으로 인한 스트레스

트라우마 사건에 대한 노출 수준과 스트레스 요인들은, 추후의 정신건강과 관련된 어려움과 높은 관련성이 있다. 특히 트라우마 사건에 많이 노출된 집단일수록 이러한 관련성은 증가한다. 다양한 스트레스 사건과 요인의 심리적 영향은 상이하다. 트라우마 노출과 관련된 다음의 8가지의 상황은 트라우마로 인한 스트레스와 관련되어 있다.

- 생명과 신체의 위협
- 심각한 신체적 상해를 입음
- 의도적 상해를 입음
- 잔인한 장면에 노출
- 재난으로 인한 사랑하는 사람의 갑작스러운 죽음
- 사랑하는 사람에게 일어난 재난을 목격하거나 알게 됨
- 유해한 인자에 노출되었다는 것을 알게 됨
- 타인에게 심각한 상해를 입히거나 사망을 초래함

지역사회 내에서 피해를 경험하지 않은 사람들의 수보다 생존자의 수가 크고, 사망자가 많으며, 더 심각한 상해를 입은 경우 지역사회의 트라우마 수준은 증가한다(Tierney, 2000). 사체처리와 지연된 사망 통지를 포함한 장기간의 복구 노력은 응급 치료자와 기다리는 가족들의 스트레스의 증가와 관련이 있으며(Ursano and McCarroll, 1994), 사랑하는 사람의 죽음을 갑작스럽게 경험하였거나, 죽음의 특성이 폭력적이거나, 무작위로 발생하였거나, 예방 가능했던 것이거나, 시신이 훼손되거나, 여러 다른 유형의 죽음과 관련이 있는 경우에, 애도과정은 더 심화되고 복잡해진다. 또한, 고인의 신체가 유실된 경우, 유가족은 죽음을 수용하는 것과 추모하는 것에 더욱 어려움을 겪는다.

또한 폭력이나 테러와 관련한 연구에 따르면, 폭력이나 테러의 경우, 죽음과 살상이 의도적으로 계획되었고, 타인에 의해 일어난 경우, 생존자, 유가족, 또는 지역사회는 이러한 비극과 악의에 의한 불필요한 죽음에 의해 충격을 받는다. 그들은 무작위적이나 의도적인 행동에 그들이 본질적으로 취약하다는 사실에 분노하며 공포를 느낄 수 있다. "왜 나에게 이런 일이 벌어졌는가?", "어떻게 이러한 일이 일어날 수 있는가?", "왜 하필이면 나의 자녀가 다니는 학교에 이런 일이 발생한 것인가?", "다음에는 어떤 무서운 일이 일어날까?" 등의 끊임없는 질문과 동시에, 누군가에게 책임을 돌리려고 하며, 정의로운 처벌의 필요성을 제기한다. 생존자들은 혼란스러움을 경험하고, 통제 할 수 없다고 느끼며, 설명할 수 없는 이 사건에 대해 납득할 수 없다고 느낀다. 무고한 시민을 학살하는 것은 합리적인 인간의 행동의 범주에서 벗어나 보이며, 미래의 폭력 상황에 대한 취약성을 인지하는 것은 높은 수준의 불안과 경계심을 야기한다.

의도적인 인적재난은 무고한 사람들을 대상으로 한 테러리즘, 특정 집단에 대한 증오나 편견, 되갚아주고자 하는 잘못된 복수심, 혹은 편집적인 망상이나, 정확한 진단이나 치료 경험이 없는 정신질환을 가진 사람의 일탈행위에서 비롯된 것일 수 있다. 테러는 계획에 의해 실행되지만, 예측할 수 없도록 설계된다는 점은 재난 상황과 유사하다. 테러리즘의 위험성은 누구라도, 언제라도, 어디에서라도 그 대상이 될 수 있다는 것이다. "누구도 면역성을 지니고 있지 않으며, 누구도 보호되지 못한다."라는 미국심리학회의 언급은 재난상황에 대해 많은 것을 시사한다(American Psychological Association Task Force, 1997).

또한, 재난으로 인해 유발되는 집단적 공황상태나 폭력 사태는 증오 또는 슬픔에 대한 반응으로 인해 촉발될 수 있다. 재난상황의 생존자나 가족들은 그들의 사회경제적 지위 등으로 인해, 적절한 조치나 지역 자원을 활용하는 데서 차이를 나타낸다. 특히 의료적 지원이나, 경찰, 지역사회의 도움 등 제도적 차별을 경험할 수 있는데, 이는 국가 체제에 대한 배신감을 느끼게 하는 기저가 될 수 있다.

인적재난으로 인한 심리적 영향과 자연재난으로 인한 심리적 영향의 비교 연구는 그 차이가 모호하다는 결과를 보이며(Norris et al., 2002, Green and Solomon, 1995), 원인에 의한 결과를 고려할 때, 연구 결과들은 어느 한쪽이 더 심각하다는 일관된 입장을 보이지는 않았다. 그러나 앞서 제시된 여덟 가지 측면들을 고려할 때, 유의하게 많은 사상자를 내는 테러나 재난은 많은 생존자들 및 유가족에게 장기적인 신체적, 정서적, 경제적인 영향을 줄 것을 명확하게 예측할 수 있다(Norris et al., 2002, Office of Victims of Crime, 2000; Green, 1993).

5) 전염성 감염병 재난으로 인한 심리사회적 경험

신종 바이러스의 출현이나 전염성 질환의 확산으로 인하여 인명피해를 유발하는 재난은 질병 자체의 위험뿐만 아니라, 공포와 두려움같은 심리적인 영향이 더 심각하다(Cheng & Tang, 2004; Leung et al., 2003). 전염성 감염병 재난을 경험하는 대중들은 감염병의 확산에 대한 두려움뿐만 아니라, 침울한 기분, 절망, 불안, 우울감, 정서적 혼란스러움 등 부정적 감정을 경험하게 될 수 있다. 대규모 신종 전염병 연구를 살펴보면, 지속적인 사회적 단절이나 고립의 경험은 스트레스, 우울, 불안 등과 같은 다양한 심리적 문제를 야기할 수 있으며(Gunthert, Cohen, & Armeli, 1999; Wang, Kala, & Jafar, 2020), 특히 경제 침체로 인한 수입감소 경험은 극심한 수준의 스트레스나 분노와도 밀접한 관련이 있는 것으로 나타났다(Carvalho & de Sousa, 2020).

전염성 감염병 재난이 발생하게 되면, 대중들은 비일상성의 경험을 하게 되는데, 예방행동의 일환으로 대중교통을 이용하거나 외출하여 활동하는 것을 자제하게 되며, 기존의 개인적인 일정이나 계획(여행, 휴가 등)에 차질을 경험하게 된다. 이로 인하여 사회적 활동에 제약을 경험하게 되는데, 이러한 사회적 활동의 제약은 스트레스를 가중시키고(Main et al., 2011), 불안 및 전염병에 대한 위험 인식에도 영향을 준다(Lee-Baggley et al., 2004). 뿐만 아니라, 일반대중이 신종전염병에 대해 느끼는 공포에 영향을 줄 수 있는 요인은 미디어가 있다(이승훈, 2009; 조병희, 2009). 전염병이 발생했을 때, 대중은 가장 보편적으로 전염병과 관련된 최신 뉴스를 미디어를 통해 확인하며 정보를 얻기 때문이다(Cheng, 2004; Lau, Yang, Tsui, & Kim, 2003). 미디어를 통해 특정 사건이나 질병에 관한 정보가 어떻게 가공되어 어떤 식으로 규정되는가에 따라서 대중의 불안감 경험에 직접적인 영향을 미칠 수 있다(Miller, 1999).

전염성 감염병은 인제든지 다시 출현할 수 있으며, 국가 간 교류가 활발한 현대에 전염병이 우리 사회에 유입되는 것을 막을 수는 없다. 신종전염성 감염병과 같은 전염성 사회재난이 다시 발생했을 때, 메르스 사태와 같은 혼란을 반복하지 않고 그로 인해 유발되는 사회적 문제를 최소화하기 위해서는 신종전염병에 대응하는 국가의 위기관리 시스템을 강화하여 위험에 대한 취약성을 경감시킬 필요가 있다(Petersen, Hui, Perlman, & Zumla, 2013).

표 1-3 전염성 감염병 재난의 특성

유형	• 전염성 질환 • 신종전염병 및 바이러스
원인	• 예측불가능한 신종 바이러스의 출현에 따른 질병의 확산으로 인하여 발생하는 인명피해, 일상생활 변화 및 심리사회적 경험의 변화
사건에 대한 평가	• 전염병 발생 이후 삶을 예측할 수 없다는 지각 • 감염을 완전히 통제하지 못할 것에 대한 지각
심리적 영향	• 공포와 두려움 • 정서적 디스트레스(침울한 기분, 절망과 불안, 우울감, 무기력 등)
주관적 경험	• 가용성 휴리스틱(availability heuristic)에 따른 위험지각 증가 • 예측 불가능, 통제 불가능한 상황에 대한 두려움 • 국가에 대한 신뢰 상실 및 국가로부터 보호받지 못한다는 인식 • 언론 및 정보전달 매체 신뢰에 대한 상실 • 대중교통 이용 우려 및 기피 • 외출의 지장 • 경제적 손실 • 일상생활 전반에 대한 제약 • 통제할 수 없는 상황에 대한 무력감 **가용성 휴리스틱이란? 어떤 사건이 일어날 가능성이나 확률을 판단할 때, 그와 관련된 사례가 얼마나 빠르고 쉽게 마음 속에 떠오르는가에 기초하여 결론을 내리는 것
사회적 낙인	• 전염병의 위험성에 대한 추정에 따른 감염자를 향한 낙인

언론 반응	• 전염병 상황 시 미디어의 역할이 특히 더 중요함 • 정보의 과잉, 과장보도와 오보가 개인의 심리사회적 경험에 미치는 파급력이 큼 • 언론이 감염확률을 과장하거나, 과거에 존재했던 대량감염 및 대량사망의 사례와 비유하여 보도하게 되면 대중의 불안과 공포가 크게 확산될 수 있음

살펴보기 **전염성 감염병 재난 – 신종 코로나바이러스 감염증(COVID-19)**

신종 코로나바이러스 감염증(Coronavirus disease, COVID-19)이 2020년 3월 세계적 대유행 단계를 의미하는 팬데믹(pandemic)으로 선언된 이후, 전례 없는 감염과 사망자를 속출하며 전 세계 공중보건을 위협할 뿐만 아니라 일반 대중의 일상생활에도 지대한 영향을 미치는 등 우리 사회 전반에 큰 변화를 일으키고 있다. 국내 성인 600명을 대상으로 코로나19가 우울, 불안에 미치는 영향에 대해 살펴본 국내 선행연구에 따르면, 응답자의 48.8%가 코로나로 인해 불안을 경험하였다고 보고하였고, 29.7%의 경우 우울감을 느낀 것으로 나타났다(이동훈 등, 2020). 또한, 작년 8월 수도권을 중심으로 한 코로나19의 유행이 본격화된 이후, 우울로 인한 정신건강 관련 정보에 대한 문의는 4배 가까이 급증했고 심리상담 건수도 같은 기간 1.8배 이상 증가한 것으로 나타났다(석현주, 2020). 코로나19 기간 동안의 우울과 불안과 같은 심리건강 문제는 해외 연구에서도 보고된 바 있는데, 미국인 조사 대상자의 40.9%가 코로나19와 관련한 심리적 이상 증상을 경험하였다고 응답하였으며, 확진자가 급증하던 시기 동안 불안과 우울 증상을 경험한 비율이 10.9%에서 36.7%로 증가한 것으로 나타났다(Czeisler et al., 2020).

연령이 낮을수록 코로나19로 인한 심리적 영향을 많이 받는 것으로 나타났으며(McGinty, Presskreischer, Anderson, Han, & Barry, 2020), 여성일수록 심리적 적응에 더욱 취약할 수 있는 것으로 나타났다. 코로나19 관련 심리적 위험을 높이는 요인에 대해 살펴본 스페인의 연구에 따르면, 여성이 남성보다 코로나로 인한 불안, 우울, 스트레스와 같은 정서적 디스트레스를 더욱 많이 경험한 것으로 나타났다(García-Portilla et al., 2021). 경제적 수준의 경우, 수입이 불안정하거나 '중산층 이하'에 해당한다고 보고할 경우 코로나19로 인한 우울감을 경험할 확률이 높은 것으로 나타났다(Cao et al., 2020). 이는 코로나19 발생 이전과 이후 1년 3개월 간격의 두 시점 종단연구에서도 확인되었는데, 연령이 낮고 여성이며, 경제적 수준이 낮을수록 코로나19 발생 이후에 심리적 디스트레스를 많이 경험하는 것으로 나타났다(Breslau et al, 2021).

전염병으로 인한 정서적 디스트레스에 영향을 미칠 수 있는 요인에는 감염에 대한 두려움과 대중교통 이용의 어려움, 감염의 우려로 인한 외출에 지장, 병원 치료의 어려움, 개인 및 공적 일정의 차질과 같은 비(非)일상성의 경험에 해당하는 요인을 들 수 있다. 코로나19에 대한 적절한 수준의 우려와 걱정은 감염예방행동으로 이어져 바람직할 수 있으나, 지나친 두려움과 공포감의 확산은 개인의 일상을 저해하고 사회 전반의 활력을 떨어뜨릴 수 있다(임인재, 2020). 코로나19는 다른 감염병에 비해 상대적으로 강력한 전파력을 가지고 있기에 치료제 개발과 백신의 안정성이 확보되지 않은 예측 불가능한 상황은 대중으로 하여금 극도의 두려움과 혼란을 야기할 수 있다. 이는 신종 질병에 대한 불확실성이 사람들의 공포심을 자극함으로써 감염 자체의 실제적 위험보다 더욱 큰 잠재적 공포를 느끼게 할 수 있다(Cheng & Tang, 2004). 사람들은 생소하거나 잘 알지 못하는 주제에 대한 불확실성이 높아질수록 정보를 얻기 위해 미디어 매체에 의존하곤 하는데(이홍표, 최윤경, 이재호, 이홍석, 2016; Ball-Rokeach & Defleur, 1976), 코로나19 관련 정보를 찾거나 접할수록 감염에 대한 편견과 두려움, 불안이 증가할 수 있는 것으로 나타났다(구민수, 2020). 또한, 코로나19가 종식된 이후의 삶을 예측하기 어려워 두렵다고 응답할수록 우울감을 경험할 확률이 4배 이상 증가하는 것으로 나타났으며(이동훈 등, 2020), 질병에 대한 치료제나 백신이 없을 경우 막연한 두려움과 공포심이 증가하는 것으로 나타났다(표시영, 2020). 이처럼 신종 전염병에 대한 두려움은 정서적 디스트레스 수준을 높일 수 있다.

전염병으로 인한 일상생활의 변화는 사람들에게 정서적 상실을 경험하도록 하고 스트레스, 우울, 불안, 분노와 같은 정서적 디스트레스를 야기할 수 있다 (Williams, Armitaage, Tampe, & Dienes, 2020). 국내에서는 코로나19 발생 이후, 대중교통 이용량이 평균 27% 감소한 것으로 나타났고(문홍철, 2021), 외출하는 데 지장을 겪거나 어려움을 경험한 것으로 나타났다(이동훈 등, 2020). 또한, 올해 3월 정부에서 발표한 고강도 '사회적 거리두기' 대응책에 따라, 신학기 개학이 연기되고 원격수업을 활용한 온라인 교육 및 재택근무가 확대되었으며 5인 이상 사적모임의 규제 등으로 인해 기존 일정들의 차질을 경험하게 되었다. 이러한 비일상성 경험의 증가는 개인의 스트레스를 가중시키며 전염병 감염에 대한 공포와 우울, 분노 등을 유발할 수 있는 것으로 나타났다 (이동훈 등, 2020). 또한, 평소 기저질환이 있거나 병원치료 및 입원이 필요한 경우, 코로나19 감염에 대한 두려움으로 병원 방문이 망설여지거나 적절한 치료를 받을 수 없어 불편함을 경험하는 것으로 나타났다(Lee, Hu, Chen, Huang, & Hsueh, 2020). Li 등의 중국 연구(2020)에 따르면, 코로나19 발생 이후 일상생활의 많은 제약과 지장을 겪게 됨에 따라 개인의 우울, 불안 등의 부정정서가 코로나19 발생 이전보다 더욱 증가한 것으로 나타났다.

코로나19 사태 이후 외출과 모임의 자제가 권고되고 재택근무나 온라인 수업이 확대되면서 가족 중심의 생활이 증가하였으나 가족 간 갈등 문제도 두드러지고 있다(Harper et al., 2020). 이는 코로나19의 장기화로 인해 개인의 부정적인 감정이 증가하고 집에 머무는 시간이 늘어나면서 가정 내 갈등 및 폭력, 이혼 문제가 나타나게 된 것으로 볼 수 있다(Yue, Zang, Le, & An, 2020). Spinelli, Lionetti, Pastore와 Fasolo(2020)의 연구에 따르면, 코로나19 발생 이후 자녀 양육에 대한 부모의 스트레스가 증가하고 이로 인해 심리적 어려움을 경험할 수 있는 것으로 나타났다. 또한, 많은 대면 서비스업이 제한되고 재택근무가 시행됨에 따라 업무 시간과 공간에 대한 구분이 불명확해지면서 사생활 침해 및 동료갈등의 문제 또한 증가하는 양상을 보이게 되었다(주국희, 2020). 이러한 관계 불신과 갈등의 경험은 이차적 외상경험으로 이어질 위험이 있으며, 심각한 우울과 불안을 야기할 수 있다(이수연, 이동훈, 2017). 더불어 장기간 이어지는 코로나19 사태는 실직과 수입의 감소, 부채의 증가를 초래해 가정의 경제를 위협할 가능성이 크다(Bahk et al., 2020). 이처럼 코로나19 장기화로 인한 수입감소 경험은 우울과 같은 심리적 디스트레스를 야기할 수 있는 것으로 나타났다(Kikuchi et al., 2020). 또한, 코로나19 감염률이 높은 지역의 경우 낮은 지역에 비해 경제적 문제로 인한 높은 수준의 분노와 스트레스를 경험하고 있는 것으로 나타났다(Kim & Bostwick, 2020).

출처: 이동훈 등(2021), 코로나19 팬데믹 시기동안 한국인의 정서적 디스트레스에 영향을 미치는 심리사회적 요인의 영향력에 대한 종단 두 시점 비교 연구.

나 재난상담의 개요

1) 재난상담이란 무엇인가?

재난상담의 임무, 가치, 윤리, 기본가정, 핵심개념, 상담 시 기본 고려사항은 다음과 같다.

가) 재난상담의 정의

재난(disaster)에 의해 피해를 경험한 생존자의 심리적 욕구에 대응하기 위한 상담 및 심리치료 분야이다.

나) 재난상담의 기본가치

- 인간의 존엄성에 대한 믿음
- 인간관계의 중요성에 대한 믿음
- 진정성
- 분야에 대한 전문성

- 내담자에 대한 비밀보장

다) 재난상담의 주요 서비스
- 재난상담은 생존자의 심리적 · 정서적 손상 및 또는 욕구해결에 반응한다.
- 기본적 욕구, 안전 및 지원을 우선한다.
- 재난 대응팀의 일원으로 재난상담은 전체 팀의 대응을 보완하는 역할이며, 일반적인 정신건강상담처럼 상담이 주가 될 수 없는 환경에서 이루어진다.

라) 재난상담의 주요한 영역
- 재난생존자의 심리적 욕구 파악
- 회복을 위한 대처 촉진 및 심리적 응급조치 및 교육, 지역사회 지원 및 회복 훈련
- 추가적인 검사 및 연계서비스 의뢰, 위기개입, 사상자 지원 및 내담자 옹호 및 대변
- 재난대응인력의 정신건강 및 재난 트라우마 상담

표 1-4 일반적인 정신건강상담과 재난상담의 비교

비교요인	일반적인 정신건강상담	재난상담
상담환경	지정된 구역 및 상담실	피난처, 구호소 등 재난대응 시 가용한 장소
팀워크	독립적으로 상담을 제공함	재난대응의 일원 혹은 프로그램
상담의 시작	내담자가 상담기관을 찾음	상담자가 재난생존자 접근 상담
내담자-상담자 관계	내담자-상담자 관계가 상담의 효과를 평가할 수 있는 척도로 사용됨	내담자-상담자 관계를 상담의 효과를 평가할 수 있는 척도로 사용하기 어려움
기간	적절한 시간 및 기간이 있지만,	일반적으로 최대 세 번까지

	목표 달성 시까지 연장가능	단기접촉을 수행함. 장기상담 필요시 의뢰
상담방법	상담 및 심리치료, 대부분의 경우 내담자 중심 치료	재난 피해, 구호 활동 등의 제약으로 인해 상담자 중심의 상담
상담개입	개인의 심리, 정서에 초점	우선시되는 목표달성을 위한 해결중심적 상담
상담회기	12-15 회기. 일반적으로 미리 마련된 상담 스케줄 적용	재난생존자의 상황에 따라 다름. 필요에 따라 수정
내담자 접근성	내담자의 주소 및 거주지 일정	내담자의 주소 및 거주가 일정하지 않음
책임	상담자가 상담이 진행되는 장소 및 관련 안전 및 복지에 책임	재난대응팀의 일원으로써 구호 및 구조대응의 보조역할

표 1-5 전통적 정신건강치료와 재난상담의 비교

전통적 정신건강 치료	재난 상담
진료소 기반	자택과 지역사회 기반
정신질환의 진단과 치료	강점과 대처전략을 평가
기능과 성격에 초점을 둠	기능의 회복 및 개선 지향
내용을 진찰함	내용을 그대로 수용함
과거의 경험과 그것이 현재의 문제에 미치는 영향을 탐색	공통의 반응과 경험을 타당화
심리치료적(psycho-therapeutic)인 것에 초점을 둠	심리교육적(psycho-educational)인 것에 초점을 둠
기록, 진료기록, 사례 파일 등을 보관함	어떠한 식별정보도 수집하지 않음

출처: Federal Emergency Management Agency & U.S. Department of Health and Human Services(2013)

표 1-6 전통적 사례관리와 재난위기상담 프로그램의 비교

전통적 사례관리	재난위기상담 프로그램 (CCP)
심각하고 지속되는 정신 질환 또는 다른 영구적 장애를 지닌 개인에게 서비스 제공	기능의 정도와 관계없이 모든 신청자에게 서비스를 제공
의뢰인에 대한 서비스 공급을 지지하고 영향을 미침	신청자가 능동적으로 자신이 필요한 서비스와 자원을 주장할 수 있는 역량증진
의뢰인을 위한 서식 작성과 약정 조정이 수반됨	일반적인 신청서와 연계 과정들을 안내함으로써 신청자가 다른 서비스를 스스로 이용할 수 있도록 도움
의뢰인이 필요한 서비스를 받을 수 있도록 보장하는 책임을 맡으며, 서비스 제공자가 약정을 이행할 수 있도록 사후 관리를 할 수 있음	재난 피해자가 서비스를 찾는 것을 돕고, 그들 스스로 자신이 필요한 서비스를 이용할 수 있도록 역량 증진을 시킬 책임을 맡는 반면, 사후관리를 할 수도 있음
의뢰인에게 제공되는 보호에 대한 지속성을 보장할 책임이 있음	재난 피해자가 우선이 되어 재난관련서비스를 받을 수 있는 방법에 대한 도움을 제공
의뢰인과 장기간 관계 개입	재난 피해자와 단기간 관계 개입

출처: Federal Emergency Management Agency & U.S. Department of Health and Human Services (2013).

마) 재난상담의 기본가정

- 인간은 기본적으로 재난으로부터 회복 가능한 존재라고 가정한다. 하지만 회복에 어려움을 겪는 생존자들을 위해 재난상담이 존재하며, 이러한 생존자들의 심각한 심리적, 정신적 손상에 대한 예방, 회복을 우선으로 한다.

- 재난상담은 지역사회의 연계 서비스와 별도가 아닌 통합의 자세로 접근하며, 밀접한 협력을 중시함으로써 재난생존자를 위하여 활용가능한 모든 자원을 확보한다.

- 재난 발생 시 재난상담은 단기상담을 원칙으로(짧게는 10분), 일반적으로 해당 내담자와 한 번 혹은 두 번의 접촉, 일반적으로 많게는 세 번의 상담기회를 갖는다.

- 가장 중점을 두는 분야는 문제해결(problem solving)과 재난생존자의 기본 욕구 해결과 스트레스 해소를 위한 해결중심적 상담이다.

바) 재난상담의 핵심개념

- 재난을 경험한 모든 사람은 예외 없이 재난상황의 노출에 의해 영향을 받는다.
- 재난으로 인한 트라우마의 유형은 개인 차원과 지역사회 차원으로 두 가지 유형이 있다.
- 재난 발생 시 대부분의 인력들이 함께 협력하지만, 협력의 효용성은 시간이 지날수록 점차 감소하는 경향이 있다. 이는 재난 경험자, 생존자 및 유가족의 좌절, 또는 무기력을 초래한다.
- 재난 상황 시에 개인이 경험하는 슬픔, 분노 및 복잡한 심경 등은 비정상적인 상황에 대응하는 인간의 정상적인 반응이다.
- 재난으로 초래되는 모든 심리적, 정서적 양상은 개인의 삶과 밀접한 관계를 갖고 있으며, 이를 이해하는 것은 재난상담의 핵심 요소 중의 하나이다.
- 많은 사람들이 재난 경험 후에 재난과 관련된 정신건강지원의 필요를 인지하지 못하기도 하지만, 이들 역시 잠재적 위험요소에 노출된 대상군이 될 수 있다.
- 재난으로 인하여 재난상담에 강한 거부감을 표현하는 것은 일반적이고 정상적인 반응이다.
- 재난상담의 정신건강측면의 효용성을 위해서는 재난생존자의 실생활의 욕구 해결을 위한 개입 역시 필수요건이다.
- 재난상담은 개인의 반응양상에 따라 개별화되어야 하고, 개인의 경험을 일반화 하는 오류를 피해야 한다.
- 재난생존자는 상담자의 진심어린 관심과 개입에 반응한다.
- 재난상담 관련 서비스는 재난의 진행상황에 맞게 제공되어야 한다.
- 사회적 지지 및 복지서비스의 지원은 재난상담의 필수요건이다.

사) 재난상담 시 사전 고려사항

상담자는 생존 및 인간의 기본 욕구와 안전에 관련된 사항들을 확인하고 필요 시 관련부서나 담당자에게 지원을 요청할 수 있도록 한다. 예를 들어, 다음과 같은 사항들이 있을 수 있다.

- 의료적 위급상황 유무 및 의료지원 시스템에 대한 기본적 안내
- 기본적인 안전 및 안전사고 발생에 대한 안내
- 따뜻한 온기, 휴식, 음식의 제공과 같은 신체적 욕구
- 가족, 친지, 또는 사회복지 시스템과의 연결 여부
- 일반 또는 개인의 특별한 생필품(예: 안경 및 렌즈)의 지원 여부
- 구조상황, 복구노력, 사건조사, 잠재적 위험, 사후사고 발생위험 등 정보 업데이트에 대한 욕구
- 재난생존자 및 관련 인물들의 생사 여부
- 두려움, 무감각, 수면 및 집중력 저하 등 일반적인 트라우마 증상

재난 발생 초기에는 생존자 및 유가족들이 현실적인 문제를 제대로 감당하지 못하고, 기본적인 안전사고에 대한 판단이 느려질 수 있으므로, 사후안전사고 및 사고발생 시 행동요령 등에 대한 안내 및 교육은 필수 사항이다. 기본적 의료 및 안전, 생존에 대한 기본욕구 충족이 가능한 상태에서 상담 서비스를 제공할 수 있도록 한다.

아) 재난상담윤리

- 공공의 이익우선
- 서비스가 필요한 내담자 우선
- 상담자의 전문영역 내에서의 서비스 제공

- 비밀보장의 원칙
- 정보공유 시 반드시 내담자의 동의서 확보
- 내담자와의 개인적 인간관계 지양

2) 재난 분류에 따른 개입의 유형

가) 재난생존자 개입의 유형: 재난 분류를 위한 유형학

재난을 분류할 수 있는 특징은 개인 영향의 정도, 재난 유형, 재발 가능성, 미래 영향의 대비, 재난의 지속기간이다([그림 1−2]). 재난으로 인한 영향에 따른 개인과 집단의 필요와 개입방법과 관련된 요구사항을 이해하기 위해서는 다양한 재난으로 인한 결과와 이에 따른 전체적인 영향들이 먼저 고려되어야 한다. 재난은 결과, 지역사회, 재난생존자에 따라 다른 양상으로 나타난다.

재난의 5가지 유형학적 분류는 적절한 개입의 선별을 도와주는 모델이다. 이 모델이 갖는 목표는 다양한 재난에 적용할 수 있는 개념적 틀을 제공하는 것이다. 하지만 모델을 적용하기 전, 재난이 일어난 후에 개입이 가능한 영역들을 확인할 필요가 있다.

개입 가능성에 대해 숙고한 다음, 생존자들이 경험할 수 있는 문제들을 기술한 문헌을 검토한 이후에 재난생존자 개입의 분류를 위하여 4가지 주요 범주를 적용하는 것이 필요하다. 중요한 것은 개입의 범주 혹은 범주의 차원이 상호 배타적이 아니라는 것이다. 아래의 내용에서는 재난의 특정 유형에 따른 특별한 차원의 적절성에 대해 논의할 것이다.

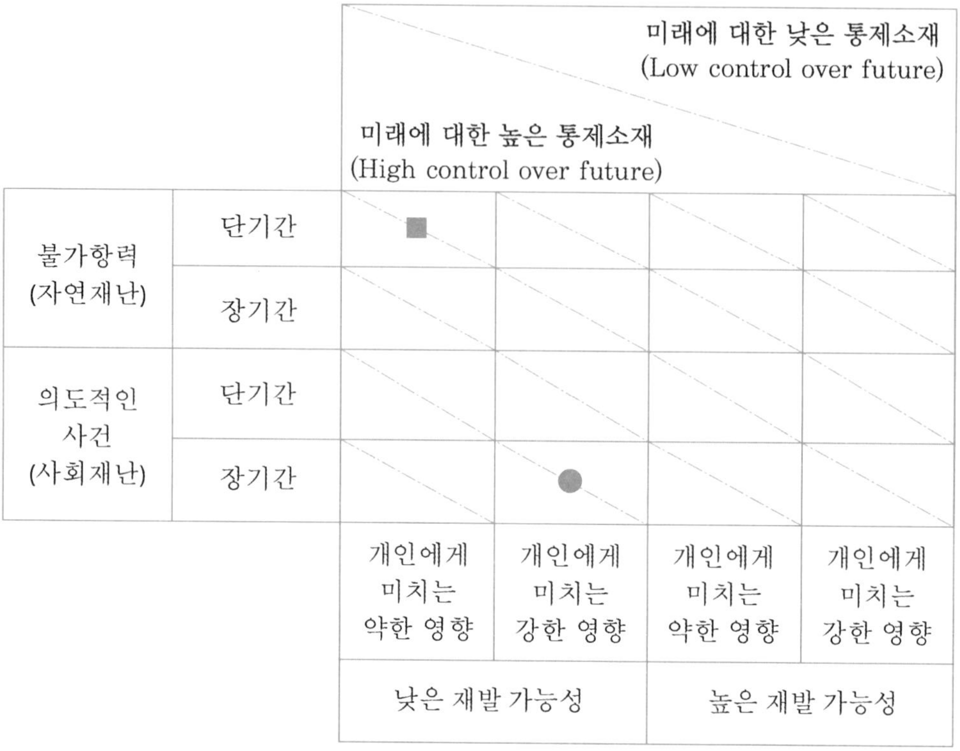

		개인에게 미치는 약한 영향	개인에게 미치는 강한 영향	개인에게 미치는 약한 영향	개인에게 미치는 강한 영향
불가항력 (자연재난)	단기간	■			
	장기간				
의도적인 사건 (사회재난)	단기간				
	장기간		●		
		낮은 재발 가능성		높은 재발 가능성	

미래에 대한 낮은 통제소재 (Low control over future)

미래에 대한 높은 통제소재 (High control over future)

그림 1-2 재난의 5가지 유형학적 분류

나) 재난생존자 개입의 범주

(1) 심리 치료적 vs. 교육적

개입의 범주는 통찰이 우선적으로 고려되는 심리치료와 정보 전달이 중요한 교육으로 각각 분류될 수 있다. 물론 이 2가지 차원을 넘어서 상황과 필요에 따른 다양한 체제들이 유효할 수도 있다. 대부분 심리치료 개입은 단기 개인 상담의 형태이다. 정보 전달이 목표인 교육적 개입은 훈련 프로그램 형태이다. 예를 들면, 재난생존자가 재난 상황에 어떻게 적응하는지 또는 지역사회의 지원에 대한 구체적인 정보를 제공하는 것은 교육적 형태의 개입이다.

생존자의 유형은 지원의 방식에 영향을 미치는 주된 요인이다. 큰 규모의 집단들은 설명과 정보를 받기에는 간단한 반면, 큰 규모의 집단들끼리 모두 함께 특정한 개입의 상담을 받는 것은 비효율적일 수 있다. 비용을 보면 보통 교육적 지원이 심리치료 지원보다 적은 비용으로 제공된다.

생존자의 필요의 측면에서 살펴 보면, 심리치료 개입은 개인이 재난으로 인해 발생한 감정들을 겪고 있고, 급성 증상들을 완화하기 위한 목표를 설정하였을 때 적용할 수 있다. 생존자가 심각한 수준의 증상을 경험하고, 불안, 우울, 죄책감 등으로부터 고통 받고 있을 때 교육적 개입만으로는 지원이 어려울 수 있기 때문이다. 교육적 개입은 개인이 심각하게 고통 받지 않는 상태이고, 제공되는 정보에 집중하며 받아들일 수 있을 때 가장 유익할 것으로 보인다.

두 가지 접근의 활용은 각각의 많은 사람들이 정보와 위기에 대한 관리 두 가지를 모두 필요로 할 때 사용될 것으로 보인다. 예를 들어, 주요 자연재난 직후에는 몇몇의 개인들은 우울·불안·수면문제뿐만 아니라 동시에 장례식 비용 문제 혹은 집을 구해야 하는 상황 때문에 고통을 경험할 것으로 보인다. 이런 상황에서는 두 가지 지원을 함께 제공해야 할 필요가 있다. 첫 번째로는 단기 증상들을 약화시켜야 되고, 두 번째로는 개인이 현재와 앞으로의 현실적인 상황들을 잘 해결할 수 있게 준비되도록 도와주어야 한다.

(2) 개인 vs. 체계

개입은 개인에게 1대1 지원을 제공함으로써 이루어질 수도 있지만, 개입의 주요 초점이 개인의 정신의학적 문제보다 지역사회, 체계적인 문제들에 가장 적합한 상황이 존재할 수 있다. 통상 사회적인 시스템 차원의 문제 해결 형식과 같은 재난 구호 활동들을 포함하고자, 지역사회/체계(시스템) 개입이라는 용어를 사용하고 있다. 이는 임시 주택을 구하는 과정부터 자원봉사자 지원들을 조직화하고, 지역 언론과 함께 일하며, 구호기관들과 사법 처리와 집행에 지원들을 제공하는 것까지 넓고 다양한 활동들을 포함한다. 체계적인 개입은 재난이 많은 인구에 직접적으로 영향을 미치거나, 지원과 물품을 사람들에게 제공하는 것이 필요할 때 굉장히 중요하다.

예를 들어, 토네이도 혹은 지진으로 지역사회가 완전히 파괴된 경우, 규모의 인원이 직접적으로 재난의 영향을 받을 수 있으며, 신속하게 피난처를 마련하는 것이 필요하다. 게다가 피해 규모가 더 클수록 일시적인 음식공급 부족, 약탈, 지역사회문제, 개인들이 피할 수 없는 관공서의 불필요한 형식들과 같은 또 다른 문제들이 발생할 확률은 더 증가한다. 이런 경우에는 1대1 기초 개입이 시스템의 개입 이후에 즉시, 혹은 적어도 동시에 제공되어야 한다.

(3) 예방 vs. 치료

예방과 치료의 경우, 재난에 관련된 몇몇의 상황에서는 구분이 굉장히 명확해진다. 회사와 학교에서 진행하는 소방훈련은 예방 방향성을 포함한다. 적십자와 같이 현지 기관에서 제공하는 많은 과정들은 재난 예방을 위해 만들어진 것이다. 또한 토네이도 때문에 자녀를 잃은 부모들에게 상담을 제공해주는 치료적 방향이 존재할 수 있다.

그러나 주로 재난 후에 제공되는 서비스들은 예방과 치료, 두 가지의 특성을 모두 가지고 있다. 지진 생존자들에게 위기상담을 제공하는 것은 치료 중심 목적으로, 현재에 즉각적으로 나타나는 증상들을 완화하기 위함이다. 위기상담은 장기 정신병리 증상을 없애거나 줄이는 것뿐만 아니라, 추후에 발생할 수 있는 여러 문제들에 대한 예방 중심으로도 사용되고 있다.

예방 중심의 개입은 재난 피해 확률을 줄이고 조직화 되도록 지역사회를 도와주는 것이다. 예를 들어, 지역사회에 있는 큰 호텔들이 화재 코드를 위반하거나 잠재적인 화재 위험이 있으면, 지역사회가 단속을 강화함으로써 건물이 안전할 수 있도록 하는 것이다.

예방 개입은 재난으로 인한 또 다른 현상을 예방하는 것과 관련된다. 주요 재난을 보면 성급한 성격을 지닌 사람들은 인내심이 약해질 수도 있고, 지역사회에 있는 단체들은 재난의 결과를 서로의 책임으로 돌릴 수 있다. 이 갈등이 원만하게 다루어지지 않으면 원래의 재난의 파괴적인 피해를 복구하기 어려울 수 있다. 다양한 지역사회 집단과 일하는 것은 공적인 동시에 사적이여야 하고, 파괴적 행동을 예방하는 것이 중요한 예방 역할이다.

(4) 직접 vs. 간접 개입

직접 또는 간접적으로 제공되는 서비스들은 서비스 제공자들이 해야 하는 아주 중요한 의사 결정들 중에 하나이다. 재난 개입과 관련된 정신건강 센터의 경우, 직원들은 상황을 고려하여 신중하게 한계를 설정해야 한다. 정신건강 센터 직원이 직접 서비스를 제공할 수 있는 자격을 갖추지 않은 경우, 전문가와 협력해야 한다. 재난발생 지역에서 피해를 경험한 정신건강 센터 직원들은 자신의 재산들을 손실하고 트라우마를 경험할 때, 그들은 생존자를 치료하고, 복잡한 행정처리와 관료적 장애물을 이겨낼 수 있는 준비가 되어있지 않을 수 있다. 재난의 원인을 조사하는 정신건강 센터 직원들과 정신건강 센터 직원들은 재난의 결과에 대한 지원을 제공하는 것도 준비 되어있지 않다.

위에서 설명한 것을 바탕으로 살펴보면, 그들이 중요하다고 생각하는 활동들을 컨설팅하는 컨설턴트의 역할이 중요하다. 지역사회에서 정신건강 서비스의 중요성을 가려내고, 전문가를 선별하는 개입이 수행될 수 있다. 혹은 정신건강지원와 관련된 서비스를 인지하더라도, 사용할 수 있는 준비나 훈련이 안 되어 있을 수 있다. 이러한 경우에는 정신건강 센터에서 전문가가 간접적 지원을 제공할 수 있다. 예를 들어, 생존자들에게 기술 및 법률정보와 함께 제공되도록 계획한 워크숍을 제공할 수 있다. 의사소통과 심리적 트라우마 관련 전문가들과 함께 정신건강 센터 직원들은 기술 전문가들을 도우며 효과적인 워크숍을 제공하는데 굉장히 유용할 것이다. 두 번째 형태의 간접적 지원은 생존자들을 담당하고 있는 서비스 제공자에게 사례 관리(case consultation)를 제공하는 것이다. 이러한 형태의 지원을 받는 기관들은 사법제도, 사회복지 기관, 교회, 학교 그리고 적십자가 있다. 정신건강 커뮤니티에서 제공하는 간접적 지원의 일차적 관심사는 생존자들의 정신건강을 가장 지지해줄 수 있는 그들의 서비스를 다른 사람에게 제공함으로써 도와주는 것이다.

정신건강 센터와 지역사회가 재난으로 인한 영향에 직접적 지원을 제공할 수 있는 확실한 방법이 있다. 몇몇의 개인들은 최소한의 단기 위기 상담을 필요로 할 것이다. 다른 사람들은 더 광범위한 심리치료가 필요할 수 있다. 지역사회 일부분의 사람들은 과도한 불안 증상으로부터 고통 받을 수도 있고 정신건강 센터에서 제공하는 간단한 스트레스 감소 워크숍을 통해서 효과를 볼 수 있다.

3) 재난상담 대상자의 범주: 인구노출모델

재난 상황에 대처하는 상담 인력은 개인의 심리적 상태뿐만 아니라 지역사회가 재난으로 인해 받은 상황을 어떻게 받아들이고 있는지에 대한 점도 간과해선 안 된다. 이는 많은 경우 지역사회의 사회적 기반(상담가, 정치적·환경적·문화적 요인, 사회 서비스)이 개인의 재난에 대한 반응과 밀접하게 연관되어있기 때문이다. 공공 보건접근법은 서비스 제공자들이 지역사회 전반을 고려하고, 지역사회 내의 다양한 집단들이 경험하는 재난으로 인한 상실이나 욕구를 다루기 위해 거시적인 관점을 제시한다. 다음 그림은 재난상황 시 영향을 받는 다양한 집단을 나타내고 있다 (Tucker, et al., 1999; Wright, Ursano, and Bartone, 1990).

인구노출모델은 재난에 직접 노출되고 경험한 사람이 가장 큰 심리적, 신체적, 정서적 영향을 받는다는 것을 전제하고 있으며 이는 많은 연구들에서도 보고된 사항이다(Norris et al., 2002; Shariat et al., 1999; Young et al., 1998; Green, 1996; Green and Solomon, 1995; Lurigio et al., 1990). 이 모델은 기본적으로 재난을 경험한 지역사회에 내 어떠한 하위 집단들이 존재하는지를 간략하게 설명하고 있으며, 이러한 하위 집단 내에서 특별한 소집단이 있을 수 있음을 보여준다. 또한 각각의 그룹 내에도 재난 이전의 개인적인 삶의 경험, 또는 위험요인 등에 의해 재난에 더 심각한 반응을 나타낼 수 있는 개인들이 존재한다는 것을 고려할 수 있다. 지역사회 내 소집단의 종류는 다음과 같다.

- A: 재난으로 인한 사망자 및 심각한 상해를 입은 집단. 또는 그들의 가까운 가족들
- B: 심각한 상해는 아니지만 재난을 목격하거나 경험한 집단
- C: 슬픔을 겪고 있는 가족들의 먼 친척이나, 친구. 또는, 거주지의 파손/파괴로 인해 갈 곳을 잃은 집단, 초기대응 집단 및 구조인력, 의료지원 인력, 위기상담이나 사망소식 등을 전하게 되는 전문 인력
- D. 정신보건 서비스 지원인력, 봉사인력, 응급의료지원 인력, 정부 및 관련 공적 업무 담당 인력, 미디어 관련 인력
- E: 재난으로 인한 관리가 요구될 것으로 파악되는 그룹, 금전적/재정적 손실을 입은 사업체, 지역사회 전반

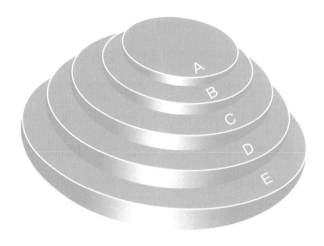

그림 1-3 인구노출모델(Tucker, et al., 1999; Wright, Ursano, and Bartone, 1990)

소집단에서 체크할 사항은 다음과 같다. 먼저, 심각한 수준의 신체적, 심리적 영향을 받은 희생자 및 가족을 파악하고, 모델의 A, B, C, D, E의 특성으로 집단을 분류한다. 각 집단별로 재난으로 인한 영향의 정도 및 지원욕구를 파악한다. 또한 각각의 집단에 존재하는 특별한 문화적 특성을 지닌 다문화 집단을 파악하여 지원한다.

4) 재난상담자의 자격요건 및 의무사항

재난상담자로서 요구되는 전문성은 1) 리더십 및 팀 지휘능력, 2) 비용분석 및 연계서비스 활용능력, 3) 관계 및 네트워크 확립능력, 4) 문제해결능력, 5) 재난 관련 서비스 체계에 대한 이해이다.

일반적인 경우, 정신건강 상담자는 실제 개입이 이루어지기 전에 고지에 입각한 동의서를 요구 확보하게 된다. 하지만 재난상담 시 국가 안전처 아래에서 일하는 재난상담자는 상황의 긴급성 때문에, 이러한 동의절차를 실제개입 전에 진행하기가 힘든 경우가 대부분이다. 하지만 비록 이러한 어려움이 있더라도, 재난상담자는 자신이 국가안전처 아래에서 일하는 재난상담 전문인력이며(재난상담 전문인력에는 사회복지사, 정신과의사, 재활상담가 등도 포함된다), 재난 대응팀의 일원으로 단기 지원(short−term support)을 제공할 것이라는 점을 내담자가 이해할 수 있도록 안내할 의무가 있다.

미국에서는 재난상담자로서의 자격요건을 임상사회복지사(Clinical Social Worker), 자격을 취득한 전문상담가(licensed professional counselor), 결혼가족치료사(marriage, child or family counselor), 정신과간호사, 정신과의사, 임상심리학자, 학교상담사 혹은 학교심리학자. 상담전문인력의 경우, 석사학위이상의 학력과 자격사항 혹은 면허 필수가 필수이며, 간호사인 경우 학사학위 이상소지자이면서 등록된 정신과 간호사로 한정한다.

다 재난 정신건강개입의 기본원칙

정신건강지원, 심리적 응급처치, 그리고 위기개입은, 특히 재난이 많은 사상자를 낸 경우에 더욱 필요하다. 다양한 정신건강지원이 생존자, 유가족, 초기 대응자, 재난전담인력, 그리고 더 큰 사회적 복구를 위해 제공되어야 한다. 정신건강전문가들은 실종자, 사망 알림 팀에 관한 문의에 답하는 직통 상담전화를 지원하거나, 구조와 구조대원들을 위한 휴게소에서, 재난 현장에서 비통해하는 유가족들을 지원하기 위해 일을 하고, 또 정부 관리들에게 자문위원으로서 활동하기도 한다. 재난심리지원 시 정신건강전문가는 현실적이고, 사람들이 접근가능한 개입을 제공해야 하며, 생존자들을 격려하면서도, 연민을 바탕으로 생존자의 슬픔을 공유할 수 있어야 한다.

1) 재난 정신건강개입의 10가지 기본원칙

재난에 의한 충격, 관련된 정신적·신체적 폭력, 파괴적 경험, 그리고 죽음은 끔찍하고, 비극적이다. 생존자, 대응자, 지역사회, 그리고 가끔은 나라 전체가 각기 다른 정도의 분노, 슬픔 그리고 무기력함을 동반하는 대규모 희생의 충격을 경험할 수 있다. 재난 이후 자신의 일상적인 일을 적절하게 수행하고 회복하는 모습을 보이는 사람들은 상실에 대하여 대처할 수 있는 능력을 지니고 있을 수 있지만, 지역사회와 가족, 그리고 사회적 지지 시스템이 힘을 합쳐 그들을 안정시키고 돕는 노력이 필요하다.

상담자는 현실적이고 실제 상황에 맞는 정서적 지지를 제공하여야 한다. 상담자의 역할은 생존자들을 안심시키는 것이다. 또한 생존자들에게 사건 이후에 발생할 일들에 대한 정보와 즉시 처리가 필요한 일들에 대한 현실적인 도움을 제공한다. 생존자와 유가족들은 지역 센터, 학교, 직장, 예배장소, 그리고 재난구조센터와 같은 장소에 모여 있을 수도 있다. 그들은 '심리상담'이나 '정신건강지원'이 필요하지 않을 수 있으나, 진심 어린 걱정과 스트레스를 대처하기 위한 도움은 기꺼이 받아들일 것이다.

각 지역사회는 구성원들의 문화적, 인종적, 민족적 구성, 난민(망명자), 이민 집단, 언어, 지역적 및 사회 경제적 특성에 따라 다양한 성격을 가질 수 있으며, 특정 집단은 해당 집단에 대한 편견과 증오로 인하여 지역사회 구성원들로부터 비난받을 수 있다. 서로 반목하는 집단이나 국가 기관에 소속된 사람들 역시 분노나 보복의 대상이 될 수도 있다. 정신건강개입은 재난의 영향을 받은 지역사회의 모든 집단에게 제공되어야 한다. 유의할 사항은 다음과 같다.

정신건강개입 수행 시 유의사항

- 지역사회의 요구에 맞춰 도움을 제공하라.
- 문화 및 지역사회 특징에 맞게 세심하게 행동하라.
- 필요한 정보와 서비스를 적절한 언어로 제공하라.
- 재난이 문화적 집단에 주는 각기 다른 영향을 이해하라.
- 지역사회 구성원을 돕기 위하여 지역사회의 단체, 지도자들과 협업하고 자문을 구하라.

다음의 10가지 원칙은 정신건강개입을 제공하는 전문 인력과, 또한 관련 서비스 제공자들이 가장 기본적으로 숙지해야할 사항들이다.

① 대규모의 재난은 재난을 경험한 모든 이에게 예외 없이 직접, 간접적으로 영향을 줄 수 있다.
- 희생자, 희생자 가족 및 친구, 긴급 대원들, 정부 관료, 재난 근로자들, 지역사회, 광범위한 미디어의 보도를 본 사람, 그리고 정신건강지원 제공자들을 포함한 많은 개인 및 단체들이 감정적으로 영향을 받으므로, 다양한 심리적 지원과 교육적 개입이 포괄적인 반응의 중요한 요소이다.

② 트라우마와 죽음을 동반하는 대규모의 재난은 개인과 지역사회 모두에 영향을 미친다.
- 대규모 재난은 일반적으로 사회적 지원을 제공하는 사회적 구조에도 정신적, 심리적 고통을 남기며, 생존자 개인의 트라우마와 슬픔을 더욱 악화시킬 수 있다. 이러한 지역적 피해는 회복과정을 더디게 만들 수 있다. 대규모 희생의 여파로 흔히 볼 수 있는 어느 특정 단체를 비난하고 희생양으로 만드는 모습은 지역사회의 단합성을 저해함으로써, 지역사회가 구성원을 돌보는 능력을 저하시킬 수 있다. 따라서 재난 발생 시에는 개인과 지

역사회 차원에서의 개입이 모두 필요하다.

③ 대부분의 사람들이 대규모의 비극 이후에 감정을 추스르고 삶에 복귀하지만, 삶의 효율성은 점점 줄어들고, 짧은 시간동안 감정에 압도되는 시기가 존재할 수 있다.

- 재난과 관련된 희생으로 인한 심리적 충격이 강할수록, 다양하고 심각한 수준의 정서적, 신체적, 행동적 반응이 예상되므로 정신건강전문가들은 인간의 회복력과 상호유대감 회복을 원천으로 삼아야 한다.

④ 재난 상황 트라우마로 인한 스트레스와 슬픔 반응이 일반적이지만, 특정한 소수의 생존자는 심각하고 장기적인 심리적 고통을 받는다.

- 개인적으로 사건에 얽혀있으면서 본인, 또는 그들의 자녀, 배우자, 혹은 중요한 타인의 생명에 위협을 느끼는 생존자들은 장기적으로 정신적 고통을 받을 수 있다. 또한, 이전의 트라우마 내력이 있거나 정신과적 문제, 약물 복용에 대한 병력이 있는 사람 역시 더 큰 위험에 노출되어 있다.

⑤ 정신건강, 생존자 지원, 그리고 다른 복지 서비스는 그들이 지원하는 지역사회에 알맞게 적용되어야 하며, 다문화 상황일 경우 문화적 차이 역시 충분히 고려되어야 한다.

- 지역사회는 인구 통계적, 지역적 차이, 종교적 성향, 그리고 그들이 대표하는 문화적, 민족적, 인종적 단체에 따라 그 특성이 달라지기 때문에, 효과적인 정신건강개입을 위해서는 이러한 모든 변수가 고려되어야 한다.

⑥ 내부분의 생존자들이 적극적이고 순수한 의도에서 우러나오는 염려와 공감에 반응한다.

- 어떤 생존자들은 모든 유형의 서비스를 거절하기도 하지만, 이러한 상황에서 역시 정중하고 진실한 온정과 이해는 정신건강개입의 기본이다.

온정과 이해에 기반을 두는 것은 생존자들이 외부의 지원을 무작정 거절하고 거부하는 상황을 완화시키고, 시간이 지남에 따라 올바른 결정을 내릴 수 있도록 생존자를 인도할 수 있는 바탕이 된다.

⑦ **정신건강지원 지원은 내담자가 실질적 도움을 받을 수 있고, 또 유연하게 적용가능하며, 개인의 성장에 초점을 둔다.**

- 그러므로 재난상황에서 일하는 전문 인력들은 생존자들이 사고 이후의 현실을 마주칠 때 그 반응속도에 개인차가 있음을 인지하고, 서비스를 유연하게 조절해야 할 필요가 있다. 무엇보다, 재난 상황에서 일하는 정신건강 전문가들은 서비스 개입 시에 개인에게 심리적, 신체적 위해를 유발할 수 있는 여지가 있는지 철저히 검토한 이후에 개입하여야 한다. 정신건강 전문 인력들은 각 생존자 또는 관련 희생자의 필요와 대처 전략을 파악하고, 관계(rapport)를 형성하며, 각 개인에 적합한 지원과 도움을 계획하고 제공해야 한다. 또한, 어떤 생존자들은 "부인(denial)" 또는 "거리두기(distancing)"의 방어기제를 사용할 수 있으나, 이는 재난상황으로부터 받은 충격을 완화하기위한 초기 반응이므로, 이러한 방어기제가 적절히 그 역할을 할 수 있도록 생존자를 보호하는 것이 중요하다.

⑧ **법률 집행 과정, 재난과 관련된 의료절차, 재난 구호 활동, 그리고 형사 민사적 사법 절차는 생존자들을 혼란스럽게 하고, 스트레스를 야기한다.**

- 정신건강 관련 기관과의 효율적인 연결을 해주는 행동은 생존자들의 불만, 분노, 무기력한 감정을 추스를 수 있도록 도와줄 수 있다. 생존자가 명확하고 정확한 정보와 자원의 제공, 지원으로의 접근을 돕는 것은 생존자와 희생자 및 유가족들이 재난 상황 후에 경험할 수도 있는 심리적 소외감을 줄여주고, 상황에 대한 통제감 회복을 촉진할 수 있다.

⑨ **정신건강지원을 제공하는 것은 종합적인 긴급 대응의 요소 중 하나이며, 사**

법 집행, 긴급 의료 서비스, 구조, 복구인력 등은 모두 주요한 책임과 역할이 있다.

- 비록 정신건강 전문 인력은 아니지만, 이들의 역할 역시 재난생존자들의 정신건강 회복에 중요한 역할을 하기 때문에, 재난 후 정신건강지원 지원은 1차 지원 기관들의 생활 수습 절차와 긴밀하면서도 유연한 관계를 유지해야 한다.

⑩ 가족, 친구 그리고 지역사회의 지원은 생존자들이 트라우마(trauma)와 죽음/상실(loss)을 극복하는 데 도움을 준다.

- 사랑하는 사람들과 사회 네트워크에서의 사회적 지지는 생존자들을 위로해주고, 소외감과 고립감을 줄여주고, 희망을 심어주며, 치유를 촉진한다. 효과적인 개입은 생존자들과 사회적 지지체계 및 사회적 지원 시스템을 연결해주는 것을 수반한다.

2) 재난 정신건강지원 편성

재난 상황 시 정신건강지원은 정신건강 전문의, 정신건강전문가(심리학자, 상담자, 재난심리요원 등), 관련 의료 및 서비스 상담인력, 적십자, 재난 복구 인력 등 다양한 정부, 또는 민간 자원봉사 단체에서 온 지원자, 또는 종교적인 지원까지 혼재되어 있다. 따라서 중복되는 서비스를 효율적으로 편성하고, 대응 인력들과 재난생존자 및 희생자들의 의사소통을 원활히 하며, 생존자, 희생자들에게 가장 적합한 서비스를 확보하기 위해 효과적인 조직화가 필요하다. 각각의 집단은 전체적인 대응 활동에 저마다 중요한 역할이 있기 때문에, 팀워크와 협력이 필수적이다. 사전계획과 준비는 다양한 정신건강지원 집단 간의 역할, 책임과 절차를 정의하는 것과 사건이 일어나기 전에 훈련에 참여하는 것을 포함한다.

사실, 모든 초기 및 사후처리 대응을 위한 서비스 제공자, 정부 관료, 법률 집행자들, 피해 지원 제공 전문인력 및 관련 고용인들, 그리고 공식적으로 "정신건강 지원" 영역에서 일하는 전문 인력들 모두, 재난생존자 및 유가족의 정신건강에 긍정적인 영향을 끼칠 잠재력을 가지고 있다. 이 매뉴얼에 소개된 자료는 "상담과 지원 서비스"를 초점으로 두고 있지만, 이 매뉴얼에서 다루어지는 내용은 생존자들과 접촉하는 모든 지원 인력들에게 유용한 정보를 다루고 있다.

재난생존자 지원 인력은 재난생존자와 가족들이 관련 혜택과 서비스를 이용하고 정보를 제공받는데 도움을 주며, 상담 전문 인력들은 적절한 정신건강개입을 제공할 수도 있다. "정신건강 전문인력"이란, 심리학자, 정신과 의사, 사회 복지사, 그리고 다른 자격을 갖추거나 허가를 받은 정신건강전문가들을 가리키지만, 이러한 전문 인력들 역시 재난 상황에 대응할 수 있는 적절한 훈련을 받아야 하며, 자격요건을 충족할 수 있는 기준이 마련되어야 한다. 일반적으로, 경미한 수준의 트라우마의 경우 기본적인 훈련만을 받은 관련 인력으로부터도 심리적 지원, 위로, 그리고 현실적인 도움을 효과적으로 받을 수 있으나, 고통의 정도가 심하거나, 혹은 이전의 정신의학적 문제나 정신건강문제의 내력이 있는 사람들에 대한 평가와 개입은 자격요건을 충족하는 정신건강 전문 인력들에 의해서만 제공되어야 한다. 그러므로 재난 상황 시에 관련 전문, 비전문 인력을 개개인 또는 그룹으로 조직화해서 재난 상황에 대응하는 것이 필요하다. 또한 생존자와 유가족의 정신건강 욕구를 이해할 수 있는 충분한 경험과 관련지식을 갖추며, 그 역할과 책임을 충분히 수행해낼 수 있는 인력이 배정되는 것이 중요하다.

02 재난에 대한 생존자 반응

가 재난생존자의 특성 및 변화 과정

1) 재난생존자의 특성

임상가들과 연구자들은 생존자들이 동일한 트라우마 사건에 노출되었을 때, 시간의 흐름에 따라 다양한 방식으로 반응하는 이유에 대하여 몇십 년간 고민하고 연구해왔다. 어떤 생존자들은 참혹한 경험을 자신의 삶에 통합해서 그 의미를 찾거나, 고통을 통해 자아존중감을 증대시키고자 한다. 반면 다른 생존자들은 지속적으로 충격과 분노를 느끼고, 심리적인 문제를 경험할 수 있으며, 삶에서 앞으로 나아갈 해결책을 찾는데 실패한다. 생존자 개인의 특성은 장기적인 충격으로부터 완화될 수 있는 요인이 되기도 하지만, 더 큰 문제가 생기는 발판을 제공할 수 있는 중요한 요소이다.

대규모의 재난 이후, 재난에 노출된 생존자들의 신체적, 심리적 반응은 기본적으로 그 사건과 직접적인 관련이 있으며, 시간이 지남에 따라 생존자 개인의 특성은 심리적 반응을 완화하거나, 악화시킬 수 있는 중요한 요인으로 작용한다. 과거에 겪었던 트라우마 경험들 외에도, 생리적, 유전적, 성격적, 기질적, 사회경제적 요인들이 현재의 트라우마 경험에 대한 생존자의 취약성에 영향을 미친다(Shalev, 1997, 1996; Yehuda and McFarlane, 1997). 트라우마와 관련된 정신질환에 대한 위험을 예측하는 요인은 과거 혹은 현재의 정신질환에 대한 내력, 정신질환에 대한 가족 내력, 약물 남용, 신경 호르몬 관련 취약성, 생애 초기의 트라우마 경험, 가족의 불안정성, 성별, 교육수준, 빈곤 등이다(Halligan and Yehuda, 2000). 여성들은 남성에 비해 우울증, 불안, 외상 후 스트레스 장애의 유병률이 높고(Kessler et al., 1994), 사회문화적, 생물학적 요인으로 인해 취약성이 더 높을 수 있다. 또한, 생존자가 현재 애착 관련 문제(attachment disturbances)나 분리 불안을 가지고 있을 경우, 트라우마로 인한 슬픔이나 사별 이후 복합적인 비애 반응을 겪을 위험성이 증가한다(Jacobs, 1999). 각각의 예측요인이나 위험요인은 위험에 대한 생존자의 취약성을 예견하는 중요한 요소이다.

자연재난 이후 지역사회에서는 정신질환을 경험하고 있는 생존자들에게 여러 심리사회적 지원을 제공할 필요가 있다(Center for Mental Health Services, 1996). 그 이유는 주거, 의료, 사례 관리 서비스가 생존자에게 안정적으로 제공되었을 때, 정신질환을 경험하고 있는 사람들일지라도 잘 기능할 수 있기 때문이다. 반면, 어떠한 경우에는 기존에 경험하고 있었던 정신질환이 재난 이후 더욱 심화될 수도 있다. 그러므로 외상 후 스트레스 반응은 현재 나타나는 증상의 표출이나 진단적 상태에 기인하여 쉽게 해석되어서는 안 된다.

생존자의 회복력은 정신과적 문제 또는 물질 남용 문제가 동반되지 않을 때, 신경호르몬이 완충작용을 할 수 있을 때, 가정의 안정과 재정적 지원이 지속될 때 증진된다. 생존자의 회복력은 트라우마 경험 이후 발생할 수 있는 증상(침습적 사고, 수면 장애, 해리, 불안 등)을 이해하고 견디며, 극복할 수 있는 능력과 연관이 있다(Yehuda and McFarlane, 1997).

생존자가 자신의 정서적 반응을 스스로 조절할 수 있는 능력은 재난과 트라우마 증상에 대한 인지적 평가(예: "지금 내가 경험하는 증상은 일시적이고 정상적인 반응이다." vs. "내가 미쳐가는구나."/"나의 내면이 마치 죽은 것처럼 느껴지는 구나.", "현재 나의 신체적, 심리적 반응은 내가 아직 위험한 상황에 놓여 있음을 나타내는 거야." vs. "아무 곳도 안전하지 않아."/"재난은 나에게만 일어난 것이야.")와 부분적으로 연결되어있는 것으로 알려져 있다(Ehlers and Clark, 2000). 사회적 지지는 생존자들의 회복력에 영향을 주며, 생존자는 상호작용을 통한 유대감과 안정감을 느끼기 위해 가족, 친구, 사회적 지지 네트워크와 연계할 수 있어야 한다 (Kaniasty and Norris, 1999).

또한 생존자는 문화적, 인종적, 민족적 집단에 대한 소속감과 사회, 가족, 지역 사회로부터의 지지를 통해 회복력을 증진할 수 있다. 문화적 신념, 전통, 의식들은 회복을 통해 비극을 이해할 수 있는 발판을 제공할 수 있는 반면, 빈곤, 폭력, 가족 해체 등의 요소는 압도적인 트라우마와 죽음이 가져오는 결과를 더 악화시킬 수 있다. 사회적 소외는 생존자들이 극복할 수 있는 내면의 힘을 강화시키고, 삶에서 당면하는 끊임없는 어려움들을 견딜 수 있는 능력을 감소시킬 수 있다.

[표 2−1]은 생존자 특성 가운데 위험요인과 보호요인을 분류하여 설명하고 있다. 위험요인들은 동일한 트라우마 경험에 대해 개개인이 시간의 경과에 따라 다양하게 반응하는 양상에 영향을 미친다. 죽음에 대한 노출수준과 이로 인한 생존자의 트라우마와 함께, 이러한 위험요인을 평가하는 것은 어떤 생존자 집단이 가장 취약한지 파악할 수 있도록 한다. 정신건강전문가들은 심리지원이 가장 필요한 사람을 가려내기 위해 간단한 선별 체크리스트를 활용할 수 있다.

표 2-1 생존자 특성

위험요인	보호요인
• 기존의 혹은 과거의 정신질환 내력 또는 물질 남용 문제 • 이전의 트라우마 경험이나 해결되지 않은 사별 관련 문제 • 여성 • 낮은 사회경제적 지위, 낮은 교육수준 • 불안정한, 갈등이 있는, 한부모 가정 • 사회적 지지가 없거나, 없는 것으로 지각되는, 고립상태 • 회피나 자책 혹은 원망 등의 대처전략	• 비교적 양호한 정신건강, 정신 질환 내력이 없음 • 정서를 조절할 수 있고, 트라우마와 사별 관련 증상을 유연하게 극복할 수 있는 능력 • 트라우마의 영향을 극복하고 조절할 수 있는 능력이 있다고 믿는 자기 지각 • 높은 사회경제적 지위, 높은 교육 수준 • 가족 또는 친척들의 실제적, 정서적, 재정적 지원 • 사회적 지지 체제를 효과적으로 활용

살펴보기 재난생존자 특성과 관련된 연구

1995년 미국 오클라호마 시티의 알프레드 P. 머라 연방 건물(Alfred P. Murrah Federal Building)의 폭탄 테러 사건 이후 진행된 연구는 생존자 특성과 추후 심리적 결과와의 관련성을 보여주는 사례를 제공한다. North와 그 외의 여러 학자들은 연구를 통해, 거의 절반에 가까운 폭발 사건 생존자들이 한 가지 이상의 정신질환을 경험하였고, 사건 발생 6개월 후 1/3 생존자들이 외상 후 스트레스 장애 진단 기준을 충족하였다는 것을 발견했다(North et al., 1995). 구체적으로, 기존의 정신질환 내력이 있는 응답자의 2/3(66%)는 정신질환 내력이 없었던 29%의 응답자와 비교할 때, 폭발 사건 이후 일생 동안 어느 시점에라도 정신질환을 경험한 것으로 나타났다. 또한, 연구자들은 외상 후 스트레스 장애를 나타낸 참가자들 중 74%가 사건 이전에는 이러한 장애를 경험한 적이 없음을 밝혔다. 이와 비슷하게, 우울장애를 경험한 56%가 사건 이전에는 동일 병력이 없었음을 밝혔다. 여성이 외상 후 스트레스 장애를 경험하는 확률은 남성의 2배였으며, 우울증과 불안 장애를 경험하는 확률도 2배 이상으로 나타났다.

2) 재난 발생 후 생존자 심리상태의 변화

재난으로 인한 위기상황을 경험한 사람들의 심리상태는 시간의 경과에 따라 변화한다. 일본의 경우, 재난생존자를 위한 마음케어 매뉴얼에서 재난 발생에 따른 생존자의 심리상태를 시간 경과에 따라 4단계로 분류하여 제시하고 있다. 재난 직후부터 1주일, 1개월, 3개월을 기준으로 생존자들이 나타내는 심리적 특성은 다음과 같다.

기간	심리적 특성
망연자실기 (재난 발생 직후~1주)	재난 발생 직후부터 1주일 정도를 망연자실기라고 하며, 이 시기에 사람들은 공포로 인하여 무감각, 감정의 결여를 경험하는 '망연자실' 상태가 된다. 자신이나 가족, 이웃 사람들의 생명이나 재산을 지키기 위해서, 위험을 감수하고 행동하는 사람도 있다.
허니문기 (1주~1개월)	재난 후 1주일부터 한 달 정도까지는 생존자끼리 재난에 대한 극적인 경험을 공유하고, 재난 현장에서 빠져 나온 경험을 통하여 강한 연대감으로 연결되는 허니문기에 해당된다. 이 시기에 생존자들은 원조에 희망을 느끼면서, 복구활동에 참여하여 잔해와 파편을 청소하며 협력한다.
환멸기 (1~3개월)	1개월이 지나면서는 주민 간의 회복 격차가 발생하며 고양된 기분이 감소하고 피폐감이 출현하는 환멸기가 재난 후 3개월 정도까지 이어진다. 재난 후의 혼란이 가라앉기 시작할 무렵 생존자의 인내심이 한계에 도달하고, 지원의 지연이나 행정 실책에 불만이 생기기 시작할 수 있다. 이 시기에 사람들은 분노에 휩싸여 갈등을 빚거나, 음주 문제를 보이기도 한다.
재건기 (3개월 이후~)	3개월 이후에는 복구가 계속되면서 생활의 목표가 시작되는 재건기가 시작된다. 지역의 재건에 적극적으로 참여함으로써 삶의 재건에 대한 자신감이 향상된다. 재난 상황에 대한 플래시백은 일어날 수 있지만, 대부분 서서히 회복된다. 그러나 삶을 재건하는 데에 시간이 소요되거나, 사회적지지 자원이 부족한 사람들은 스트레스가 지속될 수 있다.

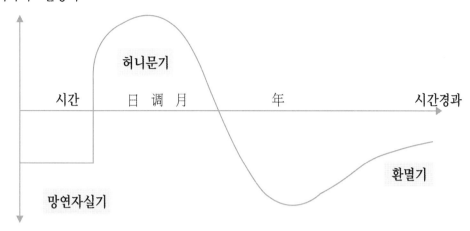

적극적·발양적

허니문기

시간　日　调　月　　　年　　　　시간경과

망연자실기

소극·우울증적

(후생 노동성 정신 신경 질환 연구 용역비 외상 스트레스 관련 장애의 병태와 치료 가이드 라인에 관한 연구반 주임 연구자 김 요시하루 "심적 트라우마의 이해와 관리" 39페이지;지호우(2001)에서 일부 인용)

그림 2-1 재난 후 시간의 경과에 따른 생존자의 심리변화

표 2-2 시간의 경과에 따른 생존자의 심리적 반응에 따른 치료 개입(재난 시의 마음케어 대응메뉴얼-후쿠오카현)

시기	심리적 반응	대응
재난 직후 ~ 1개월	**망연자실기** • 재난 직후 혼란스러움이 증가 • 자신에게 무슨 일이 일어났는지 이해할 수 없음 • 정서적 반응의 부족과 현실감 상실 • 급성 스트레스 반응(불안, 우울, 불면, 번민, 퇴행)	• 심리지원뿐만 아니라 신속한 의료 지원이 필요하다. • 개별 지원 시 생존자의 관점을 고려한 심리지원이 필요하다. • 특히, 임산부, 어린이, 노인, 지병이 있는 사람이나 장애인 등 특별한 도움이 필요한 경우, 그리고 재난으로 가족을 잃은 사람이나 사회적으로 고립된 사람에 대해서

	허니문기	는 특별한 도움이 요구된다.
	• 심리적 고양 상태. 생존자들이 강한 연대감으로 묶이기 시작한다.	• 일반 정신건강상담과 마음 케어 상담과의 연계가 중요하다.
1개월 ~ 3개월	환멸기 • 재난 초기의 고양된 기분은 점차 희미해지기 시작한다. • 많은 생존자가 직장이나 가정, 경제적 문제 등 현실적인 문제에 쫓기게 되고, 장래에 대한 불안과 함께, 생존자의 초조함과 짜증이 심해져, 분노가 폭발할 수 있다. • 생존자에 따라 재난에서 입은 심리적 충격을 회복하는 격차가 눈에 띄게 된다. • 우울증이나 PTSD 등의 정신건강 문제가 표면화한다.	• 상담소 설치 및 순회 방문 등의 봉사 활동을 통해 치료에 착수한다. • 마음 케어 팀의 활동이 중요하다. 자원봉사자 간의 정보 교환이 필수적이다. • 생존자의 정신건강 문제에 대한 평가를 실시하여 심리 치료 대책을 수립한다. • 생존자에 대한 PTSD 등의 정신건강에 관한 심리 교육 및 계발 활동을 적극적으로 시행하고 이해를 촉구한다. • 정신 의학적 문제가 있다고 생각되는 경우에는 의료기관에 의한 치료로 연결한다.
3개월 ~ 6개월	재건기 • 재건에 대한 피로가 나타나는 시기 • 재난 이전의 생활로 돌아갈 수 없는 경우에는 환멸과 실망에 직면하게 된다. • 순조롭게 회복한 생존자와 그렇지 않은 생존자 간의 차이가 극명해진다. 시일이 지나면서 세간의 관심이 줄어들고, 정신건강 문제가 있	• 마음 케어 지원 본부에서 상담을 계속하면서 특별한 도움이 필요한 사람들에 대한 순회 방문을 계속해야 한다. 만성기에 자주 나타나는 자살에 특히 신경써야 한다. • 이차 스트레스 발생의 예방을 위해서 종래보다도 생존자 개개인의 삶을 감안한 원조가 필요하다. • 집단 활동이나 커뮤니티 활동 지원도 중요하다. • 부흥기의 심리 치료의 중요성에

어도 말하기 어려워지면서 우울증이나 PTSD가 대인관계 문제, 알코올 중독 등의 형태로 나타나는 경우도 있다.	대해 미디어나 홍보 잡지, 강연회 등에 의한 홍보 활동을 한다.

3) 트라우마 및 사별에 대한 반응단계모델

가) 외상성 사별

재난 상황이 가까운 사람의 갑작스러운 사망을 동반했거나, 그 상황을 목격한 경우에 해당될 때, 사별한 사람이 경험하는 트라우마와 비애에 적절하게 대응해야 한다. 생존자는 트라우마 반응으로 인해 가까운 지인들과 함께 충분히 애도하고 슬퍼하는 것을 처음부터 거부할 수 있고(Raphael, 1997; Rando, 1993), 남겨진 사람들이 고인에 대한 트라우마 기억을 상기시킬 수 있기 때문에, 이러한 기억을 간직하기 보다는 오히려 회피하려고 할 수도 있다. 흔히 애도 기간 동안 고인에 대한 그리움으로 인해, 고인의 죽음을 직시하지 못하고, 아직 고인이 살아 있는 것처럼 느끼다가, 고인의 부재를 확인하게 되면 심각한 수준의 심리적 고통을 느끼게 된다 (Raphael and Martinek, 1997). 또한 트라우마로 인해 악몽을 경험하거나, 악몽에서 깨어날 때 트라우마의 재경험을 동반하고, 극심한 공포와 무력감을 느끼게 할 수 있다.

트라우마와 비애의 상호작용은 두 가지에 관한 증상 모두를 심화시킬 수 있다. 외상성 사별을 경험한 사람은 충격을 경험함에 따라, 애도 과정을 동시에 또는 교차적으로 겪을 수 있다. 트라우마 이후 경험하게 되는 증상과 사별 이후 증상이 번갈아 나타날 수 있으므로, 면밀한 평가와 개입이 이루어져야 한다.

희생자 시신의 일부분이 유실되거나 신원확인이 불가할 때, 유가족은 장례를 대체할만한 형식을 따라야만 한다. 고인이 어떤 장소에서, 어떠한 방식으로 사망했는지에 대한 정확한 자료가 없기 때문에, 유가족은 사망 사건에 대한 질문과 생각들에 사로잡히고, 고인이 겪었을 고통에 대해 끊임없이 생각하게 된다. 애도 기간 중 겪는 이러한 어려움은 종종 법률적 처리절차들로 인해 그 충격이 길어지고 악화되기도 한다.

외상성 사별이 집단적인 범위에 해당할 경우, 개인의 죽음은 사건의 비극을 크게 다루는 데에 비해 상대적으로 조명되지 못할 수 있다. 즉, 사랑하는 이의 죽음이 대규모 사건의 이름으로 한 번에 묶일 수 있기 때문에, 죽음의 '개인성'을 잃는 것은 개인의 죽음을 경시하거나 축소하는 것처럼 보일 수 있다(Spungen, 1998).

※ 검사(screening) 및 평가 항목
- 트라우마 및 사망에 대한 노출
- 위험 요인과 회복 요인의 존재 여부
- 현재의 심리적 고통
- 기존에 있던 주요 스트레스 사건에 대한 극복
- 사회적 지원의 이용 가능성

재난 이후 가족 구성원을 잃은 생존자와 유가족은 예상치 못했던 극심한 트라우마와 사별 후 반복적인 정서적 변화, 신체적 반응을 경험할 수 있다. 이러한 비선형적 과정은 끝이 없고 끈질긴 것처럼 보인다. 초기에는 비극적 사건에 대한 심리적인 중압감이 정신을 압도하여, 발생하는 모든 일을 한 번에 다 처리할 수 없다. 보통 본인도 의식하지 못하는 사이에, 방어기제가 발동하여 사건의 공포로부터 스스로 잠시 거리를 둘 수 있다. Pan Am 항공기 103추락사건에서 남편을 잃은 생존자나 유가족은 비극의 "사실"을 받아들일 때 관련된 감정들을 분리해야만 수용할 수 있다고 표현하기도 하였다. 개인의 내적 검열체계는 혹독한 현실에서 당사자가 관리 가능한 것은 받아들이고, 그렇지 못한 것은 부분적으로 끊어내도록 한다.

부인(denial)은 살인 사건의 생존자를 비극적인 느낌으로부터 보호하는 적응적인 반응이다. 부인은 사랑하는 사람이 살해당했을 때 대처하는 점진적이고 적절한 방법이며, 유가족들에게 충격과 부인을 시작으로 애도하는 과정으로 들어가기 위하여 필요한 시간을 확보하도록 해준다. 이러한 시간 동안 사건과 관련한 사실과 현실이 점차 더 깊이 이해되고, 크고 작게 상실한 것들이 좀 더 명확해진다. 한 개인이 감정과 이에 동반하는 신체적 반응을 견디거나, 통제하고 관리하는 것에 어려움을 겪을 때는 회피와 부인이 사용되고, "보다 정상화된" 느낌을 갖는 기간에는 트라우마와 관련된 공포와 불안, 고인을 향한 그리움과 슬픔으로 인한 아픔이 종종 찾아온다.

많은 사람들은 새로운 현실에 대한 점진적인 적응과정에서 트라우마 증상과 충격적인 슬픔에 대한 반응이 엄습함을 경험한다. 발견할 수 있는 주요 특징은 수면 장애, 부정적 사고, 과거의 일이 일어나지 않았기를 바라는 것, 쉽게 놀라는 것, 불안, 자기 의심, 미래에 대한 불안, 극심한 슬픔, 세상과 인류에 대한 기본적인 가정에 대해 의문을 갖는 것 등이 있다. 이러한 증상이 심해지고 지속될 때는 안정되고 충분한 휴식을 취하는 것이 우선적으로 필요하다. 트라우마 증상을 야기하는 단서나 요인들로부터 잠시 거리를 둠으로써 생존자들의 반응성과 감정 기복을 줄일 수 있다.

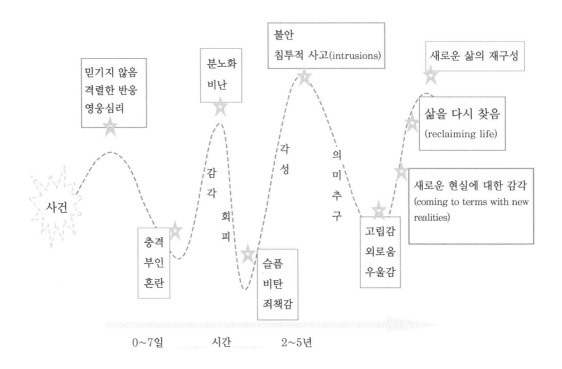

불안
침투적 사고(intrusions)

새로운 삶의 재구성

믿기지 않음
격렬한 반응
영웅심리

분노화
비난

삶을 다시 찾음
(reclaiming life)

각
성

의
미
추
구

감
각
회
피

새로운 현실에 대한 감각
(coming to terms with new realities)

사건

충격
부인
혼란

슬픔
비탄
죄책감

고립감
외로움
우울감

0~7일   시간   2~5년

그림 2-2 **트라우마와 사별에 대한 반응단계 모델**(CMHS, 1994)

새로운 현실에 대한 감각을 갖고, 이전의 삶을 되찾으며, 새로운 삶을 재구성하는데 걸리는 시간은 사람마다 상이하다. 자녀, 배우자, 혹은 인생에서 중요한 누군가가 재난의 희생자가 되는 사건을 겪은 이후, 미래에 대해 희망을 갖는 방식으로 삶을 바라보게 되기까지는 몇 년의 시간이 걸릴 수도 있으며, 어떤 생존자들은 불안, 공포로 인한 회피, 외상 후 스트레스 장애, 우울증, 약물 남용 문제에서 헤어나지 못 할 수도 있다. 이러한 생존자의 반응은 생존자가 트라우마와 사별로 인한 영향을 이겨내고, 현재 발생한 사건을 함께 끌어안고 살아갈 방법을 찾을 수 있도록 다뤄져야 한다. [그림 2-2]는 생존자들이 종종 경험하는 트라우마와 비애로 인한 반응과 감정 기복을 나타내고 있으며, 이러한 과정은 증상 강도의 높낮이에 따라 오락가락 할 수 있다. 최고점과 최저점은 감정의 강도가 압도적인 수준임을 의

미하며, 의학적, 심리적, 영적 자원을 필요로 할 수 있음을 알려준다.

[그림 2-2]는 트라우마 사건을 재기억하여 증상과 반응을 더 활성화 할 수 있는 촉발 사건이나 상기시키는 요인으로 인해 발생하는 과정을 나타내는데, 흔히 생존자들은 이러한 과정을 경험함에 따라 스스로 정상으로 돌아갈 수 있을지, 혹은 퇴보하는 것은 아닌지 의문을 가질 수 있다. 촉발요인은 공휴일이나 생일과 같이 갑작스럽게 고인이나 사건을 떠오르게 하는 개인적인 요인, 필요한 공적 절차, 특정 언론 보도내용, 소지품이나 신원이 확인된 유해나 유품 전달의 지연, 사건의 기념일 등이 있다. 또한 법적 처리 절차가 종종 몇 년간 지속되면서 생존자와 지인들이 매우 고통스러워질 수 있다. 고통을 촉발할 수 있는 사법 절차는 조사, 구속, 청문회, 재판 연기, 재판, 판결, 선고, 항소 등이 있으며, 재난의 책임소재가 명확하지 않을 경우 사건을 종결짓는 것에 어려움을 줄 수 있고, 이러한 지연 역시 생존자나 유가족의 트라우마 경험을 악화시킬 수 있다.

※ 재난으로 인한 충격을 받아들이는 과정에서 고려해야 할 주요 내용
- 어떤 사람들은 이 과정을 정신건강에 대한 지원이나 다른 전문적인 도움 없이 무사히 통과하며, 이는 정상적인 반응이다. 종종 정신건강전문가들이 생존자들로 하여금 스스로 이겨내도록 존중하면서 간단한 도움을 주는 것이 가장 도움이 될 수 있다.
- 어떤 생존자나 유가족들은 높은 강도의 반응, 회피, 지속적인 심리적 문제들에서 벗어나기 어려울 수도 있으므로 정신건강개입을 통해 이러한 문제들을 다룸으로써 생존자가 다시 이 과정에 돌아오도록 한다.
- 이 과정에는 상실과 슬픔 속에서 현실감을 찾는 것, 이전의 삶을 되찾는 것, 새로운 삶을 재구성하는 단계로 가는 것을 포함한다. 이 개념들은 회복의 또 다른 의미이다. 당사자는 비극적인 사건을 겪기 이전의 삶으로 완전히 돌아가지는 않을 것이다. 그들은 새로운 삶을 재구성하고 재접촉

해야 할 것이다(Spungen, 1998).

나) 반응단계모델의 적용 및 주의점

재난을 경험한 생존자나 희생자 가족들은 극도로 혼란스러운 감정을 경험할 수 있다. 이러한 경우 반응단계모델의 가장 큰 장점은 이러한 반응들이 홀로 경험하는 특수한 감정이 아니라, 재난을 경험했을 때 누구나 나타낼 수 있고, 경험할 수 있는 감정이라는 점을 알게 해준다는 것이다. 이러한 인식은 개인의 심리적 경험 및 반응을 이해하고 받아들이는 데 긍정적인 효과를 지닌다. 또한 타인들도 역시 이러한 감정의 존재를 알고 있으며, 이해할 수 있다는 것을 인식하게 되면서 개인의 감정이 타인에게 전이되고, 공감을 보이며, 치유로 나아가는 데 긍정적 영향을 미친다. 반응단계모델의 또 다른 장점은 개인의 반응단계에 맞는 최적화된 서비스를 설계하는 데 도움을 준다는 점이다(Livneh, 1986). 예를 들어, 단계별 단기목표 및 장기목표를 설정한다거나, 단계별 감정을 이해하고 받아들일 수 있도록 하는 과제를 수립하기 위한 적절한 가이드로 사용될 수 있다는 점이다.

하지만, 재난을 경험한 생존자나 유가족이 항상 모델에서 제시하고 있는 감정을 순서대로 경험하는 것은 아니며, 개인차에 따라 다양한 패턴이 존재한다는 점을 기억하여야 한다. 이전의 감정 상태로 퇴행이 쉽게 발생할 수 있다는 점도 "반응단계모델"의 적용 시 주의할 사항이다.

나 재난생존자의 반응

1) 생존자의 심리적 · 신체적 반응

재난 이후 흔히 나타나는 증상으로는 플래시백을 중심으로 한 PTSD가 있지만, 이 진단이 가능한 것은 적어도 1개월 이후이다. 재난 초기에는 증상도 불안정하므로 정신의학적인 진단 자체가 어렵다. 따라서 초기의 생존자 반응을 살필 때는, 스트레스 반응을 파악하고, 기본적으로는 현실적인 불안을 해소하기 위한 정보나 구체적인 원조를 행하며, 자연적인 회복을 기다리는 것이 필요하다. 또한, 중증 사례의 경우, 불면이나 불안 등의 증상에 대해 투약이나 상담 등의 증상 중심의 대응을 하는 것이 현실적이다. 단, 회복 과정에서 불안이나 부주의로 인한 예기치 못한 사고나 이차 피해가 발생할 수 있으므로 심리적인 변화와 회복의 전망에 관해서는 초기부터 홍보를 통해 주민들에게 충분한 심리교육을 제공할 필요가 있다. 초기부터 심리적인 정보제공, 원조를 하는 것은 그 자리에서의 불안을 경감시킬 뿐만 아니라, 장기적인 알코올 의존 등의 문제를 경감시키는 효과도 있다.

가) 재난 직후의 생존자 반응유형

강렬한 수준의 스트레스 반응 혹은 심리적 부담감을 경험하거나, 개인적 취약성이 있었을 경우에는 우울증, 불안 장애, 공황, 정신착란, 조증, 조현병 등의 일반적인 정신질환이 새롭게 발병하거나 재발하기도 한다. 또한 여태껏 발견되지 못한 치매가 섬망을 새롭게 발생시킴으로써, 진단이 명확해지는 경우도 있다. 이미 정신질환에 대한 치료를 받고 있는 경우에도 재난의 충격이나, 약물치료 중단에 의해 상태가 악화될 수 있다. 특히 항경련제가 갑작스럽게 중단된 경우에는 환자에 따라 48시간 후에 중적발작을 일으킬 가능성이 있다. 하지만, 이러한 일반적인 정신질환에 관해서는 정신보건의료 종사자라면 일상적인 업무의 연장선상에서 대응이 가능하다.

재난 직후 수일간은 주민들에게서 나타나는 증상도 다양하며 또한 대부분은 일과성이므로 엄밀한 진단을 내릴 수는 없다. 또한, 정신건강전문가가 이 시기의 주민과 얼굴을 맞댈 기회를 얻는 것은 어렵고, 많은 경우는 일반 자원봉사자가 주민과 접촉하게 된다. 따라서 다음과 같은 분류는 현장에서 적용될 수 있다.

(1) 현실불안형

재난 피해의 원인, 규모, 정도, 원조의 내용을 알 수 없어서 생기는 현실적인 불안, 구조나 소화 활동, 대피소 유도 지연 등에 의해 악화된다. 반드시 타인이 알 수 있는 증상을 보이는 것은 아니며, 내적으로 억압하고 있는 경우도 많다. 이 현실 불안을 가능한 진정시키는 것이 그 후의 심리적인 반응을 예방하는 데 가장 중요하다. 대응을 위하여 각 주민이 구체적으로 어떠한 피해를 입었고, 무엇을 필요로 하고 있는지를 확인하는 것이 중요하다.

(2) 평정상실형

강렬한 불안 때문에 침착성을 잃고 가만히 있지 못하게 된다. 말투나 행동에 일관성이 없어진다. 자신이 하려던 행동을 망각하고, 관계없는 행동을 시작하는 경우도 있다. 평상시보다 격렬한 심장 박동, 호흡곤란, 발한 등의 증상이 보이기도 한다. 때로는 흥분해서 화내거나, 갑작스럽게 우는 등 감정적으로 흐트러지는 경우도 볼 수 있다. 대응 시 안정, 안락한 수면 확보가 가장 중요하다. 불안의 이유가 되는 현실적인 문제가 있다면 신속히 대응한다.

(3) 망연자실형

예기하지 못했던 공포, 충격으로 인해 얼핏 보기에도 사고나 감정이 마비 또는 정지된 것처럼 보이는 상태이다. 말수나 행동이 줄어들고, 질문에 대답하지 않으며, 눈앞의 필요한 것이 손에 잡히지 않는다. 주위의 상황을 이해하지 못하거나, 사람의 이름이나 얼굴을 몰라보게 되는 경우도 있다. 본인은 현실감을 상실하거나, 말을 하려고 해도 입에서 말이 나오지 않는 등의 감각을 느낄 수 있다. '침착하다'는 등의 오해를 받아 원조를 받지 못하는 경우가 있지만, 속으로는 강한 슬픔과 공포를 느끼는 경우가 있다. '반응이 없거나', '너무나도 침착한' 경우에는 이 상태를 고려할 필요가 있다.

나) 생존자의 주요 반응 및 증상

일본의 재난심리지원 매뉴얼들이 제시하는 재난 경험자들에게서 볼 수 있는 반응을 정리하면 다음과 같다.

(1) 급성 스트레스 반응(ASR)

재난 직후의 심리적 동요나 심신의 증상의 대부분은 강한 스트레스가 발생했을 때 누구에게나 나타날 수 있는 반응이다. 중심적인 증상은 불안과 우울증으로, 대부분 1개월 이내에 회복한다. 생존자의 반응은 다음과 같다.

표 2-3 급성 스트레스 반응

심리적 변화	사고 및 인지적 변화
• 수면 장애(불면증, 악몽) • 강렬한 불안과 공포 • 쉽게 짜증을 내거나, 분노함 • 기분의 침체 • 자책	• 집중력 저하 • 무기력 • 사건을 기억하지 못함 • 판단력과 결단력의 저하
신체적 변화	행동적 변화
• 두통, 근육통, 흉통 • 나른함, 현기증, 메스꺼움 • 설사, 복통 • 심박수 증가, 혈압상승, 과호흡, 떨림, 발한	• 신경이 과민해짐, 트라우마를 야기한 사건에 대해 말하는 것을 거부 • 유아퇴행, 은둔 • 식욕 부진이나 과식 • 음주나 흡연의 증가

(2) 트라우마 반응

심리적 충격을 받은 이후에는 충격을 주었던 경험이 기억에 남아, 계속해서 정신적인 영향을 미치는 경우가 있다. 그 정신적인 후유증을 트라우마라고 하며, 트라우마에 의한 정신적인 변조를 트라우마 반응이라고 한다. 트라우마 반응은 '이상적인 상황에 대한 정상적인 반응'이며 대부분은 자연적으로 치유되지만, 일부는 만성화되어 사회생활 기능 저하를 초래하는 경우도 있다. 생사와 연관된 사태를 체험 또는 목격한 후, 아래 3가지 주요 증상이 1개월 이상 지속될 수 있고, 일상생활 기능이 저하되었을 때, 외상 후 스트레스 장애(PTSD)로 진단될 수 있다.

- **재경험 증상**

재경험 증상은 재난의 경험에 관한 불편하고 괴로운 기억이 자신의 의사와는 관계없이 되살아나거나 꿈에 나오는 것이다. 어떤 계기로든 재난 경험이 되살아날 때 기분의 동요와 식은땀 등의 신체 반응이 포함된다.

- **회피 · 마비 증상**

재난의 경험에 대해 생각하거나 이야기하거나 감정이 되살아나는 것을 극도로 피하려고 하는 것이다. 일부 경험을 기억하지 못하는 경우도 있다. 그 외 취미나 일상 활동에 예전만큼 흥미나 관심이 가지 않고 감정이 마비된 것처럼 애정과 행복 등의 감정을 느끼기 어려워지는 등 마음의 변화가 생긴다.

- **과도한 각성 증상**

수면 장애, 초조함과 과민함이 늘어 집중할 수 없거나, 필요 이상으로 경계심을 나타내거나, 작은 소리 등의 자극에 과민반응을 보이는 등 정신적 긴장이 고조된 상태이다. 트라우마 경험 이후, 위에 기술된 증상은 누구에게나 일어날 수 있지만, 일부만이 PTSD의 진단을 받는다. 3가지의 주요 증상과 해리성 장애가 트라우마 경험 후 1개월 이내에 강하게 나타나는 경우는 급성 스트레스 장애(ASD)로 진단된다. 트라우마 경험은 PTSD나 ASD 이외에도 기분장애 등의 정신질환의 원인이 되는 경우도 있고, 감정의 변화나 대인관계의 변화를 유발하기도 한다. 감정의 변화로는 기본적인 신뢰감의 상실과 자신이 살아남은 것에 대한 생존자 죄책감(Survivor's guilt) 등을 들 수 있다.

(3) 비애 반응

가까운 사람을 잃은 경험으로 발생하는 불수의적인 정서와 행동의 반응을 비애 반응이라고 총칭한다. 슬픔과 트라우마(심리적 트라우마 체험)는 다른 과정이므로 두 가지를 구별하여 생각해야 한다. 비애 반응의 과정은 "애도과정(상실의 슬픔에서 시작하고, 그것을 극복하고 재기하기까지 이르는 일련의 심리 과정)"을 진행하는데 있어서 필요한 정상적인 반응이다. 유가족들이 슬픔 반응의 과정을 통해 "애도 과업"을 진행시켜나갈 수 있도록 시간순으로 다음의 4가지를 지원한다.

① 상실의 수용
먼저 유가족의 이야기를 경청한 다음, 고인을 과거형으로 말하는 동시에, 사망이라는 사실을 반복해서 다루며 이야기하는 것으로 상실의 수용을 서서히 촉진한다.

② 슬픔을 동반하는 감정의 표현
슬픔, 분노, 죄책감과 같은 감정이 잘 표출될 수 있도록 자극하고, 그 감정을 제대로 수용하며 표현하는 것이 중요하다.

③ 새로운 환경에 적응
새로운 환경에 적응해 나갈 수 있도록 조언이나 도움이 필요하다. 일상생활 측면에서 고인이 담당하고 있던 부분을 고려하여 생활을 재건하는 것이 중요하다.

④ 고인에 대한 생각과 감정의 재구성
고인을 마음의 중심에서 한쪽 구석으로 옮겨 추억으로 간직하면서, 그 후의 삶을 살아가도록 한다. (飛鳥井望 : 간호를 위한 최신 의학 강좌, 외상 후 스트레스 장애 및 비탄 반응(2006)에서 일부 인용)

비애는 정상적으로 보이는 우울 반응이다. 그러나 비애 반응이 우울증의 진단 기준에 해당할 정도로 심각하거나, 지속(6개월 이상 지속), 지연(2주 이상 지난 후 처음 반응이 나타남), 편향(현저한 공격성이나 은둔 반응 등)이 나타날 경우에는 이상 비애 반응이라고 한다. 생존자는 매우 힘들고 어려운 상황임에도 불구하고 도움을 요청할 수 없고, 사회적 고립에 빠져있는 경우가 많으며, 종종 양심의 가책으로 인해 죽음을 생각하고 이후 자살을 시도하기도 하므로 주의가 필요하다.

비애 반응의 핵심 증상인 우울감은 일반적으로 6개월 이내에 완화된다. 그러나 10~15%는 1년 이내에 우울증으로 진행된다.

(4) 우울증

우울증은 재난 시의 심리지원에 있어 가장 중요하게 다루어야 할 증상이다. 우울증은 생존자가 자신의 증상을 직접 호소하기보다는 신체 증상으로 드러나는 경우가 종종 있다. 따라서 우울증은 간과되기 쉬우므로 자원봉사자는 생존자에게 우울증의 신체 증상이 나타나는지를 확인하면서 대응할 필요가 있다.

① 기본 증상
- 억울한 기분
- 흥미와 즐거움의 상실
- 활력의 감퇴와 활동성의 저하

② 일반 증상
- 집중력, 주의력 저하
- 자존감의 저하
- 죄책감과 무력함
- 비관적인 사고
- 자해

- 불면

- 식욕 저하

- 두통, 어깨 결림 등의 신체 증상

(5) 그 외 발생할 수 있는 문제들

- 음주문제

- 불안장애

- 적응장애

- 고혈압, 고지혈증, 당뇨병, 위궤양 등의 신체질환

2) 연령 및 특정 집단에 따른 생존자의 반응

가) 아동·청소년의 반응 및 최우선 고려사항

아동은 재난 혹은 폭력 피해를 경험할 수 있으며, 전반적인 인생 및 가족적 상황에서 양육관계를 맺고 있는 중요한 타인을 갑작스럽게 상실하는 것을 경험할 수 있다. 납득이 되지 않는 끔찍한 사건들은, 트라우마가 될 수 있는 낯설고 압도적인 신체적 반응과 감정을 불러올 수 있다. 사실과 환상, 내적 경험과 외적 경험의 경계가 모호해질 수 있다. 아동의 세계는 혼란스러워지며 잠재적 위험들로 가득 차게된다.

어린 아동은 주변 환경의 안정성과 예측가능성, 그리고 믿을만한 양육자가 곁에 있다는 것에 의지하게 된다. 가족, 중요한 타인, 애완동물, 놀이친구, 학교, 동네 이웃들은 아동의 세계에서 중요한 존재들이다. 대규모의 재난이 일어났을 때 이미 알고 있는 것과 친숙한 것들은 없어지거나 파손될 수 있으며, 이러한 경험은 아동이 어른이나 일반적으로 인간에 대해 가지는 신뢰를 흔들리게 할 수도 있다. 또한,

아동은 혼란과 공포, 분노를 경험할 수도 있다. 아이들은 잘못된 결론에 이르기 쉽기 때문에, 사건을 발생시키는 혹은 악화시키는 원인을 스스로에게 돌리기도 하며 죄책감이나 수치심을 느낄 수 있다.

> ※ 아동기에 경험하는 재난과 트라우마로 인한 스트레스의 특성
> - 아동은 모든 수준의 외상 후 스트레스 반응을 경험할 수 있다.
> - 트라우마에 노출된 정도는 트라우마 이후 증상의 경로와 강도와 강한 상관관계가 있다.
> - 애도, 외상 후 스트레스, 우울, 분리 불안 반응은 독립적이나 서로 관련이 있기도 하다.
> - 부모와 아동은 공유된 트라우마 경험에 대하여 비슷한 수준의 고통을 경험한다(Pynoos, Steinberg, & Goenjian, 1996; Vogel & Vernberg, 1993).

아동이 청소년으로 성장하면서 또래로부터의 수용, 유능하게 보이는 것, 가족으로부터 독립을 경험하는 것에 관심을 갖게 되지만, 동시에 아동기의 의존적인 역할을 유지하고 싶은 소망도 존재한다. 재난으로 인한 중요한 트라우마 사건이 청소년의 부모, 양육자, 학교 또는 지역사회에 직접적인 영향을 미칠 때, 이러한 영향으로 인해 정상적인 발달이 저해될 수 있고, 어린 시절 겪은 공포, 불안, 취약감이 다시 수면 위로 떠오를 수 있다. 청소년기의 정상적인 자기중심적 사고는 죽음과 위험, 소외감, 죄책감 등으로 인해 스스로 함몰되게 만들 수 있다(Vogel and Vernberg, 1993). 일반적으로 청소년이 성장하게 되면서, 그들은 성인의 트라우마 반응과 같은 트라우마 증상을 경험하고 표현하는 경향이 있다(Cohen, Berliner and March, 2000).

아동이나 청소년의 트라우마 사건과 관련된 주관적 경험은 "외적 및 내적 위협에 대한 평가와 병행되는, 강력하며 시시각각 변하는 운동감각성의 신체적 경험"을 포함한다(Pynoos, 1996). 아동들은 질적으로 특별한 방법으로 정보와 경험을 처리하고 감정을 표현하기 때문에(Center for Mental Health Services, 2000c) 압도적인 감정을 통제하기 위하여 자기 보호성의 해리(dissociation), 일부 기억의 상실(leaving memory gaps)이나 부분 혹은 전체 사건에 대한 기억상실을 사용하기도 한다. 이로 인해 아동은 불안과 혼란스러움을 경험할 수 있다.

(1) 트라우마 사건과 스트레스 요인의 특성

아동 역시 성인처럼, 사건에 대한 노출정도가 심할수록 더 많은 영향을 받게 된다(Pynoos, 1996; Vogel and Vernberg, 1993). 트라우마 사건에 대한 아이들의 주관적인 경험과 관점 또한 유의미하다. 예를 들어, 아동이 부모가 재난으로 인해 사망했다고 생각했거나, 사실은 위험한 상황인데도 불구하고 부모가 안전하다고 생각하거나, 혹은 아동 스스로가 비극을 막을 수 있었을 거라 생각한다면, 아동의 트라우마 반응은 아동이 취하는 개인적인 관점과 관련이 있을 것이다.

대부분의 아동 전문가들은 충분히 공포스럽고 충격적인 트라우마를 겪을 때 트라우마 반응은 거의 불가피하며, 이는 즉시 표현되거나 시간이 지남에 따라 점차적으로 나타나는 경우도 있다고 이야기한다(Gordon and Wraith, 1993). 가족의 안정과 지지적인 보호와 소통이 아동의 회복력에 기여하며 회복을 촉진하지만, 증상이 발현되는 것을 막지는 못한다.

트라우마 사건의 여러 차원들과 더 큰 트라우마 반응과 장기적인 어려움과 관련한 스트레스 요인들은 다음을 포함한다(Pynoos, 1996; Vogel and Vernberg, 1993).

- 직접적인 생명의 위협과 신체적 상해에 대한 노출
- 신체를 절단하는 상해 혹은 잔인한 상해를 목격(특히 가족, 친구)
- 도움을 요청하는 비명(그러나 도움을 받지 못함)과 고통으로 울부짖는 소리를 듣는 것
- 무고한 희생과 관련한 무자비함과 악의의 정도
- 폭력이나 처절함의 정도
- 예측하지 못한 사건에 대한 불안함과 사건의 지속시간
- 가족들로부터의 분리(특히 그들이 위험에 처해 있을 때)

(2) 트라우마 사건 이후 아동·청소년의 반응

아동과 청소년은 신체적, 정서적, 행동적, 인지적 반응을 다양한 수준의 강도와 순서로 경험할 수 있다. 아동은 적절하게 대처하는 것으로 보일 수 있으나, 실은 공포와 자기 의심과 싸우고 있을 수 있다. 어떤 아동과 청소년은 낮은 강도로 보이는 노출에도 강렬한 반응을 보일 수 있고, 또 다른 아이들은 트라우마에 대한 강도 높은 노출에도 불구하고 최소한의 반응만을 보이기도 한다. 또한 주요 생존자인 아동의 형제자매와 친구들이 대리 반응 증상을 보일 수 있다.

재난에 관한 뉴스를 보거나 대대적인 파괴 현장이나 대학살 등을 보는 것은 아동에게 고통스러운 일일 수 있다. 언론을 통해서만 재난을 목격하는 아이들도 증상을 경험하는 것이 가능하다. 부모, 학교 당국, 교사, 양육자들은 협동하여 아이들을 언론 노출로부터 보호해야 한다. 아이들이 텔레비전에서 재난에 대한 장면을 시청할 때, 사려 깊은 설명과 정서적인 지원이 필요하다.

어린이가 트라우마와 슬픔에 대한 반응에 대처할 때 나타나는 현상은 여러 측면이 있다. 사랑하는 사람을 잃은 것에 대한 복합적인 감정 사이에 트라우마 증상이 나타나며 고통을 회피하기 위해 감정을 차단하는 기간이 나타난다. 트라우마로

인한 불안을 해소하려는 노력은 실제 애도하는 것보다 심리적으로 우선순위를 차지할 수 있다(Pynoos and Nader, 1993). 아래에 기술된 아동 및 청소년의 연령에 따른 증상들은 아동의 유의한 심리적, 발달적 지연의 발생가능성을 뒷받침한다(Gordon and Wraith, 1993; Pynoos and Nader, 1993; Vogel and Vernberg, 1993).

(3) 아동 · 청소년의 연령에 따른 반응

표 2-4 아동 · 청소년의 연령에 따른 반응

낮은 연령의 아동 (1~5세)	• 무력함과 수동성 • 흥분과 불안의 고조 • 일반화된 공포와 불안 • 인지적 혼란 • 사건이나 감정을 이야기하거나 이해하지 못함 • 수면 장애, 악몽 • 불안정 애착, 집착 • 퇴행증상 • 죽음이 영원한 것임을 이해하지 못함 • 양육자로부터 버림받는 것과 관련한 슬픔 • 다양한 신체증상
학령기 아동 (6~11세)	• 책임감과 죄책감 • 트라우마 경험에 대한 반복적 재현과 다시 말하기 • 특정 요인이 괴로운 감정을 상기시킴 • 수면 장애, 악몽 • 안전에 대한 걱정, 위험에 대한 걱정에 사로잡힘 • 공격적인 행동, 분노 폭발 • 비합리적 공포심과 트라우마 반응 • 부모의 불안과 반응에 대한 주의 집중

	• 죽음의 "기제(mechanism)"에 대해 사로잡힘
	• 집중력 및 학습 문제
	• 등교 회피 및 거부
	• 다른 이들에 대한 염려
청소년기 (12~18세)	• 감정으로부터의 분리
	• 수치, 죄책감, 굴욕감
	• 자의식
	• 트라우마 후 행동화
	• 생명을 위협하는 재연(life-threatening reenactment)
	• 가정과 학교에서 반항
	• 관계의 급격한 변화
	• 우울, 사회적 철회
	• 학교 성적 저하
	• 조숙함

※ 성인 대상 개입 시 고려할 사항

- 트라우마 경험 및 사망에 대한 노출

- 현재의 심리적 고통

- 사회적, 학습적, 정서적, 행동적 변화

- 가정과 학교에서의 트라우마에 대한 상기요인

- 가정과 학교에서의 지속되는 스트레스 요인

- 과거의 다른 트라우마 경험

나) 성인의 반응 및 최우선 고려사항

(1) 성인의 즉각적인 반응

생명을 위협하는 폭력 사건 이후 생존자들의 초기반응은 충격에 대한 회피와 공포에 대한 무감각, 공황, 히스테리 등으로 다양하다. 많은 생존자들은 불신과 어느 정도의 해리 증상을 경험한다. 어떤 사람은 스트레스 반응에 대한 응급 치료가 필요할 수 있고, 또 다른 사람들은 구조를 간절히 돕고 싶을 수도 있다. 재난 직후 정서적인 혼란은 흔히 나타난다. 생존자들은 사실상 동시에 다양한 범위의 감정들을 경험한다. 예를 들면, 화에서 극심한 분노로의 전환, 테러로 인한 공포, 혼돈(chaos)으로 인한 혼란, 자기비난에서 심한 죄책감으로의 전환, 슬픔에서 비애로의 전환, 희열의 형태로 나타나는 안도감을 느낄 수 있다(Young, 1989).

재난이 발생하기 전, 발생하였을 때, 발생한 이후 시점에서, 각 생존자의 개인적인 경험은 고유하다는 점을 이해하는 것이 중요하다. 즉, 모든 이들이 동일한 사건을 겪었고 비슷한 수준의 트라우마 반응을 보였을 수도 있지만, 각 생존자의 생각과 관점, 구체적인 목격 장면, 이러한 경험을 어떻게 받아들였는지는 각자의 개인 내적인 패턴이 저마다 다를 수 있다는 것이다. 연구 결과들은 더 극단적이고 현저하게 나타나는 급성반응을 가진 사람들은 더욱 지속적이고 심각한 트라우마 반응을 보이기 쉽다고 한다(Bryant and Harvey, 2000; North et al., 1999; Young et al., 1998).

트라우마 반응들은 각기 다른 측면에서 나타난다. 신체적, 행동적, 정서적, 인지적 측면, 뇌의 상이한 부분들, 신경전달물질 체계들, 신경호르몬 사이의 복잡한 생물심리신체적(biopsychophysical) 상호작용은 트라우마 스트레스와 연관된 흥분 증상을 가중시키거나 이러한 증상에 영향을 미친다(Halligan and Yehuda, 2000;

van der Kolk, 1996).

관찰 가능한 반응의 기저에서 일어나는 복합적인 내적 처리과정들은 아래에 기술되어 있다. 이러한 복잡한 상호작용 및 임상 평가와 치료 개입의 적용을 이해 하기 위해서는 추가적인 연구가 필요하다. 다음의 트라우마 이후 생존자들이 나타 낼 수 있는 증상을 기술한 목록은 일반적인 생존자들의 반응 범위를 설명한다.

표 2-5 성인 생존자들의 반응

신체 반응	• 실신, 현기증 • 열이 오르거나 오한이 드는 느낌 • 목구멍, 배, 혹은 가슴이 조여오는 듯한 느낌 • 불안, 흥분, 안절부절 못함 • 피로 혹은 소진 • 소화 불량, 메스꺼움 • 입맛 감소 혹은 증가 • 두통 • 기존의 질환의 악화
행동 반응	• 수면 방해, 악몽 • 쉽게 놀람 • 과각성, 위험 지각의 증가 • 특별한 이유 없이 울거나 눈물을 흘림 • 가족과 직장동료와의 갈등 • 감정 표현에 대한 어려움 • 타인으로부터의 고립이나 철수 • 알코올이나 약물 사용의 증가
정서 반응	• 충격, 불신 • 불안, 공포, 안전에 대한 걱정

	• 무감각 • 슬픔, 비탄 • 고인에 대한 그리움 • 무기력함, 무능감, 수치심(취약함) • 해리(단절된 느낌, 꿈꾸는 듯한 느낌) • 분노, 복수심 • 짜증, 신경질 • 자기비난 혹은 타인비난 • 무망감, 절망 • 생존에 대한 죄책감 • 예측 불가능한 감정기복 • 트라우마와 관련된 고통의 재경험
인지 반응	• 혼란, 방향감각 상실 • 집중력 저하, 기억력의 문제 • 사고 장애, 의사결정 곤란 • 부분적 혹은 완전한 기억상실 • 반복적인 회상, 강렬한 침습적 사고나 심상 • 강박적인 자기 비난과 자기 의심 • 사랑하는 사람들을 보호하는 것에 대한 집착 • 영적이거나 종교적 믿음에 대한 의문

(2) 성인의 장기적인 반응

초기의 정신건강개입은 트라우마 반응을 정상화하는 것과 생존자들에게 그들의 반응은 비정상적 사건으로 인해 발생한 정상 반응임을 알리는 것에 초점을 둔다. 대부분의 생존자들은 취약성 위험 요인의 유무와 노출정도에 따라 회복이 몇 달에서 몇 년까지 걸릴 수 있지만 트라우마 이후 증상의 강도와 지속도가 점진적으로 감소함을 경험한다(Green & Solomon, 1995). 생존자들 중 소수는 외상 후 스트레스 장애, 우울증, 불안장애 진단에 가까운 증상을 보일 수 있다. 또 다른 사람들은 진단 받기에는 그 증상의 정도가 충분하지 않지만, 지속적인 심리적 고통을 장기간 경험할 수 있다.

여러 가지 유형의 재난에 따른 심리적 고통에 대한 연구는 각기 다른 유형의 재난을 대상으로, 서로 다른 시간차를 두고, 서로 다른 측정도구를 이용하여 이루어졌으며 각기 다른 결과가 나타났으므로 비교 분석이 어려운 측면이 있다(Tierney, 2000). 일반적으로 연구자들은 생존자들의 4~54%가 진단 가능한 정신질환을 경험한다고 말한다(Green & Solomon, 1995; American Psychiatric Association, 1994). 연구들의 대부분은 자연재난의 영향을 주제로 했으나, 대부분의 전문가들은 많은 살상을 야기하는 집단 범죄 피해로 인한 심리적 영향이 더 심각하다는 것에 동의한다(Norris et al., 2002; Center for Mental Health Services, 2000b; Office for Victims of Crime, 2000). 이러한 결과들은 오클라호마시 폭탄사건 이후 이루어진 연구가 뒷받침한다(North et al., 1999; Shariat et al., 1999).

"비정상적인 상황에 대한 정상적 반응"이라는 어구에 나타난 "정상"과 "비정상" 반응의 양분은 제한적이며, 잠재적 낙인을 초래할 수 있다. 높은 수준의 고통을 겪는 사람들을 위한 심리지원과 치료는 처음에는 생존자들이 피할 수 없었던 힘든 증상들을 이해하고 수용하며, 극복하기에는 유용할 수 있으나 이러한 개입 역시 낙인을 씌우지 않도록 유의해야할 것이다. 시간의 흐름에 따라, 트라우마의 정도와 사망에 대한 노출 외에도 생존자의 위험 및 회복 요인들은 정신건강에 점차 더 많은 영향을 주게 된다. 일반적으로 효과적인 사회적 지원을 받지 못하거나, 심리직 회복력이 부족하거나, 낮은 사회적 지위와 차별과 관련한 만성적인 생활 스트레스를 겪는 생존자들은 보다 높은 위험에 처할 수 있다(Tierney, 2000).

다) 노인의 반응 및 최우선 고려사항

노인의 삶에서 축적된 지혜와 경험은 집단 트라우마 및 피해에 따른 사별이나 변화, 고통스러운 감정들을 대처할 만한 방법을 마련하기도 한다. 그들은 가족 및 친구의 죽음이나, 신체적인 기능을 상실하는 것, 역할과 직업을 잃는 것에 잘 적응할 수 있다. 대부분은 그들의 삶에서 재난 피해 뿐 아니라 다른 예기치 못한 사건들을 경험 한 적이 있다. 자연재난에 대한 연구에 따르면 사회적 지원은 종종 노인의 삶이나 건강이 위협 받을 때 동원되지만, 그들이 재산 피해나 일상의 어려움을 겪을 때는 보다 덜 적극적인 지원을 받게 된다고 말한다(Kaniasty & Norris, 1999).

노인들이 노년기에 진입하고 건강 문제를 경험할 때, 또는 신체적으로 쇠약해짐을 느낄 때 그들의 비극적 사건에 대한 경험은 종종 신체적인 증상을 동반한다. 갑작스럽고 위협적인 트라우마 사건은 공포심, 무력함, 취약감을 불러 일으킨다. 노인들이 이미 건강, 움직임, 인지 능력에 대한 변화로 인한 취약감을 느낄 때, 트라우마와 관련한 무력감은 노인의 삶을 압도할 수 있다(Young, 1998). 요양원, 양로원, 노인 주거시설 등으로부터의 급작스러운 탈출, 또는 한 기관에서 다른 기관으로 옮기는 것은 혼란스러울 수 있다. 또한 인지적인 능력의 감소로 인해 노인들이 탈출에 대한 지시나 응급 지원에 대한 정보를 이해하는데 곤란함을 겪고, 예기치 못한 변화에 대처하는 것을 어렵게 할 수 있다(Massey, 1997). 감각의 손상은 노인 생존자들이 도움 제공에 반응하는 것을 어렵게 만들기도 한다.

※ 노인 대상 개입 시 고려할 사항
- 트라우마 경험 및 사망에 대한 노출
- 심리적 신체적 고통

- 건강상의 문제
- 감각적, 인지적, 행동적 능력과 필요
- 트라우마나 사별에 대한 대처 경험
- 현재 삶의 조건
- 현재 우선되는 우려사항이나 필요
- 사회적 지원의 유용성

　자녀나 손주의 때 이른 죽음은 노인들에게 특별히 더 어려울 수 있다. 그들이 중요하게 느끼는 가족의 지속성이나 전통이나 유산을 잃었다고 생각할 수 있기 때문이다. 또한 아래 세대가 재난 이후 복구 작업에 집중하느라 노인에게 중요할 수 있는 가족의 지원과 연락이 줄어들 수 있으며, 노인들은 시설로 옮겨지게 될까봐 두려워 할 수 있다. 이러한 두려움은 그들이 걱정이나 어려움, 트라우마 및 사별에 관련한 반응을 축소하여 보고하게 한다.

　부모의 역할을 하는 성인 자녀의 죽음 이후, 조부모들은 손자손녀들을 돌보아야 한다고 느낄 수 있다. 그들은 아이들이 부모를 잃은 슬픔을 감당하도록 돌보면서도 자녀를 잃은 슬픔을 동시에 겪게 되며, 그들의 삶의 방식을 바꾸고 다시 부모가 되기 위한 적응을 해야 한다. 이 때 조부모의 건강상 및 경제적 문제가 있는 경우, 스트레스를 관리하기 어려울 수 있다.

　건강 상태, 문화적 배경, 기존의 트라우마, 종교, 사회적 지지나 가족의 근접성, 삶의 조건 등은 노인들의 집단 폭력이나 테러에 대한 경험에 영향을 준다. 신뢰와 관계의 점진적 형성은 정신건강상의 필요를 효과적으로 채우는데 필요하다 (Center for Mental Health Services, 1999b).

라) 다문화 집단의 반응 및 최우선 고려사항

재난 상황 역시 여러 문화와 배경의 사람들에게 다양한 영향을 준다. 미국의 911 테러 사건의 경우 생존자들은 다양한 국적을 가지고 있었다. 어떤 이들은 미국 시민이었고, 어떤 이들은 일이나 공부를 위해 미국에 비자로 방문했다. 또 어떤 이들은 불법 체류자이며, 또 어떤 사람들은 다른 목적으로 방문 중이었다. 이렇듯 죽음, 지역사회의 트라우마, 폭력 피해는 서로 얽혀있다. 죽음에 대한 의식(ritual), 고인의 시신, 장례, 추모행사, 사후 세계에 대한 믿음 등은 문화와 종교에 고유하다. 한국에 있는 가족의 재난으로 인한 심각한 상해는 다른 문화권의 가족들에게 한국의 재난대응 및 사회에 대한 간접적 경험을 하게 만들며, 한국어가 모국어가 아닌 이들에게 의료 및 사후 지원 조달 체계는 더욱 어려워질 수 있다.

폭력적 억압, 테러, 전쟁, 또는 역사적으로 대규모의 재난을 경험한 적이 있는 문화 및 민족 집단은 한국에서 겪는 트라우마를 그들의 기존 트라우마 경험의 관점으로 해석할 수 있다. 예를 들어 정치적 탄압이나 군사폭력 학대 또는 비극적 인재를 모국에서 경험한 사람은 제복을 입은 사람들이 자주 눈에 띄는 것을 트라우마의 재경험으로 받아들이거나 고통스러워 할 수 있다. 또한 재난의 책임자들이 특정 민족이나 지역 출신으로 추정된다면, 한국에 살고 있는 동일한 출신의 사람들이 협박이나 괴롭힘을 당할 수 있다. 이러한 경우, 사람들은 재난 피해에 대처해야 하는 상황에 놓여 있으면서도, 혐오 범죄나 위협의 생존자가 되기도 한다.

※ 다문화 집단 대상 개입 시 고려할 사항
- 재난과 재난 이후 응급처치에 대한 의미
- 죽음, 장례, 애도, 트라우마, 치유에 대한 믿음이나 의식
- 출신 국가와 거주국에서 경험한 폭력과 트라우마

- 외상 후 스트레스, 슬픔, 우울, 불안에 대한 사인이나 증상

- 정신건강과 관련 종사자들에 대한 시각

- 전문적 역량

PART

02

재난심리지원의 실제

03 재난생존자 대응법 및 정신건강개입

3장에서는 재난을 경험한 생존자들을 대상으로 수행할 수 있는 대응법 및 정신건강개입에 중요한 원칙들을 다루고 있다. 재난생존자 개입에서 가장 중요한 기본 원칙은 자격요건을 갖춘 재난심리요원과 정신건강전문가들이 개입을 실시해야 한다는 점이다.

가 재난 정신건강지원의 실제

1) 재난생존자 대응의 실제
가) 재난생존자 대응의 원리와 목표

재난 상황 발생시, 직간접적 영향을 받은 사람들은 누구나 충격, 혼란, 공포, 무감각, 공황, 불안, 거리감, 폐쇄감 등을 경험할 수 있다. 친구 혹은 가족의 죽음을 목격하는 것은 정서적으로 압도되는 경험이므로 신체적인 부상이 없는 생존자들은 심리적, 신체적 안전이 확보된 장소에서 인터뷰를 하고, 사람들과 재회할 수 있어야 한다. 또한 이러한 재회의 모습이 생존이 확인되지 않은 다른 피해 가족들에게 상실감 및 분노감을 줄 수도 있다는 점도 고려해야 한다. 부상자들은 주변 병원으로 신속하게 후송되어야 하며, 재난상황이 종료되지 않았을 경우에는 사람들이 지속적인 위험과 위협을 느낄 수 있으므로 정신건강전문가들은 다음에 제시된 초기 대응 및 개입의 네 가지 목표를 숙지해야 한다.

- 스트레스 반응에 대한 즉각적인 치료가 필요한 사람들을 파악하기
- 관련 서비스 지원과 추가적인 손해, 손상으로부터의 보호 방안 마련하기
- 생존자들을 가족 및 친구들과 연결시켜주는 데에 도움을 제공하기
- 재난 상황, 관련 생존자 및 가해자(들), 실시간의 법률 집행 및 현장 상황에 대한 정보 제공하기

초기단계의 대응에서는 정서적 안정이 주요 목표이다. 재난생존자들은 취약함, 두려움, 상실감, 분노감 등을 경험하기 때문에 보호, 안정, 안도감을 확보하는 것이 우선시된다.

극심한 충격반응과 혼란은 지금 현재 어떠한 일이 발생한 것인지, 그리고 발생한 일과 관련된 사건들에 대한 인식과 이해, 통제감과 현실감이 높아지면 점차적으로 완화된다. 재난생존자들과 그들의 가까운 사람들은 병원에 있을 수도 있고, 현장에서 중요한 정보를 기다리며 모여 있을 수도 있다. 또한 실종된 사람들을 찾아 나섰을 수도 있고, 집에 머무를 수도 있다. 집이나 건물이 부서졌을 경우, 난민들은 대피소, 대체 보호 시설에 있거나, 호텔 또는 친구나 가족의 집에 머물 수도 있다.

정신건강전문가들은 신속하고 정확하게 가장 심각한 영향을 받은 개인과 집단을 파악하고, 그들에게 적절하고 안정감 있게 접근하는 최선의 방법을 선택해야 한다. 다음의 기본 원칙은 생존자가 어느 정도 수준의 정서적 안정을 찾고, 한정된 정보를 말로 표현하고 처리할 수 있도록 돕는 데 중요한 역할을 한다.

- 생존자의 이야기를 귀담아 경청하고, 위안과 공감을 제공함으로써 괴로움을 완화시킨다.

- 당면한 문제를 효과적으로 해결하도록 돕는다.

- 현재 스트레스 요인과 정신상태 및 신체적 건강상태를 파악하고 명시한다.

- 트라우마 반응과 대처 전략에 대한 심리 교육 정보를 제공한다. 정신건강전문가들은 신속하고 정확하게 가장 심각한 영향을 받은 개인과 집단을 파악하고, 그들에게 적절하고 안정감 있게 접근하는 최선의 방법을 선택해야 한다. 다음의 기본 원칙은 생존자가 어느 정도 수준의 정서적 안정을 찾고, 한정된 정보를 말로 표현하고 처리할 수 있도록 돕는 데 중요한 역할을 한다.

나) 재난심리요원의 기본적인 자세

정신건강전문가들은 생존자 지원을 실시하기 전에 다음과 같은 자세를 갖추어야 한다.

① **생존자에 대한 지원을 실시하기 전에, 가능한 한 자신의 상황을 정돈한다.**
- 사전 건강관리에 주의하고 컨디션을 조절한다.
- 가족 구성원과 각자의 행동에 관하여 협의한다.
- 자신이 속한 팀과 스스로의 역할에 대해 파악한다.
- 자신의 몸은 스스로 지키도록 한다(상비약, 기후 대책, 휴대 용품 및 장비, 음식 등도 사전에 마련한다).

② **재난 발생 지역의 다양한 정보를 알아 둔다.**
- 피해 지역 주민들은 현실적인 도움을 필요로 하고 있다. 공공 기관, 교통, 기타 여러 가지 정보가 필요하다.
- 재난 발생 지역에서 이미 활동하고 있는 지원자로부터 파악한 사전 설명이나 정보를 바탕으로 상담을 진행하는 것이 중요하다.
- 팀으로 행동하고 현지 창구를 활용한다.

③ 재난으로 인한 스트레스에 대해 올바른 지식을 가지는 것이 필요하다.

- 생존자에게서 나타나는 정서적 동요의 대부분은 재난 발생 시 누구에게나 일어날 수 있는 정상적인 반응임을 생존자에 전달하는 것이 중요하다.

④ 현장에서 활동한다.

- 구호소나 상담소 방문자에 대응할 뿐만 아니라, 대피소 등 생존자가 있는 곳에 가서 부담 없이 상담에 응하는 것도 중요하다. 가능하다면 현지인과 짝을 이뤄 나가는 것이 좋다.

⑤ 전문 용어는 가능한 사용하지 않는다.

- "상담", "정신건강", "트라우마", "PTSD", "정신", "마음" 등의 용어를 쉽게 사용하지 않도록 한다.
- "말씀 드립니다", "도와 드립니다" 등의 일상적인 말을 사용한다.

⑥ 필요에 따라 전문가에게 연결한다.

- 무리한 일까지 맡고, 이행할 수 없을 때는 약속을 해서는 안 된다.
- 전문가에게 의뢰하는 것도 지원자의 중요한 역할이다.

⑦ 생존자가 스스로 결정할 수 있도록 생존자의 생각을 존중하고 지지한다.

- 심리요원의 도움을 생존자에게 강요하는 것이 아니라, 생존자의 자율성 회복을 목표로 하여 지원을 실시한다.
- 손상의 정도가 심각하고 혼란이 심한 생존자일지라도, 생존자 본인의 생각을 가능한 한 존중하여, 스스로 적절한 결정을 내릴 수 있도록 지원한다.

⑧ 이차 피해 방지

- 흑색 선전, 근거 없는 소문에 주의하여 정확한 정보 전달에 힘쓴다.
- 본인의 뜻과 상관없는 취재 활동, 소환 조사 등은 심리적 부담이 될 수 있음을 명심한다.

다) 재난생존자 대응의 우선순위

재난 현장에 많은 생존자가 있을 때는 심리적 지원에도 우선순위가 필요하다. 일본적십자사는 생존자의 상태를 면밀하게 파악하고, 필요에 따른 적절한 케어를 실시하기 위하여 다음과 같이 개입의 우선순위를 제시하고 있다(일본적십자사, 2008).

1순위 즉시케어군	2순위 대기케어군	3순위 유지케어군
최우선적으로 대응하여 정신건강 전문인력(정신과 의사·심리 상담사)에게 안내한다. • 함께 곁에 있어주어야 하고, 전문가의 케어가 필요한 사람 • 폭력행위나 자살에 대한 위험성이 높은 사람 • 불안감에 사로잡힌 상태, 몸이 휘청이거나 현기증을 호소하는 경우, 호흡곤란 등을 나타내는 상태인 공황 상태, 사고의 흐름과 행동의 상호 관련성을 상실하고 있는 해리 상태	즉시케어가 필요한 사람에 대한 대응이 끝난 뒤에 마음케어를 한다. • 향후에 즉시케어가 필요하게 될 것 같은 사람 • 추후 심리지원이나 상담이 필요한 사람 • 비애·비탄을 강하게 경험하고, 은둔 성향이나 과잉행동을 보이는 사람	즉시케어, 대기케어가 필요한 사람 이후에 대응한다. 생존자의 상태를 살피면서 대화를 하거나, 생존자로 하여금 집단 활동에 참가하는 것을 권유한다. • 스트레스 대처 방법을 전달하였을 때 스스로 활용할 수 있는 사람 • 대화를 중심으로 한 커뮤니케이션을 지속 가능한 사람

라) 재난생존자를 위한 정신건강개입

(1) 재난생존자를 위한 대응방법

(가) 생존자 및 희생자, 유가족들의 초기욕구 파악하기

많은 사상자를 유발하고, 극심한 트라우마와 위협을 동반한 재난이나 테러상황을 겪은 후 대부분의 생존자와 생존자의 가족들은 비슷한 염려와 요구사항들을 가지고 있다. 초기 대응요원(First responders), 응급 구조원, 경찰, 사회봉사 요원(Human service workers), 그리고 공무원들이 다음과 같은 사항을 고려할 때 생존자들에게 실질적인 도움을 제공할 수 있을 것이다.

생존자의 욕구

- 따뜻한 온기, 안전, 휴식, 그리고 음식물의 제공과 같은 신체적 욕구
- 보호, 평안, 통제감, 안심 그리고 '무엇이든지 기꺼이 경청하고자 하는 열린 마음'에 대한 정서적 욕구
- 사랑하는 사람과 친구, 동료의 안전과 안위에 대한 걱정과 불안
- 사랑하는 사람들, 사회적 지지 체계와의 연결에 대한 욕구
- 구조 상황, 복구에 대한 노력, 사건 조사, 잠재적 위험성, 그리고 사건 이후에 발생할 일들에 관한 충분한 정보제공에 대한 갈망
- 의료적 위급 상황의 절차, 의학적 진단에 필요한 절차, 프로토콜, 법률 집행 절차, 상부의 결정에 대한 이유, 현재 제공받을 수 있는 서비스, 혜택, 지원금, 도움에 대한 정확하고 섬세한 설명에 대한 욕구
- 솔직하고 명확하지만 배려심이 있는 사망 선고 통보
- 두려움, 무감각, 민감함, 수면과 집중의 어려움, 트라우마 장면이나 소리를 반복해서 상상하는 것과 같은 정상적인 트라우마 반응

재난 발생 후 수일, 수주 내에 사건에 대한 충격은 개인적인 상실감으로 바뀐다. 사랑하는 사람의 죽음, 삶의 터전의 파괴, 중상, 주변 세상에 대한 안전과 보안의 부재에 대한 느낌이 갈수록 더욱 명확해진다. 또한 실직 혹은 거주지, 학교, 예배 장소 등을 옮기는 것 또한 혼란과 비탄을 악화시킨다. 생존자와 유가족들은 재난 후 발생한 상황에 대한 대처방식이나 회복속도는 개인별로 편차가 클 수 있다는 점을 명심해야 할 것이다.

생존자와 유가족들은 종종 현실적인 문제를 감당하지 못한다. 심리요원은 이동 수단 찾기, 아동 돌보기, 실종자 혹은 반려동물 찾기, 장례 절차 돕기, 임시 숙소 구하기, 필요한 약 구하기, 안경 알 바꾸기, 적절한 음식과 음료를 제공하기와 같은 일들을 도울 수 있다.

또한 사망신고, 재난으로 인한 실직, 보험금 수령, 생계 보조 등에 필요한 서류 작성을 도울 수도 있다. 현실적인 일을 도움으로써 심리요원은 생존자들의 신뢰를 얻게 되고, 그들이 고통, 두려움, 비애, 분노를 보일 때 도울 수 있다.

(나) 초기 대응-생존자 대응의 실제(재난 이후 1개월까지)

생존자에 대응하는 방법에 대한 매뉴얼에 포함된 상세 내용에는 차이가 있지만 기본적인 원칙은 유사하다. 일본의 재난심리 대응 매뉴얼 중, 재난 정신보건 의료매뉴얼(후생노동성, 2011)과 재난 시의 지역 정신보건 의료 활동 지침(일본 국립정신보건센터, 2003)에서는 초기대응에 대해 자세히 기술하고 있는 반면 도쿄도와 일본적십자사의 매뉴얼에는 생존자의 대응방법이 상세히 제시되어 있다.

생존자 대응에 관한 지침이 필요한 시기는 우선 재난 발생 이후 초기 4주 이다. 그 이후가 되면 필요한 정보를 갖추게 되고, 전문가에 의한 원조 팀이 결성되어 외부의 조언도 얻을 수 있다. 또한 지역이나 재난의 내용에 따른 차이가 있으므로 현장의 사정에 따라 어떻게 대응할 것인지 결정할 필요가 있다. 다음은 초기 대응에 관해 공통적으로 숙지하여야 할 점을 기술하였다.

① 현실대응

재난 직후의 주민은 생존자로서 인명, 거주지, 재산 등의 피해에 의한 고통을 경험하며, 동시에 이러한 갑작스런 운명에 처했기 때문에 발생하는 강렬한 공포나 불안도 느끼고 있다. 불안과 같은 심리적인 반응에 대응하기 위해서는 우선 생명, 신체, 생활에 대한 대응이 신속하게 이루어져야 한다. 하지만 그것만으로 심리적 반응인 공포나 불안이 전부 해소되는 것은 아니며, 정신적인 문제를 염두에 둔 대책이 필요하다.

예를 들어 'JCO 임계사고' 때에는, 피폭에 대한 불안을 가진 주민에 대한 방사능 계측이 사고 후 수일 내에 개별적으로 이루어졌다. 이렇게 생명·신체에 대한 대응이 신속하게 이루어짐으로써 주민의 불안은 크게 완화될 수 있었다.

② 직후기의 초기 대응(First Contact)

초기 대응(First Contact)은 재난 후 가능한 한 빠른 시기에 심리요원이 피해현장이나 대피소로 가서 생존자와 얼굴을 마주하고 대화를 나누는 것을 말한다. 초기 대응시 심리요원은 각각의 주민의 요구에 적합한 사람이 가는 것이 원칙이다. 재난 직후에는 당연히 구명구급이나 진화, 라이프 라인 확보 등이 우선되기 때문에, 그에 대응하는 심리요원이 현지에 있기 마련이며, 각각 주민에게 대응하는 것도 가능한 현장의 심리요원이 담당하는 편이 좋다. 초기 대응 때에는 가능한 후술하는 심리적 응급조치를 참조하여 심리적으로 불안정한 사람을 판정하고, 그러한 자에게 간단한 심리교육(심리학적 정보제공)을 하는 것이 바람직하다.

초기 대응은 재난 이후 가능한 신속하게 실시하는 것에 의의가 있다. 이것이

늦어지면 주민은 불안, 절망, 혼란 속에 남겨지게 된다. 또한, 심리요원이 생존자가 있는 곳으로 가서 지원할 뜻을 전하는 것이 중요하며, 그로써 주민은 이후의 원조 활동에 관해서도 신뢰감을 가지게 된다. 급성기에는 다양한 심리요원이 현장에 있지만, 그중에서 일부 지역 주민이 초기 대응에서 제외되어 남겨지는 경우가 있을지도 모른다. 또한, 심리요원이 현장에 들어갔다고 하더라도, 본래 업무가 매우 바쁜 탓에, 초기 대응을 하지 못할 경우가 있다. 재난대책본부는 어느 정도로 초기 대응이 실현되고 있는지, 또한 그 결과로서 어느 정도 주민이 불안정한 상태인지에 관한 정보를 일원적으로 파악해야만 한다. 이를 위해서는 재난 전부터 많은 직종과의 연계를 통해 정신보건의료 종합대책을 책정하고 협의할 필요가 있다.

③ 관찰이 필요한 생존자의 스크리닝

특히 중증감이 있고, 정신보건의료상의 원조를 필요로 하는 생존자를 적절히 스크리닝하는 것이 필요하지만, 초기에 현장에 들어가는 사람은 일반 심리요원인 경우가 많으므로, 전문적인 진단은 할 수 없다. 하지만 그러한 일반 심리요원이라도 부록에 있는 체크리스트를 이용함으로써 어느 정도 스크리닝을 하거나, 다음 항에 서술되어 있는 심리적 응급처치를 하는 것은 가능하다. 일반 심리요원에게 이러한 대응방법을 가능한 한 빠른 시기에 전달하여 체크리스트를 배포하는 것이 바람직하다. 더불어 프라이버시에 대한 충분한 배려를 지도할 필요가 있다. 실제로는 재난 직후에 이러한 전달을 하는 것은 어려우므로, 방재훈련 등을 통해 미리 전달해 두는 것이 실제적이다. 또한, 이러한 체크 결과에 대해 일반 심리요원이 필요하다고 느꼈을 때에는 지역 정신보건의료 담당기관에 조언을 청하고, 상황에 따라 지역정신보건의료 종사자에게 그 후에 대응을 의뢰할 수 있는 연계망을 확립하는 것이 바람직하다. 일반 심리요원은 미리 방재훈련 등에서 체크리스트를 활용하는 방법을 훈련할 필요가 있다.

예시 3-1 재난 직후 관찰이 필요한 생존자의 스크리닝을 위한 체크리스트
(일본 국립신경정신의학센터, National Center of Neurology and Psychiatry: NCNP)

성명	지역			
소속	일시	월 일 오전·오후 시		
	성명			
(휴대)전화번호	연령			
	성별			
	매우	명백히	다소	없음
침착하지 못한 상태다·가만히 있지 못한다				
말하는 것이 정리 되어 있지 않다·혼란스러운 행동을 나타낸다				
멍한 상태다·반응이 없다				
무서워하고 있다·두려워하고 있다				
울고 있다·슬퍼하고 있다				
불안해 보인다·걱정하고 있다				
심장의 고동이 빠르다·숨쉬기가 괴롭다·떨림이 있다				
흥분되어 있다·목소리가 크다				
재난 발생 이후 수면을 취하기 어렵다				

이번 재난 이전에, 큰 사고나 재난 피해를 경험하였다. (∨   )
이번 재난으로 인해 가족 중에 소식불명·사망·중상자가 발생했다. (   )
치료가 중단되어 약이 없는 상태이다(신체 질환을 포함). (   )
특별한 도움을 필요로 하는 대상(고령자, 영유아, 장애자, 병상자, 한국어가 능숙치 못한 자)이다. (   )
가족 중에 특별한 도움을 필요로 하는 대상이 있다. (   )

한편, 후생노동성(2011)에서는 초기 대응에 대해 다음과 같은 사항들을 제시하고 있다. 생존자 대응의 초기 단계에서는, 생존자가 안도감을 가질 수 있도록 대응하는 것이 요구된다. 피해 초기의 안도감을 제공하는 데에는 현실적이면서 확실한 대응이 중요하다. 지원을 제공하는 경우에는, 생존자가 이를 받아들일 수 있는 상황인지 여부와 수요를 확인하는 것이 필요하다. 정보의 제공에 있어서, 근거 없는 안도감을 주는 것은 오히려 문제를 야기할 수 있으므로, 다른 지원체계와 협력하거나 정보수집 등을 통하여 정확한 정보를 제공하는 것이 요구된다. 생존자가 안도감을 느낄 수 있도록 하는 요인은 다음과 같다.

1. 정보의 제공(안부 확인, 의식주, 시기적절한 상담 및 지원창구, 단기적인 예측)
2. 현실적인 문제에 대한 대응(방재체제, 의식주의 보장, 생활지원, 신체적 문제)
3. 지원 제공자의 태도(긴밀한 접촉, 경청)

또한, 초기대응에서는 피해 지역의 네트워크를 유지하도록 지원하는 것이 권장된다. 피해 지역의 네트워크를 재난 후에도 유지하도록 하는 것은, 생존자의 생활환경 변화에 따른 다양한 스트레스의 경감 및 지역의 연대감의 강화 및 복구의 기본 토대로서 중요하다. 다음과 같은 방법을 고려할 수 있다.

- 피난처나 임시 주택에서 가능한 한 동일한 공동체 소속의 인원끼리 가까이 배치되도록 하는 것
- 평소의 네트워크 관련 정보를 파악하여 그 연결에 알맞은 지원을 실행하는 것
- 피해정보, 지원정보 등의 공유화, 정보망의 구축, 정보전달 수단을 구축하는 것

– 주의할 점

충분한 지역 정보 수집이나 개인정보의 보호뿐만 아니라, 원래의 지역 특성(애초부터 지역 공동체가 활발하게 기능하지 않은 경우, 상호 유대가 매우 강한 경우) 등을 배려하는 것이다. 또한, 재난으로 인하여 기존의 조직은 혼란과 분열 상태에 있으므로, 조직이 제대로 기능할 수 있도록 새로운 시점에서 다른 네트워크와 연계하며 지원하는 것이 바람직하다. 이러한 방침은 중장기적 대응이 될 수도 있으나, 초기부터 이러한 의식을 가지고 대응하는 것이 권장된다.

초기 대응 시에는 생존자가 진정할 수 있도록 하는 것이 중요하다. 학교나 체육관 등의 대피소 등에서는 진정할 수 있는 환경을 제공하는 것이 어려울 뿐만 아니라, 생존자에게 심리적인 여유가 없기 때문에 실제로 생존자가 진정할 수 있도록 돕는 데는 어려움이 많다. 초기 대응 시 생존자가 진정할 수 있도록 돕는 대응방법은 다음과 같다.

- 혼란을 피하고 쾌적한 일상생활이 유지되도록 배려하는 것
- 피해 주민이 무엇을 원하는지를 파악하여, 수요에 맞춘 대응을 하는 것
- 생명의 안전과 생활의 확보, 의식주의 확보, 최소한의 일상생활의 확보 등의 현실적인 대응
- 불안감을 표출할 수 있는 장소를 확보하는 것
- 필요에 따라 생존자의 말을 경청하는 것
- 언론의 과도한 취재로부터 보호하는 것
- '평소와 달리 감정이 북받치는 것이 당연하다'는 사실을 수용할 수 있도록 하는 것. (생존자가 감정을 억압하는 형태로 진정하지 않도록 도울 것)

생존자 대응 시에는 공감의 태도를 가지는 것이 필요하다. 그러나 공감할 수 없는 부분 또한 존재하므로 심리요원 교육을 실시하고 심리요원 스스로가 한계를 자각하도록 할 필요가 있다. 또한, 섣부른 공감 시도는 오히려 좋지 않으므로 공감하는 태도를 제대로 보여줄 수 있는 훈련이 필요할 것이다.

구체적인 지원으로는, '의식주 및 안전한 공간의 확보', '생존자의 지원 수요에 맞는 구체적인 지원', '의료서비스의 확보', '안심하고 지낼 수 있는 장소의 제공' 등을 들 수 있다. 이러한 구체적인 지원의 제공이 가능하기 위해서는 행정이나 의료계와 밀접한 연계 체제를 구축하거나 피난처 간 지원의 격차가 없도록 하는 것이 중요하다. 또한 실제로 구체적인 지원 제공이 불가능한 경우도 있기 때문에 모든 것을 충족시킬 수는 없다는 한계를 이해하는 것 또한 필요하다(후생노동성, 2011).

(다) 생존자 대응의 실제-일본의 사례

① 생존자 대응의 원칙(일본 도쿄도 복지보건국, 2008; 미야기현)

도쿄도 복지보건국(2008)과에서는 생존자를 지원하는 방안에 대해 다음과 같이 정리하고 있다.

－생존자의 경험을 경청하기

생존자의 스트레스 반응을 경감시키는 방법으로서 가장 좋은 방법은 재난을 겪은 경험에 대한 이야기를 경청하는 것이다. 재난 경험을 경청할 때는, 생존자의 이야기 속도에 맞추어 온전히 듣는 것이 중요하다.

- 우선 피해 상황이나 컨디션에 대해 천천히 자연스러운 느낌으로 이야기하도록 한다.
- 중간에 말을 방해하지 않는 동시에 공감하는 자세로 듣는다.
- 상대의 기분을 듣고 감정을 있는 그대로 받아들인다.
- 무리하게 청취하는 것은 피한다.
- 섣부른 격려와 충고는 금물이다.
- 무리하게 재난 당시를 기억하도록 유도하는 방법을 피한다.
- 생존자의 욕구를 파악한다.

－분노에 대해 대응하기

재난 후의 "환멸기"에는 많은 사람들이 노여움과 불만을 느끼고, 분노의 감정을 표출할 수 있다.

- 분노를 표현하는 사람은 심리요원을 비난하고 있는 것은 아니다. 심리요원은 심호흡을 하고 스스로의 마음을 진정시키며 생존자를 대응한다.
- 생존자가 정서조절에 어려움을 겪을 경우에는 이야기를 중단하는 것도 필요하다.
- 생존자가 분노를 표현하였을 때, 비난이나 부정 없이 있는 그대로 감정을 받아들인다.
- 생존자가 분노를 표현한 후에, 구체적으로 생존자가 곤란해 하고 있는 것에 대해 경청한다.

― 비탄에 대해 대응하기

흐느껴 우는 것은 소중한 것, 사람을 잃은 것에 대한 자연스러운 반응이며 슬픔을 억제할 필요는 없다.

- 심리요원이 생존자의 곁에 같이 있는 것에 의미가 있다. 천천히 이야기를 잘 경청하는 것이 중요하다.
- 생존자의 감정에 지나치게 몰입하지 않도록 일정한 거리를 유지한다.

― 신체적 접촉을 활용하기

신체적인 접촉은 공포, 슬픔, 노여움을 진정시키는 효과가 있다. 피부의 온기는 효과적인 커뮤니케이션이 될 수 있다.

- 옆에 앉기, 헤어질 때 악수하기
- 고령자에게는 어깨를 안마하기, 아동에게는 포옹하기 등으로 대상별로 달리 접촉을 시도한다.
- 신체 접촉을 꺼리거나 거부하는 사람도 있다. 사람과 상황에 따른 대응을 고려해야 한다.

－지원 활동을 매일 기록하여 인수인계하기

－팀 내에서 정보를 공유하면서 개인 정보 보호에 최선을 다하여 활동하기

－다른 자원봉사 팀과의 정보 교환하기

　재난 구조 진행 상황에 대한 전반적인 정보를 파악하는 것과 동시에, 보건 의료 분야의 다른 팀과의 정보 교환을 수행한다.

－안전·안심·편안한 수면 확보하기

재난 후에 다양한 심리적 반응, 신체적 반응을 보였다고 해도, 인간에게는 회복력이 있으므로, 대다수의 사람들은 자연스럽게 회복될 수 있다. '안전·안심·편안한 수면 확보'는 자연적인 회복을 촉진하는 요인이 된다. 반대로, 구체적인 지원이 지연되는 것은 자연적인 회복을 저해하는 요인이 된다.

- 신체적 안전 확보, 2차 재난으로부터 보호, 안부 확인
- 의식주나 진정할 수 있는 공간 보증, 의료 확보
- 학교, 일, 가사 등 일상생활을 계속하는 것
- 상담 창구, 단기적인 전망에 관한 정보 제공
- 생활 재건에 대한 전망(경제적 기반, 재택 복구, 직업 확보)

② 재난심리요원의 태도 및 해야 할 일(일본적십자사, 2008; 일본 미야기현
  재난시 마음케어 활동 매뉴얼, 2014)

일본적십자사(2008)에서 제시하는 <재난 시의 마음케어>에 의하면, 마음케어는 심리요원과 생존자 사이의 대화나, 관계 형성, 그리고 환경을 정비하는 움직임 속에 케어 활동이 있는 것이다. 재난생존자는 피해 정도가 다를 뿐만 아니라, 연령이나 성별, 개인적인 배경도 천차만별이다.

a) 재난심리요원의 태도와 자세

－생존자 대응 시 필요한 재난심리요원의 태도

다양한 배경을 가진 생존자들을 지원하기 위해서는 심리요원의 마음가짐을 재정비할 필요가 있다. 심리요원은 생존자를 구해 주는 것이 아니라, 생존자가 자립하는 데 버팀목이 되어 주는 것이 중요하다. 또한 심리요원의 역할은 심리요원이 떠난 이후에도 생존자가 스스로 자립할 수 있도록 돕는 것임을 충분히 자각할 필요가 있다. 심리요원으로서 생존자를 대응하는 데는 다음의 일곱 가지 태도가 중요하다.

- 지속성
- 공감적 경청
- 진실성
- 긍정적이고 판단 없는 태도
- 생존자에 대한 임파워먼트
- 실제성
- 비밀 보장 및 윤리적 배려

생존자를 대응할 때에는 생존자의 현재 상황을 따뜻하게 받아들이고, 심리요원 측에서 변화를 요구하지 않는 지속적인 태도가 중요하다. 생존자에게 공감적이고, 존중하는 태도를 보이는 것은 당연하다. 따뜻한 태도로 대응해야 하며, 기계적이거나 어색한 태도는 지양한다. 또한, 생존자의 존엄성이나 가치를 존중하는 언어를 사용해야 하며, 말과 태도의 진실성에 기초한 관계를 형성하는 것이 중요하다. 생존자가 무가치감이나 고통스러운 감정을 빈번하게 경험할 경우에, 심리요원은 생존자를 긍정적으로 받아들이고, 생존자의 현재 상황을 판단하지 않는 태도를 보여야 한다.

중요한 것은 생존자의 힘을 회복시키는 것이다. 심리요원은 생존자와 일시적으로 관계를 맺는 대상에 불과하다는 점을 잘 기억해야 한다. 또한 심리요원의 도움과 조언은 실제적이어야만 한다. 실행 가능한 것과 불가능한 것을 확실히 구분하여 생존자를 실망시키지 않는 것이 중요하다. 생존자에 대한 비밀 보장의 의무나 윤리적 배려도 필요하다.

－생존자 대응 시 기본적인 자세

생존자를 접하는 목적은 생존자의 고통이나 혼란의 완화, 현재의 요구에 대한 지원, 적응적인 기능의 촉진이다. 트라우마 경험이나 상실 경험을 상세하게 캐물어서는 안 된다. 생존자를 안심시킬 수 있는 방법을 알아야 한다. 생존자를 접할 때의 기본 자세는 다음과 같다.

※ 적절한 자세

- 공인된 시스템의 틀 내에서 실시하고, 지정된 역할 범위를 넘지 않는다.
- 비밀을 유지한다. 프라이버시를 배려한다.
- 갑자기 지원을 강요하지 말고, 우선 상태를 살펴본다.

- 온화한 목소리로 천천히 말한다. 서두르지 말고, 친절하고, 인내심 강하게 지원을 실시한다.
- 간단하고 알기 쉬운 말을 쓴다. 약어나 전문용어는 쓰지 않는다.
- 생존자가 말하기 시작하면 듣는다. 생존자의 요구에 따라 함께 대처법을 생각한다.
- 생존자가 몸을 지키기 위해 취한 행동이나, 곤란한 사람을 돕는 데 도움이 된 행동 등 좋은 점을 좋게 평가한다.
- 생존자의 대부분은 스스로 케어를 요구하고자 하지 않는다는 점을 알아둔다.

※ 부적절한 자세
- 생존자를 약자로 보고, '~ 해 준다'는 식으로 은혜를 베푸는 듯이 이야기한다.
- 생존자가 체험하고 있는 것을 단정짓거나 억측으로 말한다.
- 모든 사람이 트라우마를 경험하고 있으며, 그들이 자신의 체험을 무조건 이야기하고 싶어 한다고 생각한다.
- 생존자의 반응을 '증상'이라고 부른다. 진단적 관점에서 이야기한다.
- 체험의 상세한 내용을 캐묻는다.
- 부정확한 정보를 제공한다.

b) 재난심리요원이 현장에 도착해서 가장 먼저 해야 할 일

심리요원으로서 생존자에게 마음케어를 실시하기 위해서는 우선 정보 수집부터 시작해야 한다. 다른 사람들과 협력하여 현장 상황을 파악하는 것이 중요하다. 일본적십자사에서 제시하는 '현장에 도착해서 가장 먼저 해야 할 일'은 다음과 같다.

※ 재난 피해 현장의 상황파악

사전에 정보를 얻었을지라도, 자기 자신의 눈과 귀로 직접 피해 지역의 상황을 파악한다. 현장의 상황이 진정되어 있는지, 혼란스러운 상태인지 피해 상황을 피부로 체감하는 것이다.

※ 적십자사의 활동상황 파악

심리요원은 일본적십자사의 현지 재난대책본부 또는 구호소, 적십자 방재, 자원봉사자가 있는 자원봉사센터 등의 활동상황을 파악한다. 아직 일본적십자사의 관계자가 활동하고 있지 않을 수도 있다. 그러할 경우에는 현장 상황을 확인하면서 필요한 지원이나 협력은 무엇이고, 연계해야만 하는 사람은 누구인지를 파악한다. 이미 일본적십자사의 관계자가 활동을 시작한 경우에는, 현재 이루어지고 있는 활동내용에 대해 정보를 수집한다. 하지만 관계자도 현장 속에서는 분주하게 활동하고 있으므로, 상황을 관찰하여 현재 상태를 파악하고 스스로 판단하는 것이 필요하다.

※ 대피소의 상황파악

대피소에 들어가 활동을 시작할 때, 갑작스레 생존자에게 심리지원을 시작하려고 하기 보다는, 대피소의 책임자에게 자기소개를 한 후 활동 목적이나 방법을 전하고 양해를 구하는 것이 필요하다. 대개 대피소의 책임자들은 행정기관 직원이나 자치회의 사람 등이다. 이 때, 심리지원의 활동은 조사나 연구 목적이 아니라 구호활동임을 전달한다. 지원의 목적이나 방법을 명확히 밝히고 안심시키는 작업은 대피소의 책임자에 대한 중요한 마음케어이기도 하다.

c) 재난심리요원이 생존자와 접촉 시 기본 원칙

－관계 형성하기

심리지원은 생존자를 만나는 것부터 시작하므로 생존자와의 관계 형성이 매우 중요하다. 커뮤니케이션의 대부분은 몸의 자세나 표정, 목소리 상태나 억양 등의 비언어적인 정보부터 성립한다. 즉, 무엇을 이야기했는지가 아니라 어떻게 얘기하고 접했는지가 중요한 것이다. 생존자와 접할 때에는 다음의 네 가지 사항을 명심해야 한다.

① 곁에 있어 준다.

쓸데없이 이것저것 이야기할 필요는 없다. 생존자의 상태나 언동에 따라 다르지만, ‘정말 힘드셨겠군요.’라고 하며 곁에 있어 주는 것만으로도, 안심감을 줄 수 있다. 때로는 어깨나 팔에 손을 얹어 주는 것도 좋다. ‘곁에서 돕고 싶다.’는 마음이 전해지는 것이 중요하다.

② 정성껏 말을 경청한다.

생존자가 하는 말에 조용하게 고개를 끄덕이면서 귀를 기울여, 관심이 있다는 것을 나타낸다. 온화한 태도로 공감하면서, 이야기에 귀를 기울인다. 그리고 생존자가 지금 필요로 하고 있는 것, 곤란한 점을 파악한다. 연이어 질문하는 것은 피한다. 생존자가 하는 말의 진위를 판단하는 것이 아니라 생존자한테서 들은 이야기의 내용이나 이야기를 들으면서 당신이 느낀 점을 전하도록 한다. 자신의 흥미나 관심 때문에 생존자가 하는 말을 방해해서는 안 된다.

③ 생존자의 감정을 수용한다.

슬픔이나 분노는 외부로 표현할 필요가 있는 생존자가 슬픔에 가득 차 있거나, 또는 분노를 나타내고 있을 때는 이를 대변하거나 동의하지 말고 귀를 기울이면서 감정을 쏟아낼 수 있도록 돕는다.

④ 심리적인 문제 이외에 대해서도 의논한다.

의식주나 일상의 문제부터 시작해서 사회경제적 문제의 해결도 돕는다. 직접적인 해결은 할 수 없더라도 해결하기 위해 함께 생각하거나, 주위 사람과 문제를 공유하여 해결의 실마리를 모색하는 것도 중요한 심리지원이다.

－소속된 단체의 마크의 효용을 고려하기

소속된 단체의 구호복장, 단체의 배지나 표장은 이미 당신이 해당 단체의 심리요원 또는 그 일원임을 나타내고 있다. 'OO 소속 구호반입니다', 'OO 소속 방재 자원봉사자입니다'라고 말하지 않아도 알고 있는 것이다. 이는 관계를 형성하는 데에 커다란 도움이 된다.

－자연스러운 교류에서 지원을 시작하기

심리지원을 시작할 때 '심리지원을 합니다.'라고 선언할 필요는 없다. 혈압계를 가지고 있다면, '혈압을 재어 볼까요?'라고 물음으로써 생존자와 접할 자연스러운 기회를 만들기 쉽다. 특별한 것은 필요하지 않다. 자연스러운 교류가 생겨나도록 궁리해본다. 현장의 상황과 생존자의 상태를 보고, 접촉이 생존자에게 부담이 되지 않을 것 같다고 판단되면, 말을 건다. 안이한 격려나 충고는 삼가고 평온한 태도로 다가가야 생존자가 안심할 수 있다. 심리지원에 저항을 나타내는 생존자들도 적지 않기에, '몸 상태는 어떠신가요?', '잠은 잘 주무시고 계신가요?', '뭔가 도와드릴 일은 없나요?' 등, 심리지원임을 전면에 드러내지 않도록 말을 거는 것이 바람직할 수 있다.

－자기소개하기

자신을 어떻게 소개하는가는 그때그때의 당신 입장에 따라 정해진다. 'OO 소속 직원입니다.', 'OO 소속 자원봉사자입니다.', '도우러 왔습니다.'라는 정도가 좋을 것이다.

－상황에 적합한 지원을 제공하기

재난심리요원이 생존자에게 할 수 있는 것과 하고 싶은 것이 무엇인지를 의식하는 것이다. 재난의 규모나 성질에 따라 생존자가 처한 상황은 다르다. 상황에 맞춰 생존자 심리지원의 우선순위를 정해 생존자에게 지금 필요한 것과 당신이 할 수 있는 것을 생각해 본다. 필요하다면 스트레스 반응에 대한 관리법이나 셀프 케어에 관해 계발하고, 필요시 상담을 받을 수 있는 지원기관에 관한 정보를 제공한다. 전문적인 심리지원을 필요로 하고 있는 사람을 파악하고, 전문가의 지원을 받을 수 있도록 이어 준다. 공황 발작 등의 불안증상, 수일간 지속되는 불면, 대피소에서 적응의 어려움, 섬망, PTSD 증상, 단약에 대한 대응, 자살 경향성, 고령자의 섬망, 평소 정신질환, 발달장애, 인지장애 등을 지니고 있었던 생존자, 그리고 재난 시 특별한 관심이 필요한 생존자(영유아, 고령자, 장애인, 병상자, 외국인 등)에 대한 배려도 필요하다.

※ 생존자에게 도움이 되지 않는 말

- 힘내요.
- 당신이 기운내지 않으면 돌아가신 고인도 기뻐할 수 없을 거예요.
- 울고 있으면, 돌아가신 고인이 슬퍼할 거예요.
- 살아 있으니까, 다행이라고 생각해요.
- 가족도 있고, 행복한 편이지 않나요.
- 이건 없었던 셈 치고 처음부터 다시 일어섭시다.
- 이런 일이 있었으니 장래에는 분명 좋은 일이 있을 거예요.
- 생각했던 것보다 건강하시네요.
- 저라면 이런 상황 못 견딜 거예요. 저라면 못 살아갈 거라고 생각해요.

(라) 필요에 따른 전문가 소개: 전문적인 도움의 필요성을 판단하기

일본의 도쿄도 매뉴얼(2008)과 일본적십자사의 매뉴얼(2008)에서는 재난 시 심리지원 매뉴얼들에서는 전문가가 아닌 사람이라도, 증상을 관찰하는 것을 통해 심리적인 문제가 심각하여 전문가의 도움이 필요한 사람들을 선별할 수 있도록 돕는 확인 사항을 제시하고 있다.

- 자살위험성이 나타나거나, 학대나 범죄의 우려가 있는 경우
- 알코올이나 약물의존, 위험 행동으로 이어질 우려가 있는 경우
- 심각한 수준의 불면을 지속적으로 경험하는 경우
- 강렬한 긴장과 흥분이 지속되는 경우
- 환각·망상, 주변사람들에게 피해를 주는 언행을 보이는 경우
- 표정이 전혀 없는 경우
- 스트레스에 의한 신체 증상이 심각한 경우
- 몹시 침체되어 있거나, 자살시도가 우려되는 경우
- 외상 후 스트레스 증상이 현저하게 나타나는 경우
- 자신의 능력이나 허용범위를 넘었다고 느낄 경우
- 심리지원의 범위를 넘었을 경우

※ 전문가에게 소개하는 경우에는 다음과 같은 점을 명심한다.
- 생존자에게 관심을 가지고 신경 쓰고 있다는 점을 말하면서, 전문가를 소개하는 이유를 설명한다.
- 혹여 소개할 곳이 여럿 있다면 여러 소개처가 있다는 점을 말한다. 그때 비용이나 장소, 교통편 등을 알고 있다면 알려준다.
- 전문가에게 소개하는 것이 끝날 때까지 지원을 계속하겠다는 것을 보증하고, 전문가한테 처음 방문할 때는 함께 갈 것을 제안하는 것도 좋을 수 있다.

스크리닝 질문지 <트라우마의 이해와 케어(Yoshiharu Kim; Jiho, 2006)>

스크리닝 질문지는 재난으로 피해를 입은 주민을 대상으로 한 방문이나 검진 시에, 심리적 문제를 겪고 있는지 파악하기 위한 질문지이다. 일반적으로 심신의 건강상태를 간단한 질문지로 스크리닝하는 것은 쉬운 일이 아닐 수 있다. 또한, 응답자의 저항을 야기할 수 있기 때문에 능숙하게 사용할 필요가 있다. 갑자기 질문을 하는 것이 아니라, 인사를 나누고, 방문 목적을 알리며, 세상 돌아가는 이야기를 하는 등 자연스러운 흐름 속에서 사용해야만 하는 것이다. 질문의 흐름도 저항을 줄이기 위해 신체적인 측면에 대한 질문에서 서서히 심리적인 측면으로 흘러가게끔 배치하였다.

재난 후에 발생하는 심리적 문제는 여러 가지가 있지만, 해당 질문지에서는 '우울 증상'과 'PTSD(외상 후 스트레스 장애) 증상'에 초점을 맞추어, 고위험자를 선별할 수 있는 내용으로 구성하였다. 판정 기준이 제시되어 있지만, 이는 진단을 의미하는 것이 아니라, 고위험자를 선별하기 위한 기준이다. 응답자가 고위험군에 해당하는 경우, 지속적인 심리지원이 필요하거나 전문가에게 소개하는 것이 필요함을 의미한다.

스크리닝 질문지

실시일 : 년 월 일
성　명 :
주　소 :
연　령 :　　　세
성　별 :
비　고 :

【질문】 재난이 발생한 이후에는 일상생활의 변화가 크고, 스트레스를 느끼는 상황이 오랫동안 지속될 수 있습니다. 최근 1개월 동안 다음의 증상을 경험하였는지에 관하여 응답해주십시오.

---

1. 식욕이 평소와 비교하여 감소하거나, 증가하였습니까?	V
2. 언제나 쉽게 지치고, 몸이 나른합니까?	
3. 수면은 어떻습니까? 잠들지 못하거나, 도중에 깨는 경우가 많습니까?	
4. 재난에 관한 불쾌한 꿈을 꾸는 경우가 있습니까?	
5. 우울하며 기분이 가라앉기 일쑤입니까?	
6. 짜증이 나거나, 쉽게 화가 나십니까?	
7. 작은 소리나 흔들림에 과민하게 반응하는 경우가 있습니까?	
8. 재난을 떠올리게 하는 장소나 사람, 화제를 피하는 경우가 있습니까?	
9. 떠올리고 싶지 않은데 재난에 관하여 떠올리는 경우가 있습니까?	
10. 이전에는 즐겼던 것을 더 이상 즐기지 못하게 되었습니까?	
11. 무언가의 계기로 재난을 떠올려서 기분이 동요하는 경우가 있습니까?	
12. 재난에 관하여 더 이상 생각하지 않으려고 하거나, 잊도록 노력하고 있습니까?	

【판정기준】

• PTSD 증상: 3, 4, 6, 7, 8, 9, 10, 11, 12 중 5개 이상이 존재하고, 그 중에서 4, 9, 11 중 어느 하나가 반드시 포함되어야 한다.
• 우울 증상: 1, 2, 3, 5, 6, 10 중 4개 이상이 존재하고, 그 중에서 5, 10 중 하나가 반드시 포함되어야 한다.

【비고】 PTSD의 주요 증상 및 우울 증상에 대응하는 문항은 다음과 같다.

• 재경험 증상 : 4, 9, 11
• 회피 증상 : 8, 10, 12
• 과각성 증상 : 3, 6, 7
• 우울 증상 : 1, 2, 3, 5, 6, 10

(마) 보다 전문적인 상담서비스로의 의뢰

재난심리요원은 생존자나 유가족이 심각한 신체적, 심리적 반응을 보이는 경우 의료진이나 정신건강전문가에게 의뢰하여야 한다. 트라우마로 인한 스트레스로 인하여 기존에 지니고 있었던 신체적, 심리적 질환이 악화되었을 수도 있다. 내담자가 다음과 같은 반응, 행동, 증상을 나타냈을 때, 재난심리요원은 상관에게 보고를 하거나, 대부분의 경우 더 자세한 평가와 도움을 위하여 전문가에게 의뢰한다. 내담자가 다음과 같은 신호를 나타낼 경우에는 반드시 자문을 구하라.

※ 지남력 상실

현재 날짜나 시간, 장소, 최근 24시간 내에 일어난 사건에 대하여 인지하지 못하거나 현재 발생하고 있는 일을 이해하는 데 어려움을 보임. 멍한 상태를 지속함

※ 불안 혹은 과각성

심각한 수준의 불안을 나타내며, 가만히 앉아있지 못하거나 조마조마해 함, 안절부절 못함, 수면을 취하지 못하며 악몽, 플래시백, 불안한 생각을 자주 경험함, 사건의 정황에 대하여 끊임없이 반추함

※ 해리

심리적 단절, 트라우마 경험에 대한 명확하지 않은 자각, 자기 자신을 다른 각도에서 보는 것처럼 느끼거나 주변 환경, 시간이 비현실적이라고 느낌

※ 우울

끊임없이 무기력과 절망을 느낌, 무가치감, 죄책감, 자책감을 떨치지 못함; 분명한 이유 없이 계속 눈물을 흘림, 타인으로부터 방임되는 경우, 생산적인 활동의 불가능

※ 정신 질환

환각이나 환청, 망상을 경험함. 현실검증력이 없는 것처럼 보이거나, 특정 발

상이나 생각에 지나치게 사로잡히는 증상

※ 스스로를 돌보지 못함

먹거나 씻고 옷을 갈아입는 일상적인 일을 수행하지 못함. 무관심하고 심드렁함. 타인과의 교류 상실, 일상생활 기능을 유지하는 것에 대한 어려움

※ 자살이나 타살에 대한 사고 혹은 계획

"더 이상 못하겠어요.", "이 고통을 그냥 끝내고 싶어요.", "차라리 죽었으면 좋겠어요.", "천국에 간 내 남편을 따라가고 싶어요." 혹은 "복수할겁니다."와 같은 발언을 함, 끊임없이 타인의 죽음에 대한 자책과 책임감을 느낌.

※ 지나친 음주 혹은 약물의 남용

지나친 음주, 약물의 남용, 음주를 절제하지 못했던 상황에 대하여 언급함, 자신의 고통을 막기 위하여 기분이 좋아지는 약물을 사용함, 술 혹은 다른 약물 사용의 재발, 술이나 다른 약물로 인하여 일이나 다른 책임을 행하지 못함, 가족 구성원이 약물을 남용하는 것에 대하여 걱정을 표현함.

※ 가정폭력, 아동 학대 혹은 노인 학대

가족 구성원에게 적절하지 못한 분노나 폭력을 행사한 경우를 언급하는 경우

마) 재난 이후 사망통보 및 처리과정에서의 고려사항

생존자들과 유가족의 대규모 희생에 대한 심리적 반응은 개인의 내재된 역량과 주변 환경의 맥락 안에서 이루어진다. 정신건강지원의 중요한 요소는 재난 이후에 발생하는 정신건강 영향의 가능성이 있는 사건들을 확인하고, 잠재적인 정신건강 필요를 파악하며 유연하고 창조적으로 정신건강지원과 개입을 위한 시스템을 도입하는 것이다. 재난심리요원들이 생존자의 정신건강에 영향을 줄 수 있는 사건들을 고려하고, 개인이 경험할 수 있는 잠재적인 심리적 영향을 예측하고 준비한다면 정신건강지원은 더욱 효과적인 성과를 기대할 수 있다.

다음에서는 즉각적인 정신건강개입이 필요할 수 있는 일곱 가지 중요한 사건들을 소개한다. 구호, 구조 노력, 법적 절차, 또는 문화적이고 종교적인 의식 때문에 제한적인 영향을 나타낼 수 있지만, 대개 이 사건들은 생존자의 심리적 반응에 중요한 영향을 미친다.

- 사망 통보 및 처리 시 행정적 고려사항
- 구조와 수색/회복활동의 중단
- 시신의 잔해를 발견하지 못했을 경우의 사망처리
- 사법 과정과 관련된 사건들
- 재난 지역이나 범죄현장으로 돌아가는 행위
- 추모와 장례
- 국가 및 책임 단체, 또는 자선 단체의 기금에 대한 분할 및 분배방식의 결정

(1) 사망 통보 및 처리 시 행정적 고려사항

정신건강전문가들은 사별을 겪은 유족들과 사랑하는 사람들을 정식으로 사망통보를 받기까지 각종 심리지원을 위한 역할을 맡을 수 있다. 정신건강전문가들은 일반적으로 죽음에 관련한 정보는 전달하지 않지만, 이러한 통지를 책임지고 있는 사람과 함께 유가족을 만날 수 있다. 이러한 팀은 검시관 사무실의 대표자, 장의사, 의료 전문가, 사제, 또는 재난심리요원을 포함할 수도 있다. 정신건강전문가들은 비보를 들은 가족들을 지원하고, 상담을 제공하며, 필요에 따라 사망통보를 직접 할 수도 있다. 가족들이 아이들의 필요에 대해 질문이 있을 때는 아동 전문 정신건강전문가를 포함하는 것이 권장된다(Sitterle & Gurwitch, 1999). 통지를 책임진 사람들이 생존자들의 문화적 배경과 더불어, 비통과 괴로움의 표현에 관한 관습과 죽음

과 장례식에 관한 의식에 대한 정보를 숙지한다면, 다른 문화와 민족적 배경을 가진 가족들에게 더 세심하게 사망을 알릴 수 있다.

재난 발생 시 많은 사람들에게 가장 충격적인 순간은 가족 구성원의 갑작스러운 죽음을 알게 되는 것이고, 이는 추후에 외상 후 스트레스 장애(PTSD)의 원인이 될 수 있지만(Young, 1998; Lord, 1996), 이러한 통보가 적절하고 안전하게 수행되면 치유를 시작하는 데 많은 도움을 줄 수 있다. 다음 지침은 사망 통보에 관한 '음주운전에 반대하는 어머니들의 모임(Mothers Against Drunk Drivers, MADD)'의 포괄적인 교육과정에 포함되어 있는 내용이다(Lord, 1996).

- 사망 통보 시 고려하여야 할 사항

통보 전에 중요한 정보를 얻어라. 희생자가 어떻게, 언제, 어디서 사망하였고, 사망신고는 어떻게 진행되었으며, 시신이 어디에 있는지에 대한 정보를 제공할 수 있는 것이 중요하다. 가능하다면 통지를 받는 사람에 대해, 의학적 상태, 지원 체제에 누가 포함되어있는지 알아본다.

사망자의 유가족에게 면담을 통해 알리는 것이 효과적이다. 사망 통보를 맡은 사람은 자신의 신분과 직책을 정확하게 밝히고, 사망자와 유가족과의 관계를 확인하는 것이 중요하다. 희생자의 이름을 말하고, 또렷하게 완곡한 표현 없이 그 혹은 그녀가 사망했다고 전한 다음, 진정으로 따뜻함과 연민을 가지고 "유감입니다"라고 표현한다. 희생자의 개인 소지품은 가지고 가지 않는다.

강렬한 정서적, 신체적 반응을 예상하여야 한다(싸우거나, 피하거나, 얼어붙는 반응). 팀에 속한 한 명의 구성원은 심폐소생술 훈련을 받아 쇼크 반응에 즉시 대처할 수도 있어야 한다. 모든 반응과 질문에 편협한 판단을 하지 않고 지지하는 반응을 하는 것이 필요하다. 사별을 경험한 사람을 혼자 두지 않되, 비통함을 표현할 수 있도록 사적인 공간을 허락하는 것이 좋다.

현실적인 지원을 제공한다. 사별을 경험한 사람은 시신을 확인하고 보기 위해 이동하는데 도움이 필요할 수도 있다. 그들은 교통, 보육, 혹은 친척들이나 고용주에게 연락을 취하기 위해 전화를 걸어야 할 수도 있다.

가족들이 시신을 확인하거나 혹은 사진을 볼 결정을 할 때에 도움을 준다. 사별을 경험한 사람이 그들이 보게 될 것과 시신의 상태에 대해 반드시 알고 준비할 수 있게 도와야 한다. 사랑하는 사람의 사별을 경험하였을 때, 고인의 유골/사체를 보는 것은 매우 중요하다. 미국의 경우, 오클라호마시티 폭탄 테러 사건을 경험한 많은 유가족들이 고인의 시신, 마지막 모습을 보지 않은 것을 후회하였다는 것이 보고되었다. 그들은 시신의 손상의 정도 때문에 그렇게 하지 못했다(Office for Victims of Crime, 2000; Jordan, 1999). 다른 이들에게는, 시신을 보는 것이 문화적 혹은 종교적인 이유로 부적절하게 여겨질 수 있다. 유가족들은 상황을 잘 인식하고, 의사결정을 하는 데에 있어서 지원을 받을 수 있어야 하며, 동행과 지원을 권장 받아야 한다.

정신건강전문가들은 유가족들에게 고인의 죽음에 대한 충격적인 사실을 적절한 방식과 절차에 따라 통지하는 사람들을 위한 훈련을 제공할 수 있다. 유가족들은 통지를 받은 이후 혼자 있고 싶어 할 수도 있고, 혹은 정신건강전문가로부터 지속적인 지원을 원할 수도 있다. '음주운전에 반대하는 어머니들의 모임(Mothers Against Drunk Drivers, MADD)'의 자료는 민감할 수 있는 사망 소식을 전달할 때 참고할 수 있는 의미 있는 지침을 제공한다(Lord, 1996).

(2) 구조와 수색 활동의 중단

사랑하는 사람이 사망하였다는 공식적인 발표를 기다리는 것은 몹시 고통스럽다. 가족들은 사고 현장이 법적 절차와 군부대 활동으로 접근이 제한되어 있을 때,

구조대원들을 의존하며 소극적으로 기다려야 한다. 이때, 가족들은 그들이 사랑하는 사람들이 해를 입지 않았을 거라는 기대를 할 수 있다. 많은 이들은 사랑하는 사람들의 죽음을 부인/부정하면서 스스로를 보호한다. 흔히, 시신이 발견되거나 공식적인 사망 소식이 전달된 이후에서야 죽음을 수용할 수 있게 되고, 비통함이 시작된다.

시신이 발견되지 않았음에도 불구하고 수색 활동이 중단됐을 때, 가족들은 통제 불가능한 수준의 강렬한 분노를 경험할 수 있다. 어떤 이들은 그들이 사랑하는 사람들의 존재와 시신이 버려졌다고 느낄 수 있으며, 공황 상태에 빠지게 될 수 있다. 또한 죽음의 현실을 수용하지 못하고, 사랑하는 사람의 삶이 끝나는 것을 인정하는 의식에 참여하지 못한다. 특정한 문화권에게는, 제대로 된 장례식을 제공하지 못하는 것은 상황을 악화시키고 평생의 짐을 지게 만들 만큼의 중요한 의미가 있을 수 있다.

시신 수색 작업의 중단 시기를 결정하는 관료들은 어떻게 이 사실을 가족들에게 민감하게/세심하게 전달할지에 대해 정신건강전문가들과 함께 논의할 수 있다. 가족들이 이 정보를 매체가 아닌, 해당 권위자/당국에게로부터 직접 전달받는 것은 매우 중요하다. 전형적으로, 가족들은 몇 가지 질문에 중점을 둔다. "살아있을 가능성이 있나요?", "시신들의 상태는 어떤가요?", "고인은 얼마나 고통스러워했나요?", "시신이 발견될 수 있을까요?". 관료들은 정직하고, 어떠한 수식 없이, 정확하게 사실을 전달하는 것이 중요하며, 가족들에게 이러한 결정을 내리게 된 명확한 이유에 대하여 충분한 사실을 제공해야 한다(Cummock, 1996).

(3) 시신을 발견하지 못했을 경우의 사망 인정

수혜자들이 생명보험 혜택, 사회보장연금, 국가 및 관련기관의 피해보상에서의 사망 보험금, 공식적인 지원을 받기 위해서는 공식적인 사망 진단서가 필요하다.

예를 들어, 미국의 경우, 9·11 세계무역센터 테러사건 3주 후부터 가족들은 가족 지원 센터에서 사망 진단서를 얻을 수 있었다. 정부 관료들은 시신이 만약 발견된다고 해도, 몇 달 동안 신원이 확인되지 않을 수도 있을 것이고, 그렇게 되면 가족들이 사망 보험금을 얻을 수 없게 되서 경제적 안정성을 위협받을 수 있다는 사실을 인정하였다.

재정적 상황이 악화된 가족들은 재정적인 필요를 신속히 알려야 한다. 가족들은 사망 시 지불받을 수 있는 보상과 지원을 받기 위해서 사망 진단서를 받아야 하고, 이를 위해 법적 절차를 밟고 서류를 제공하여야 한다. 어떤 유가족들은 이러한 절차가 그들의 희망을 버리고 사랑하는 사람들에게의 헌신을 배신하는 것처럼 느껴졌다고 보고하고 있으며, 사별을 경험한 유가족들은 그들이 진심으로 느끼는 것보다 죽음을 더 수용하는 것처럼 행동을 해야만 했다고 보고하였다.

정신건강전문가들은 유가족들이 사망 진단서를 신청하는 것을 결정하는 데에 생기는 딜레마로 고심할 때 심리적 도움을 제공할 수 있다. 재난심리요원들은 유가족들이 변호사를 만나고, 서류를 제공하며, 양식을 작성하는 데 동행할 수 있다. 또한 유가족이 사망 진단서를 받는 것을 배신 혹은 죽음을 받아들이는 것이라고 여길 것에 대안적인 관점을 제공할 수도 있다. 어떠한 경우에는, 재난심리요원들은 사망 진단서를 얻는 과정을 시작하지 못하는 사람들을 위해, 다른 재정적인 옵션들을 함께 알아볼 수도 있다.

(4) 사법 과정과 관련된 사건들

유가족이 느끼는 비통함으로부터 회복 과정은 형사 사법 과정동안 발생하는 사건들로 인하여 방해받을 수 있으며, 복잡해질 수도 있다. 유가족들은 생존자들, 사랑하는 고인, 지역사회를 위한 정의가 구현되기를 요구할 수도 있다. 법적 절차를 통해, 어느 정도의 해결을 제공할 수 있겠지만, 재난으로 인한 상실을 적절히 혹은 정당하게 또는 충분히 보상하는 것은 불가능할 수도 있다.

생존자들은 사법 제도에 대해 낯설고 혼란스러운 감정을 느낄 수 있다. 형사 사법 과정은 이치에 맞지 않게 보이거나, 정의 실현과는 거리가 먼 것처럼 느낄 수 있다. 생존자를 지원하는 재난심리요원, 법률 집행 인력, 검찰청, 정신건강전문가들은 협력하여 생존자들이 해결감을 경험할 수 있도록 해야 한다:

- 수사, 형사 사법 제도 과정과 추후 절차에 관한 정보지원
- 사법 절차 과정에서 발생할 수 있는 중요한 사건들의 영향을 예측하고 대응하는 심리지원
- 형사 사법 과정 참여 및 참관을 결정할 기회를 제공

형사 사법 과정에서의 정신건강에 영향을 미칠 수 있는 중요한 사건들은 미흡한 수사, 충분하지 않은 관련자 체포, 기소, 법정 지연, 판정, 항소, 가석방 공판, 탈옥, 관용 혹은 사면 요구, 사형 판결 등이 있다.

(5) 재난 지역 및 범죄 현장으로의 회귀

생존자나 유가족이 실제의 현장을 방문하는 것은 다양하면서도 격렬한 반응을 촉발시킬 수 있다. 대규모의 재난이나 범죄피해로 인해 트라우마가 발생한 장소 혹은 아파트로 돌아가는 주민들은 그들이 머무는 집이 "안전한 곳"이라는 감각을 상실할 수 있다. 그들의 거주지의 근처에서는 지속적으로 사이렌소리가 들릴 뿐만 아니라, 경찰이 설치한 검문소가 있을 수 있고, 구조와 수색 작업이 진행되어 "전쟁터"처럼 느껴질 수 있다. 창문 밖 풍경은 영구적으로 변화할 수도 있다. 정신건강전문가들은 재난생존자들이 본래의 삶의 터전으로 돌아가길 기다리면서 주민들에게 그들의 중요한 삶의 기억들을 함께하면서 정상적인 삶의 복귀를 도울 수 있다.

학생들은 재난이나, 폭력, 테러가 발생한 현장인 교실과 학교로 돌아가게 될 수도 있다. 흔히, 생존자들은 엄청난 슬픔을 분출할 수 있고, 이전에는 느끼지 못한 트라우마 반응을 경험하게 될 수 있다. 또한 스스로 위험하고 불안정한 상태에 놓여 있다고 느끼며 삶에 집중하지 못할 수도 있다. 정신건강전문가들은 재개 활동(re−entry activities), 정신건강개입, 그리고 타당한 업무 혹은 학업 실적의 예상에 대해 상담을 제공할 수 있다.

정신건강전문가들은 사고 현장으로 돌아가거나 현장을 볼 사람들에게 그들이 보고, 듣고, 경험할 것들에 대해 설명하고, 가족들과 희생자들이 현장에서 할 수 있게 허락되는 일들에 대해 알려줌으로써 가족과 희생자들이 그들의 반응을 예측하고 준비하게 도울 수 있다. 미국의 경우, 가족들이 세계 무역 센터 공격 현장인 그라운드 제로(Ground Zero)로 배로 이동하는 중에, 정신건강 및 영적 서비스 제공자들이 가족들을 대상으로 조심스럽고 방해되지 않는 지원을 제공하였다. 배에 승선하기 전에, 경찰의 대리인이 가족들에게 보고하였으며, 정신건강전문가들은 가족들이 현장에 메시지를 남길 수 있도록 쪽지와 펜을 제공하였다. 가족들이 배에서 내려서 현장으로 걸어갈 때, 구조 대원들은 그들의 안전모를 벗고, 비통해하는 가족들에게 경의를 표했고, 어느 가족들은 매우 강렬한 신체적, 정서적 반응을 나타내어 응급 치료를 필요로 했다. 많은 가족들이 사망한 그들의 사랑하는 사람들을 기릴 때 사제에게 도움을 청하기도 했으며, 정신건강전문가들은 가족들의 즉각적인 걱정과 요구사항을 해결하고, 방해되지 않으며, 도움을 제공하는 자세를 유지하였다.

(6) 추모와 장례

추모 공간은 흔히 대규모 비극 발생 후 몇 시간 내 또는 몇 주 내에 자연스럽게 만들어질 수 있다. 지역사회 구성원들은 꽃, 사진, 기념품과 메시지를 가져오며, 보통 재난 현장과 가까운 추모 장소는 기억하고, 기념하고, 슬퍼하고, 추모하며, 도움을 주고받는 장소가 된다. 미국의 경우, 국제 무역 센터에 9·11 테러 공격 이후, 가족들과 친구들은 실종된 사람들의 사진을 게시하였고, 그들이 살아서 발견되기를 희망하였다. 수천 장의 '휴가 때의, 가족들과 함께, 결혼식에서의, 직장에서의, 대학교 졸업식에서, 혹은 운동을 하는 사진들'이 뉴욕 시내의 공공장소의 벽에 붙여졌다. 많은 삶과 활기를 담아내고 있는 이 사진들은 서서히 비극적인 죽음의 기념비가 되었다.

정신건강전문가들은 정부 관료들 혹은 비상 관리자들이 적절하고 안전한 추모를 위한 장소를 선택하는 것을 도울 수 있다. 대규모의, 대량 사상자가 일어난 비극에는 흔히 수송의 문제도 고려해야 하며. 추모 현장에서는, 정신건강전문가들이 지원을 위해 항시 대기할 수도 있다. 이와 동시에, 정신건강전문가들은 일어날 수 있는 자연스러운 인간적 행위를 허락하고 지원해야 하며 추모객의 개인적인 순간을 방해하지 않아야 한다.

추모, 장례식, 매장 의식과 관련한 전통은 가족들과 사랑하는 이들이 고인을 기념하는 것을 도와준다. 가족들이 시신이나, 신체적인 잔해를 찾지 못한 경우에는, 장의사, 정신건강전문가, 종교인들은 가족들이 죽음을 인정하고, 희생자의 삶을 기념할 수 있는 의식 절차와 상징적인 행동을 규정하는 것을 도와줄 수 있다. 장례식은 보통 비공개이며, 정신건강전문가들은 다른 기능을 하도록 요구받지 않는 이상 참가자로서만 참석한다.

(7) 국가 및 책임단체, 또는 자선 단체의 기금에 대한 분할 및 분배방식의 결성

자선 단체들, 관련 기관들, 국가 프로그램, 시민들의 자발적 도움은 희생자들과 가족들을 돕기 위해 기금을 제공할 수도 있다. 미국의 경우 의회에서는 9·11 테러 공격 이후에 연방 생존자 보상 기금을 설립하였다. 희생자와 유가족들은 신체적 부상, 잃어버린 임금, 잃어버린 미래의 소득, 그리고 사고로 인한 정신적 고통에 대한 보상을 지원할 수 있도록 하였다.

보상의 자격 요건, "가족"과 "배우자"의 개념, 신체 상해와 관련된 상실금액, 고소득과 저소득 등의 개인차, 다른 정부 혜택의 공제, 차등을 두는 긴급 서비스 혹은 인사의 혜택, 공정성과 형평성은 희생자 단체, 정부 관료, 국회의원, 기금 관리인들 사이에서 분열을 초래하는 갈등을 야기할 수도 있다. 또한, 사회 안팎에서 이전에 재난 피해를 당한 사람들은 그들의 상실과 피해가 의도치 않게, 현재의 보상 때문에 무시된다는 기분을 받을 수도 있다. 또한 유사하게 그 다음 희생자들은 그 전의 희생자들이 더 관대하게 대우받았다고 느낄 수도 있으므로 세심한 주의가 요구된다.

바) 지역사회 및 언론의 대응

(1) 지역사회 개입

대규모 인원을 희생시키는 재난 및 폭력사태는 개인뿐만 아니라 지역사회에 큰 영향을 끼친다. 비극 전에는 지역사회는 "이곳에서 이런 일은 일어나지 않을 것이다"라는 막연한 믿음이 있었을 것이고, 지역사회의 안전과 재난으로부터 시민들을 보호할 수 있다는 공동체의 믿음은 산산조각 났을 수 있다. 어느 지역사회도 재난 및 폭력사태 후에 발생하는 취약감은 사회 질서의 구조를 파괴할 수 있다. 대규모 희생을 야기한 현재의 재난 또는 사건 때문에, 치안을 보장하는 지역사회의 체계가 효력이 없고, 어떤 상황에서는, 지역사회가 재난을 야기했다는 인식을 강화시킨다. 이렇게 지역사회가 구성원을 보호하고 돌볼 역량과 기능이 훼손되었을 때, 지역사회에 기반을 둔 활동과 추모의식 등은 지역사회의 견고성과 유대감을 강화하고 회복을 촉진시킬 수 있다.

(가) 추모의식 및 기념행사

많은 생존자들, 사별을 경험한 가족들, 영향을 받은 지역사회 구성원들에게, 의식과 상징적인 행동들은 비극을 인정하고, 감정을 경험하고, 삶을 재확인하고, 지역사회의 "추모행동"을 기념하고, 잃어버린 것에 대해 함께 슬퍼하며, 희망과 추모의 메시지를 주고받고, 다른 사람들과 삶을 함께하는 계기를 제공한다(Sitterle & Gurwitch, 1999; Flynn, 1995; Rando, 1993). 상징적인 행동들은 사람들을 서로 이어주고, 연결해주며 사람과 인간 세상 너머의 영혼으로 연결해준다.

추모의식은 묘지에서 개인적으로 사망한 사랑하는 사람에게 편지를 읽어주는 개인적인 행위일 수도, 희생자들의 이름을 불러가며 개개인을 위해 촛불을 켜는 지역사회 전체에 걸친 일일 수도, 혹은 공개 의식을 통해 상징적인 미술품을 설치하거나 나무를 심는 행동일 수 있다. 효과적인 지역사회의 추모와 기념행사는 정치, 종교, 계층, 혹은 문화적 차이를 초월하고 모두가 함께 할 수 있는 기회를 제공한다. 특히나 인종주의나 증오범죄와 같은 위험요인이 있을 경우, 지역사회의 지도자들은 공개 의식을 통하여 집단 간의 이해, 관용, 용서의 분위기를 조성해야 한다.

정신건강전문가들은 이러한 의식을 계획할 때 지나치게 지시적이지 않아야 한다. 이러한 의식적 행동을 통해 돕고자 하는 행위들은 생존자와 유가족에게 삶의 중요성을 다시 인식할 수 있는 계기를 마련할 수도 있다. 정신건강전문가들은 아이들과 다른 특정 생존자 단체를 포함하기 위한 조언을 제안할 수도 있으며, 추모의식 기획자들에게 특정한 언어 혹은 상징적인 행동으로 인한 생존자들의 오해와 소외감의 가능성을 미리 주지할 수 있다. 또한 정신건강전문가들은 이러한 지역사회 모임에 참석함으로써 필요하고 심리적 욕구를 파악하고, 지원을 제공할 수 있다.

트라우마 사건의 6개월 혹은 1년 기념일은 생존자들에게 여러 반응을 촉진할 수 있다. 이러한 기념일들은 손실과 고인을 기억하고 인정하며, 인간의 회복력, 호의, 계속할 용기를 축하하는 시간이 될 수 있도록 마련되어야 한다(Center for Mental Health Services, 1994). 지역사회와 종교적 지도자들은 희망, 관용, 회복의 메시지를 전달할 수 있고, 추모를 위한 명판, 예술품, 핀/배지, 혹은 헌정식이 포함될 수도 있다. 노래, 묵념의 시간, 혹은 음식을 나누어 먹는 등의 단체 활동은 공동체를 형성하는 데 기여한다.

일반적으로 형사 사법 과정은 1주년 기념일이 언제가 되어야 하는지에 대해 명확히 명시하지 않으므로, 수사 혹은 사법 절차가 진행 중이면, 추모의식 기획자들은 원인 규명이나 정의의 실현과는 별개인 1주년 기념일의 목적과 초점을 명확하게 해야 한다. 지역사회의 구성원들과 영향을 받은 모든 지역사회의 단체의 대표자들과의 상담과 그들의 참여가 이러한 기념하는 행사가 반드시 모든 지역사회의 생존자들에게 의미 있게 전달되도록 최선을 다해야 한다.

(나) 평상시의 지역사회 모임

대부분의 지역사회는 기념 휴일(holiday commemoration), 박람회, 퍼레이드, 축제 등을 비롯한 행사들의 연간 계획이 있다. 유사하게 학교들도 동창회, 연극, 음악 공연 무도회 등의 행사들이 있고, 종교 단체들 역시 의식과 상징적인 의례 등의 1년 계획이 있을 수 있다. 각 문화 단체는 중심적인 신념과 오래 간직해온 전통과 관련 있는 의미가 있는 모임들이 있기 때문에, 지역사회는 친숙한 지역사회 행사들에 비극과 관련된 적절한 의미를 부여하고 연계해나가면, 지속감과 유대감 형성에 좋은 단초를 마련할 수 있다.

익숙한 모임을 지속하는 것은 지역사회가 피해를 극복하고 결국 회복할 것이라는 희망을 고취시킨다. 이러한 행사들을 통하여 사회적 지지 혹은 치유를 제공할 수 있기 때문에, 행사를 취소하거나 지연하려는 결정은 신중히 내려져야 한다.

정신건강전문가들은 지역사회 지도자들이, 추모 및 기념행사를 기획하는 데 있어, 희생자들의 상실과 지역사회의 손실의 심각함을 최소화 할 수 있는 적절한 시점에 대해 조언할 수 있으며, 정신건강전문가들은 이 행사가 지역사회가 감당하는 손실들을 존중하고, 동시에 사회 구성원들이 함께 할 수 있는 자리가 될 수 있는 방법을 제시할 수도 있다. 이때 지역사회와 종교적인 지도자들은 중요한 역할을 수행하며, 행사에 참석함으로써 주민들에게 위안, 영감, 새로운 삶의 관점을 제시할 수도 있다.

(다) 상징적인 행동들

상징적인 행동과 의식 절차들은 감사함과 호의를 전달하고자 희망하는 사람들, 혹은 의미, 용기, 희망을 찾고자 하는 사람들에게 큰 의미가 있다. 간단한 행동/제스처일지라도 연민과 애도를 표현하는 데 강력한 전달도구가 된다. 미국의 경우, 1995년 오클라호마시티의 연방 정부 청사 폭파 이후, 사후처리 인력과 희생자 가족은 구조 및 재난 현장과 희생자들이 있는 곳까지 연결된 갈색 곰 인형을 통해서 심리적 교감을 나누었고 서로의 유대감을 확인하였다. 매일 외부에서 지역사회 주민들이 곰인형을 끌어안은 이후, 내부로 옮겨져서 수색대원들이 끌어안았다. 그 곰인형은 현장에서 힘겨운 작업을 하는 사람들과 외부에서 밤새 대기하며 돕기를 원하는 사람들을 연결해주었다. 이러한 상징적인 행동은 곰인형을 운반하며 끌어안는 모든 사람들을 잇는 연결고리이자, 그들의 애착과 희망을 나타내며, 안전 치안 등의 문제로 인해 어쩔 수 없이 떨어져 있지만, 공동의 희망과 연대로 연결된 사람들을 이어주는 간단하지만 감동적인 방법이었다(Flynn, 1995).

또한 사랑하는 이들의 시신의 수색과 고인의 정식 사망 신고를 기다리는 많은 가족들은 선물 혹은 수호천사 핀에 달린 노란 리본을 통하여 구조대원들에게 감사의 마음을 전했다. 리본의 목적은 대원들의 용맹함과 용기를 인정하고, 지도와 지원을 제공하고, 위험한 시신 수색 과정에서의 대원들의 안전과 안녕을 돌보고 걱정하는 마음을 상징하는 것이었다. 소방관들은 이를 감사하게 여기고, 실제로 현장에 들어가기 전에 리본 착용을 고수했다(Sitterle & Gurwitch, 1999).

대부분의 사람들은 상징적 행동과 의식을 통해 얻을 수 있는 위로하고 치유하는 힘에 경외감을 느낄 수 있다. 서로의 마음은 단순한 방식으로 자주 전달될 수 있다. 재난심리요원들은 영향을 받은 집단들이 의식을 기획하거나 그들의 계획을 실행하기 위한 세세한 계획을 도울 수 있다. 상징적 행동의 힘은 생존자들의 마음에서 비롯되기 때문에, 재난심리요원들은 이 중요한 과정을 방해하지 않도록 조심해야 한다.

(2) 언론 대응

신속하고 공정한 보도가 이루어지는 것은 재난의 사실관계 정보뿐만 아니라, 재난지원에 관한 정보를 제공하는 데 있어서도 매우 유익하다. 보도를 통해 피해 지역이 그 밖의 지역이나 다른 주민들과 이어져 있는 인상을 주는 것은 일종의 치료적 네트워크를 형성하고, 트라우마의 회복을 돕는다. 또한, 근거 없는 소문에 의한 피해, 낙인(stigma) 등을 경감하는 데에도 유효하다(국립정신보건센터, 2003).

이렇듯 정신건강전문가들의 입장에서 언론에게 기대하는 바는 현장상황 및 안전에 대한 정보전달, 심리교육이나 스트레스 대처방법, 정보의 전달이다. 하지만 이미지 위주의 보도, 프라이버시 침해, 언론 대응에 대한 부담, 언론 대응자의 민감성 부족 등의 부정적 측면 때문에 적극적인 협조에 망설임을 느낄 수 있다. 정보가 무분별하게 새어나가지 않도록, 사전에 언론에서 의식적인 움직임을 준비하거나, 상황에 대해 깊이 이해하려고 노력하는 등 정보 전달과 관련된 배려가 요구된다.

피해 직후, 생존자는 무방비 상태에 놓이기 때문에, 불필요하게 언론에 노출되거나, 취재 대상이 되지 않도록 배려해야 한다. 구체적으로는 대피소 입구 등에 허가받지 않은 언론의 출입 통제를 알리는 안내표시를 하는 것이 가능하다(후생노동성, 2011).

프라이버시를 보호하고, 이차 피해를 막기 위해서라도 언론 측에서의 배려가 요구되지만, 안내표시뿐만 아니라 보도의 제한이나 경찰 등의 협력 또한 필요하다. 하지만 언론보도의 자유도 보장해야 하기 때문에 언론을 통제하는 것은 실제로 어려운 점이 있다. 취재에 관한 배려와 이해를 구하는 규칙을 만들고, 생존자 개인에게 프라이버시를 보장 받을 권리 및 취재요구에 대한 응답의 선택권이 스스로에게 있음을 강조하는 정보를 제공하며, 사전에 보도관계자와 세미나를 개최하는 등이 해결책으로서 고려된다(후생노동성, 2011).

※ 구체적인 언론 대응의 예

- 언론에 보도의 제한 요청 및 협정체결
- 피난처나 현지의 언론대응 구획설정(출입 허가제)
- 피난처의 자치구조 촉진(협정에 위배되는 언론은 출입 금지)
- 정기적 기자회견

04 재난생존자를 위한 심리적 응급처치

4장에서는 임상현장에서의 위기개입 노하우와 미국의 여러 심리적 응급처치관련 매뉴얼을 반영하여 개발된 심리적 응급처치 방법을 소개한다. 구체적으로, 재난 이후 첫 4주 동안 실시되는 심리적 개입을 뜻하는 심리적 응급처치를 소개한 후, 미국의 National Child Traumatic Stress Network와 National Center for PTSD(2006)에서 제안한 심리적 응급처치의 7단계를 설명한다. 특히, 본 장은 재난 혹은 트라우마 사건 발생 시 재난심리요원의 개입과 역할에 초점을 두었다. 이번 장에 소개된 매뉴얼의 내용은 하나의 예시에 불과하며, 재난 현장에 따라 수정, 보완하여 적절하게 사용되어야 한다. 이 매뉴얼에서는 심리적 응급처치를 제공하는 사람을 '재난심리요원'이라고 지칭하며, 재난이나 트라우마 사건을 경험한 사람을 '생존자'라고 부르기로 한다.

가 심리적 응급처치에 대한 기초

1) 심리적 응급처치란?

심리적 응급처치는 재난 혹은 트라우마 사건이 발생한 후 첫 4주 동안 생존자에게 인도적인 도움을 주는 다양한 행위로 정의된다(National Child Traumatic Stress Network and National Center for PTSD, 2006; WHO, 2011; 권정혜 등, 2014). 심리적 응급처치는 다음과 같은 내용을 포함한다.

- 기본 욕구 충족을 위한 실질적 도움 제공: 식량, 식수, 담요, 거주지, 의료적 서비스
- 가족, 친지, 친구, 동료 등의 지지 체계와 연결
- 재난 상황에 대한 정보 제공
- 심리적 안정을 찾게 함
- 재난 복구 서비스로의 연계
- 재난의 충격이 만성화되지 않도록 예방

심리적 응급처치에 대한 오해와 진실은 다음과 같다.

표 4-1 심리적 응급처치에 대한 오해와 진실

오해	진실
심리적 응급처치는 전문가만 할 수 있다.	심리적 응급처치는 최소한의 훈련을 받으면 누구나 할 수 있다.
심리적 응급처치는 병원이나 상담소에서 실시된다.	대부분의 심리적 응급처치는 재난현장에서 멀리 떨어지지 않은 곳, 주로 지역사회 내에서 이루어진다.

심리적 응급처치는 장기적인 개입이다.	심리적 응급처치는 단기간 지원을 목적으로 한다. 재난이 진행 중이거나 벌어진 직후에 주로 실시한다.
심리적 응급처치는 생존자가 겪은 일을 자세하게 말하도록 요구해야 한다.	심리적 응급처치는 전문적인 심리치료가 아니다. 생존자에게 필요한 실질적인 도움을 주고 그들이 원할 때 조용히 그들의 이야기를 들어주면 충분하다.
모든 생존자에게 심리적 응급처치가 필요하다.	모든 생존자가 심리적 응급처치를 필요로 하는 것은 아니다. 원하지 않는 사람에게 강요해서는 안 된다.

2) 누가 심리적 응급처치를 제공할 수 있나?

재난이나 트라우마 사건이 발생했을 때, 심리적 응급처치는 정신건강전문가, 종교지도자, 의료진, 간호사, 사회 사업가, 경찰, 지역사회 자원봉사자 등에 의해 실시된다.

3) 어디에서 실시하는가?

심리적 응급처치는 안전한 장소라면 어디에서든 실시할 수 있다. 물론 재난 혹은 트라우마 사건이 발생한 장소로부터 너무 떨어지지 않은 곳에서 실시하는 것이 좋다. 또한 생존자들의 사생활을 보호하고 비밀을 보장할 수 있는 장소가 바람직하다.

나. 심리적 응급처치의 실제

1) 심리적 응급처치의 7단계

심리적 응급처치는 아래의 그림에 제시된 바와 같이 7단계의 과정으로 실시된다. 이 단계는 National Child Traumatic Stress Network와 National Center for PTSD(2006)에서 발행한 심리적 응급처치 매뉴얼의 내용을 한국 상황에 맞게 수정, 보완한 것이다.

| 1단계:
사전 준비 | 2단계:
생존자와
첫 접촉&
안전확인 | 3단계:
정보수집 | 4단계:
심리적
안정화 | 5단계:
사회적
지지체계와
연결 | 6단계:
대처방법에
대한 정보제공 | 7단계:
추가적으로
필요한
서비스연계 |

그림 4-1 심리적 응급처치의 7단계

가) 1단계-준비

■ 사전 준비도 평가: 재난심리요원으로서 당신의 준비도는?

(출처: National Child Traumatic Stress Network와 National Center for PTSD, 2006; 권정혜, 2014)

재난심리요원으로서 참여하기 전에 고려야 할 점은 무엇인가? 단순히 도움을 주고 싶다는 마음으로 현장에 무조건 뛰어들어서는 안 된다. 먼저 자신이 심리요원으로서 활동할 준비가 되어 있는지 사전에 평가하는 것이 중요하다.

개인적 고려사항	나는 급박하게 돌아가는 재난상황에서 얼마나 침착하게 대처할 수 있을까?
건강 고려사항	심리적 응급처치를 수행하려면 신체적, 정신적인 건강이 뒷받침되어야 한다. 나는 장시간 일할 수 있는 건강과 체력을 가지고 있는가?
가족 고려사항	내가 재난현장에 있는 동안 남겨질 가족들은 괜찮을까?
직장(학교) 고려사항	심리적 응급처치에 할애되는 시간이 나의 직장이나 학교생활에 어떠한 영향을 미칠까?

(1) 사전 준비: 임무 수행 전 준비할 사항

만약 재난심리요원으로 참여하기를 결심했다면 임무 수행 전 다음의 사항에 대한 준비를 해야 한다.

- 임무 수행 동안 복용해야 할 약은 충분한가?
- 내가 없는 동안 누가 나를 대신하여 육아 및 가사일을 책임질 것인가?
- 내가 없는 동안 나의 직장업무를 수행해 줄 사람은 누구인가?
- 내가 없는 동안 누가 전기요금, 전화요금, 가스요금, 월세 등을 지불해 줄 것인가?
- 내가 없는 동안 누가 나를 대신하여 소속된 모임이나 단체에서 내가 맡은 일을 대신해 줄 것인가?

예시 4-1 준비도 평가

[준비도 평가: 나의 준비도는?]
(National Child Traumatic Stress Network와 National Center for PTSD, 2006)
각각의 문항을 읽고 '예' 혹은 '아니오'로 답하면 된다.

문항	예	아니오
감정적으로 불안한(예. 흥분해서 소리지름, 화를 냄, 펑펑 눈물을 흘림) 반응을 보이는 사람과 대화하는 것이 불편하다.		
혼란스럽고 예측할 수 없는 환경에서 일하는 것이 불편하다.		
정신건강과 무관한 활동에 참여하는 것(예. 식수배급, 식사제공, 청소)이 불편하다.		
지도·감독·슈퍼비전이 거의 없는 환경에서 일하는 것이 불편하다.		
세세한 부분까지 통제 받는 환경에서 일하는 것이 불편하다.		
문화, 인종, 발달수준, 교육수준, 가치관, 신념 등이 다른 사람들과 일하는 것이 불편하다.		
위험한 환경이나 손상에 노출될 위험이 있는 환경에서 일하는 것이 불편하다.		
심리적 지지를 흔쾌히 받아들이지 않는 사람들과 일하는 것이 불편하다.		
다양한 전문가와 함께 일하는 것이 불편하다.		
최근 외과수술이나 의학적 치료를 받은 적이 있다.		
최근 개인적 문제로 인해 스트레스가 많있다.		
지난 6~12개월 이내에 중요한 삶의 변화 또는 상실을 경험했다.		
최근 심한 다이어트를 했다.		
체력이 부족하여 장시간 동안 신체적으로 힘든 상황을 견디		

는 것이 어렵다.		
(약을 복용하는 경우) 재난 임무 수행 기간 외에 며칠간 더 복용할 수 있는 약을 가지고 있다.		
며칠 또는 몇 주 동안 내가 없으면 가족들이 생활하는데 여러 문제를 겪을 수 있다.		
내가 없는 동안 나의 책임과 의무를 대신할 가족 혹은 친구가 없다.		
해결되지 않는 가족의 문제가 있어 집을 비우기가 힘들다.		
직장 상사(또는 학교 선생)는 내가 심리적 응급처치에 관심을 가지고 참여한다는 사실을 이해하지 못한다.		
재난심리요원으로서 활동하려면 무임금 휴가를 써야 한다.		
쓸 수 있는 휴가나 병가가 없다.		
동료들은 내가 심리적 응급처치에 관심을 가지고 참여한다는 사실을 이해하지 못한다.		

위의 문항에서 '예'라고 답한 문제들에 대해 어떻게 준비 및 대비할 것일지 생각해 보아야 한다. 예를 들어, 무임금 휴가를 사용해야 한다면, 재정적인 문제는 어떻게 대비할 것인가? 당신이 재난 현장에 참여하는 것을 반대하는 가족들을 어떻게 설득할 것인가? 당신이 그동안 가정에서 해 온 책임과 의무를 누구에게 부탁할 것인가? 반대하는 직장 상사와 동료는 어떻게 설득할 것인가?

이러한 문제에 대한 대비책이 없다면 재난심리요원으로서 활동할 것을 재고해야 한다. 적절한 준비 없이 참여한다면 심리요원으로서의 활동에 집중할 수 없으며, 극심한 스트레스를 겪을 수 있다. 먼저 자신의 신체적, 심리적 건강을 돌보는 것이 중요하다. 더 준비가 되었을 때 참여하는 것이 현명할 수 있다.

(2) 사전 준비: 재난상황에 대한 파악

심리요원으로 참여하기를 결심했다면, 재난상황에 대해 자세하게 숙지하는 것이 중요하다. 구체적으로 다음과 같은 사항에 대해 파악하고 현장에 참여한다.

- 무슨 일이 발생하였는가?
- 생존자, 사망자, 다친 사람, 실종자는 몇 명인가?
- 현장에 위험 요소가 남아있는가?
- 안전하지 않은 사람은 누구인가?
- 생존자들에게 가장 필요한 것은 무엇인가?
- 어떤 구호 서비스가 언제 어디에서 실시되고 있는가? 그런 서비스에 접근할 수 있는 방법은 무엇인가?
- 나의 업무는 무엇인가? 동료 혹은 다른 조력자들의 업무는 무엇인가?
- 나를 도울 수 있는 사람은 누구인가? 도움이 필요할 때 누구와 의논해야 하나? 숙지해야 할 행동규칙은 없는가?

나) 2단계 - 생존자와 첫 접촉 & 안전에 대한 확인

(1) 생존자와 첫 접촉

(가) 바람직한 행동

- 생존자에게 다가가는 것이 방해가 되는 건 아닌지 파악한다. 그리고 방해가 되지 않는다고 판단될 때만 조심스럽게 첫 접촉을 시도한다. 물, 음식, 옷, 담요와 같은 실질적인 도움을 제공하면서 자연스럽게 첫 접촉을 시도한다.
- 먼저 말을 걸어도 되는지 허락을 구한다. 특히, 아동의 경우 보호자에게 허락을 구한다.
- 생존자가 도움을 거절하면 그것을 존중하라. 차후에 도움을 받을 수 있다는 점을 강조하라.

- 생존자에게 다가가 자신의 이름과 소속을 밝히고 자신의 역할을 설명하라.
- 자신의 소개가 끝나면 가장 먼저 생존자에게 필요한 것이 무엇인지 물어보고 적절하게 지원하라. 특히, 신체적 안전을 확보하는 것이 중요하고 의료적 처치가 필요한지 알아봐야 한다.
- 가급적 조용한 곳으로 자리를 옮기고 조용하고 침착한 목소리 톤으로 대화한다.
- 생존자의 사생활을 보호하고 비밀을 지킨다.
  - 생존자의 사전 동의 없이 대화내용을 공개하지 않는다.
  - 대화 내용을 누구에게 공개해도 되는지 먼저 묻고, 생존자의 의견에 따른다.

(나) 생존자와 첫 접촉: 바람직한 행동의 예시

다음은 생존자와 첫 접촉 시 바람직한 예이다. 각 예시에서 재난 심리요원이 적절하게 대응한 점이 무엇인지 생각해보자.

예 1.

재난심리요원: 안녕하세요. 저는 xx에 소속되어 있는 재난심리요원 김oo입니다. 잠시 저와 이야기 나눌 수 있을까요?

생존자: 누구요? 몰라요. 전 지금 그럴 기분이 아니에요.

재난심리요원: 네. 알겠습니다. 저와 같은 심리요원들은 oo색 옷을 입고 있습니다. 혹시 나중에 얘기하고 싶으시면 언제든지 알려주세요.

예 2.

재난심리요원: 안녕하세요. 저는 xx에 소속되어 있는 재난심리요원 김oo입니다. 잠시 저와 이야기 나눌 수 있을까요?

생존자: 어떤 이야기요? 너무 무서워요. 갑자기 건물이 흔들리고. 제가 어떻게

빠져 나왔는지 모르겠어요. 다른 사람들은 다 무사히 빠져 나왔나요?

재난심리요원: 건물 안에 있는 대부분의 사람들은 빠져 나왔지만, 아직 10명은 실종상태에요.

생존자: 어떻게요? 어떻게 이런 끔찍한 일이? 너무 무서워요. 몸이 떨리고.

재난심리요원: 네. 너무 끔찍한 일이 일어났어요. 이곳은 사람이 너무 많은데, 조용한 곳으로 옮겨서 이야기를 나눌까요? 어떠세요?

예 3.

재난심리요원: 안녕하세요. 저는 xx에 소속되어 있는 재난심리요원 김oo입니다. 잠시 저와 이야기 나눌 수 있을까요?

생존자: 정말 끔찍하네요. 하마터면 죽을 뻔 했어요.

재난심리요원: 많이 힘드셨죠? 비행기에 아는 사람과 같이 타셨나요?

생존자: 아니요. 혼자요. 혼자라 전 무사히 빠져 나왔는데. 아직도 마음이 진정되질 않아요(운다).

재난심리요원: 정말 무서웠을 거 같아요. 이제 안전하시니 안심하셔도 돼요.

생존자: 근데 여전히. 자꾸 비행기, 구명조끼 사람들의 비명소리가 생각나요.

재난심리요원: 네. 당연히 그럴 수 있어요. 너무나 큰 일을 겪었으니까요. 제가 여기 있을테니 필요한 게 있으면 무엇이든 저한테 말씀하세요.

예 4.

재난심리요원: 안녕하세요. 저는 xx에 소속되어 있는 재난심리요원 김oo입니다. 잠시 저와 이야기 나눌 수 있을까요?

생존자: 모르겠어요. 너무 끔찍해요. 어떻게 한 순간에 갑자기 엘리베이터가 떨어질 수 있는지(몸을 떨며 울고 있다).

재난심리요원: 네. 너무 끔찍한 일이 일어났어요.

생존자: 너무 무섭고. 끔찍했어요. 정말 죽는 줄 알았어요(몸을 떨며 울고 있다).

재난심리요원: 물 좀 가져다 드릴까요? (가능하면 식수, 담요 등 실질적인 위로를 제공하라)

생존자: 아뇨. 그냥. 잠시 이대로 있고 싶어요.

재난심리요원: (생존자가 다시 말을 할 때까지 주변에서 조용히 기다린다. 그리고 생존자가 다시 말을 하고 싶어 하는지 물어보고 이야기를 듣는다).

예 5.

재난심리요원: 안녕하세요. 저는 xx에 소속되어 있는 재난심리요원 김oo입니다. 잠시 저와 이야기 나눌 수 있을까요?

생존자: 제 친구들이 괜찮은지 알고 싶어요. 아까 기차에서 급하게 빠져 나오느라 핸드폰을 잃어버렸어요. 그리고 넘어지면서 다리를 다쳤는데 움직일 수가 없네요.

재난심리요원: 제가 친구들과 통화할 수 있도록 도와드릴게요. 그리고 친구들을 만날 수 있는 방법도 찾아볼게요. 그런데 다리는 얼마나 안 좋으신 건가요?

* 위의 예에서 재난심리요원은 어떤 적절한 행동을 한 것일까?

• 생존자에게 다가가 자신의 이름과 소속을 밝혔다.

• 생존자에게 다가가는 것이 방해가 되는 건 아닌지 살피며 조심스럽게 첫 접속을 시도했다.

• 생존자가 원하지 않으면 대화를 강요하지 않았다. 다만 언제든지 다시 대화할 수 있다는 점을 강조했다.

• 자신을 소개한 후 가장 먼저 생존자에게 필요한 것이 무엇인지 물어보고 적절하게 지원하였다.

• 신체증상을 호소하는 생존자에게 의료적 처치가 필요한지 알아보았다.

(다) 바람직하지 않은 행동

· 생존자가 무엇을 필요로 하는지 미리 가정하지 않아야 한다.

· 생존자의 기분을 섣부르게 추측하지 않아야 한다.

· 생존자가 대화를 원치 않을 때 강요하지 않아야 한다. 모든 생존자가 당신과 이야기 하고 싶어 하는 것은 아님을 기억한다.

· 재난 사건에 대한 자세한 설명을 요청하지 않는다. 자칫하면 재난 사건을 이야기하는 것이 또 다른 외상이 될 수 있다.

· 생존자의 고통을 경청하며 공감하되, 생존자를 동정하거나 과소평가하지 않는다.

· 생존자가 이야기하는 도중 끼어들지 않는다.

· 성급하게 위로하지 않는다. 생존자가 이야기 할 수 있는 시간을 충분히 주는 것이 좋다.

· 재난 심리요원 자신의 경험이나 문제를 이야기하지 않는다. 생존자의 얘기를 듣는 데 집중한다.

· 잘못된 정보를 제공하지 않는다. 모르는 것은 모른다고 하고, 정확한 정보를 얻을 수 있도록 최선을 다한다.

(라) 생존자와 첫 접촉: 바람직하지 않은 예

다음은 생존자와의 첫 접촉 시 피해야 할 행동을 보여주는 예들이다. 각각의 예시에서 재난 심리요원이 잘못한 점이 무엇인지 생각해보자.

예 1.

재난심리요원: 안녕하세요. 얘기 좀 할 수 있을까요? 지금 기분이 어떠세요?

문제점: 생존자에게 자신의 소속과 이름을 밝히지 않음. 허락을 받지 않고 기분을 물어봄

예 2.

재난심리요원: 안녕하세요. 전 OO에 소속되어 있는 재난심리요원 XX입니다. 잠시 저와 이야기 나눌 수 있을까요?

생존자: 아뇨. 전 그럴 기분이 아니에요.

재난심리요원: 지금 얘기하시는 게 중요합니다. 이럴 때일수록 참으시면 안 돼요.

문제점: 생존자가 얘기하고 싶지 않다는 점을 존중하지 않았다.

예 3.

생존자: 너무 무서웠어요. 갑자기 불이 나고 사람들이 소리를 지르면서 뛰기 시작했어요. 저는 너무 무서워서 소리도 지를 수 없었어요.

재난심리요원: 네. 천만 다행이에요. 이렇게 무사히 빠져 나왔으니까요. 건물에서 빠져 나오지 못한 사람들이 생각보다 많대요.

문제점: 생존자가 살았다는 사실에 죄책감을 느낄 수 있는 말을 하였다.

예 4.

생존자: 갑자기 건물이 흔들리고 어떻게 빠져 나왔는지 모르겠어요. 가족들에게 연락을 하고 싶은데, 아까 뛰다가 핸드폰을 잃어버렸어요.

재난심리요원: 일단 지금은 안정이 필요해요. 팔에서 피도 나네요. 응급차를 부르는 게 좋을 거 같습니다. 가족들에게는 나중에 연락해도 늦지 않습니다.

문제점: 생존자에게 필요한 식수, 응급차 등을 제공하였지만 정작 생존자가 원하는 가족과의 연결에 대한 조치는 취하지 않았다.

예 5.

생존자: 제 동생이 보이지 않아요. 같이 건물에서 빠져 나왔는데. 동생을 찾아

주세요.

재난심리요원: 제가 반드시 동생 분을 찾아드릴게요. 동생 분도 무사히 빠져 나와 있을 겁니다.

문제점: 확실치 않는 사실을 사실처럼 얘기하지 않아야 한다. 모르면 모른다고 말하고 동생을 찾도록 도와주겠다고 말하는 것이 더 적절하다.

(2) 안전에 대한 확인

생존자와의 첫 접촉 시 생존자의 안전에 대해 확인해야 한다.

- 신체적 안전: 가장 먼저 생존자와 그의 가족들이 물리적으로 안전한지 점검하고 그렇지 않으면 즉각 조치를 취한다. 만약 신체 건강상의 문제가 있다면 즉시 의료진에게 연계해야 한다.
- 심리적 안전: 생존자와 가족들의 불안을 완화하기 위해 어떤 구호활동이 진행되고 있는지 앞으로 재난 상황이 어떻게 정리될 것인지에 대해 정확한 정보를 전달한다.
- 혼자 있는 아동
  - 보호자에 대한 정보를 얻고, 가능한 보호자를 찾을 수 있도록 돕는다.
  - 아동이 불편해하지 않고 믿을 수 있는 사람과 함께 있도록 한다.
  - 위와 같은 사람이 없다면 다른 심리요원이나 봉사자와 함께 있도록 한다.
  - 아동을 혼자 방치해서는 안 된다.
- 재난 사건을 떠올리게 하는 자극을 차단시킨다.
- 언론 노출을 최소화한다.
- 언론매체나 외부인과의 접촉으로부터 보호한다.

[자살 위험이 있는 생존자]

1단계

영역	자살 위험성 탐색: 생존자가 자살할 위험이 있는지 탐색하고 이에 대해 즉시 조치를 취하라.
예시	- "이번 일이 일어나고 자살에 대해 생각한 적이 있으세요?" - "이번 일로 '죽고 싶다'라는 생각을 한 적이 있으세요?" - "이번 일로 '나도 따라 죽어야겠다.'라는 생각을 해 보셨어요?"

2단계

영역	만약 생존자가 자살하고 싶다는 생각을 직접 혹은 간접적으로 표현하면, 그 위험성에 대해 구체적으로 평가한다.
예시	- 자살 사고의 빈도와 통제 가능성: 그런 생각을 얼마나 자주 하는가? 그런 생각을 통제할 수 있는가? - 자살계획: 자살에 대한 계획이 있는가? 있다면 그 계획이 얼마나 구체적인가? - 자살수단: 자살할 수단과 방법은 있는가? 그 수단과 방법이 얼마나 치명적인가? - 자살의도: 자살하려는 의도가 얼마나 분명한가? - 보호요인: 자살을 예방할 보호요인이 얼마나 있는가? 예: 살고 싶은 이유, 주변에 자신의 편이 되어줄 사람들(사회적 지지), 타인에 대한 책임감, 미래에 대한 목표

예시 4-2 자살 위험 수준 평가

자살 위험 수준	자살사고	자살계획	자살수단	자살의도
없음	없음	없음	없음	없음
경미한 수준	있음	없음	없음	없음
중간 수준	있음	있음	있음	없음
심각한 수준	있음	있음	있음	있음

[가족이나 가까운 사람이 사망한 생존자]

- 가족이나 가까운 사람의 사망 소식을 접한 생존자는 매우 강렬한 정서반응을 보일 수 있다. 재난심리요원은 생존자의 이러한 반응을 있는 그대로 들어주고 공감해야 한다. 반대로 무반응을 보이는 생존자가 있을 수도 있다. 사람마다 심리적 충격 상태일 때 보이는 반응이 다르며, 심각한 신체적 반응이나 극단적인 행동을 보일 수 있음을 기억해야 한다. 이와 같은 행동에 주의를 기울이고, 필요한 전문가 의뢰나 조치를 취해야 한다.

- 사회적 지지체계를 파악하여 이를 활용할 수 있도록 돕는다. 예를 들어, '지금 연락해서 도움을 받을 수 있는 가족이나 친구가 있으세요?', '있다면 누구?', '그 사람에게 지금 전화해 보시겠어요?'

- 사망자의 사체나 유품을 확인해야 하는 경우, 가급적 가족이 함께 하도록 격려한다.

- 아동이나 청소년은 사체나 유품을 보지 않는 것이 좋다. 또한 사체에 대해 너무 자세히 알려주지 않는 것이 좋다.

- 성급한 위로의 말을 피하라. (4장의 <다. 생존자 개입 시 의사소통 기술과 전략>을 참조)

- 바람직한 반응의 예는 다음과 같다.

- 생존자의 반응이 충분히 이해가 되고, 당연히 이러한 반응을 보일 수 있다고 말한다.
- 생존자가 고인과의 추억을 떠올리고 이야기 할 수 있도록 한다.
- 만약 시간이 한참 지난 후에도 쇼크 반응이나 심리적 문제가 일상생활 기능을 손상시킬 만큼 심각하다면, 애도 상담 전문가를 만나볼 것을 권유한다.

다) 3단계-정보수집

정보를 수집하는 이유는 차후에 필요한 지원과의 연계를 위해서이다.

정보 수집은 한 번으로 끝나는 것이 아니라, 지속적으로 이루어져야 한다. 시간, 상황에 따라 생존자가 건강상태의 변화를 나타내는지, 필요한 것은 무엇인지 지속적으로 관찰하는 것이 중요하다.

가능한 자연스럽게 정보를 수집한다. 생존자가 조사받고 있거나 면접을 받고 있다는 느낌이 들지 않게 한다.

다음의 사항에 대해 정보를 수집한다. 다만 재난이나 외상 경험에 대해 너무 자세한 설명을 요구하지 않는다. 이러한 요구는 생존자의 불안을 조장할 수 있으므로 생존자가 이야기하고 싶은 만큼 듣고 다음 기회를 찾는다.

※ 정보 수집 영역
  · 재난이나 트라우마 사건 당시의 상황 – 무엇을 보고 들었는가? 누구와 함께 있었는가? 누굴 보았는가? 다친 곳은 없는가?
  · 가족이나 가까운 사람의 부상이나 실종 여부
  · 가족이나 가까운 사람의 죽음 여부
  · 기존의 신체, 정신건강상태
  · 과거 알코올이나 마약 문제 여부

- 과거 다른 재난이나 트라우마 사건 경험 여부

- 현재 경제적 어려움 여부

- 재난이나 트라우마 사건으로 인한 피해정도(예: 집, 귀중품, 학교, 이웃, 직장)

- 재난이나 트라우마 사건으로 겪는 극도의 부정적 정서 여부(예: 절망감, 불안, 죄책감, 수치심)

- 사회적 지지체계 여부(예: 가족, 친구, 이웃, 동료, 종교단체, 사회/복지단체)

- 자신이나 다른 사람에게 해를 가할 위험 여부

아래와 같은 정보수집 양식을 이용하여 정보를 수집하는 것이 좋다([예시 4-3] 정보수집기록지)

예시 4-3 정보수집기록지

정보 수집 기록지

날짜/장소 　　　＿＿＿＿＿＿
생존자 이름 　　　＿＿＿＿＿＿
정보수집자 이름 　＿＿＿＿＿＿

1. 의식상태(맞으면 O, 틀리면 X, 무반응이면 △)

	O	X	△
시간			
날짜			
장소			

2. 말과 언어(해당사항에 V 표시)

☐ 의사소통 거부
☐ 질문을 이해하지 못함
☐ 동문서답
☐ 말의 속도가 느림
☐ 말의 속도가 빠름
☐ 어눌한 말투
☐ 그 외 언어적 특징

(_____)

3. 행동, 정서, 신체, 인지적 특징(해당사항에 V 표시)

행동	정서	신체	인지
☐ 알코올 남용	☐ 슬픔/눈물	☐ 두통	☐ 악몽
☐ 흡연량 증가	☐ 외로움/고독감	☐ 복통	☐ 환각(환청, 환시, 환촉)
☐ 고립	☐ 절망감/무기력감	☐ 그 외 다른 통증	☐ 현실부인/도피
☐ 침묵	☐ 불안/초조/안절부절	(_____)	☐ 피해망상
☐ 타인과의 논쟁	☐ 죄책감/수치심	☐ 소화불량	☐ 강박적 사고
☐ 신체적 싸움	☐ 정신적인 무감각	☐ 불면증	☐ 자기비하
☐ 과식	☐ 감정기복이 심함	☐ 과다수면	☐ 세상에 대한 원망
☐ 식사거부	☐ 제한적인 감정표현	☐ 호흡곤란	☐ 의사결정능력상실
☐ 연령대에 맞지 않는 행동	☐ 그 외 감정	☐ 신체부위의 떨림	☐ 기억력 손상
☐ 과도한 움직임	(_____)	☐ 깜짝 놀라는 반응	☐ 그 외 인지적 특징
☐ 충동적인 행동		☐ 구토	(_____)
☐ 공격적인 행동		☐ 어지러움증	
☐ 반복적, 목적없는 행동 분리불안		☐ 극심한 피로	
☐ 그 외 행동적 특징		☐ 그 외 신체적 반응	
(_____)		(_____)	

4. 그 외의 다른 특징(해당사항에 V 표시)

☐ 과거 다른 재난이나 트라우마 사건 경험
☐ 과거 심리적인 문제 경험
☐ 과거 알코올이나 마약 문제
☐ 이번 재난으로 심각한 부상을 입음
☐ 이번 재난으로 학교나 직장을 잃음
☐ 경제적 어려움
☐ 사랑하는 사람, 가족, 친구의 실종
☐ 사랑하는 사람, 가족, 친구의 부상
☐ 신체/정신 질환
☐ 시력, 청각이 약함
☐ 임산부
☐ 노인

5. 주변에 도움을 줄 수 있는 사람이 있는가?(해당사항에 V 표시)

☐ 부모, 형제, 자매
☐ 친척
☐ 친구 및 동료
☐ 이웃
☐ 종교단체
☐ 사회/복지 단체
☐ 학교
☐ 전문 상담가

6. 자살, 타살 사고

	자살사고	타살사고
네		
아니오		
심각성 (1=조금심각~5=매우심각)		

7. 필요한 추후서비스로의 연계
☐ 재난 전문 상담가
☐ 의료진
☐ 법조인
☐ 알코올/마약치료사
☐ 종교지도자
☐ 재난상담 전용 전화
☐ 그 외 (_____)

라) 4단계-심리적 안정화

① 재난 사건을 떠올리게 하는 자극을 차단한다.

- 예를 들면, 화재사고를 경험한 생존자의 경우, 불이나 연기와 관련된 물건 (예: 담배, 성냥, 가스)과의 접촉을 피하게 한다.
- 건물붕괴사건을 경험한 생존자의 경우, 높은 곳, 건물, (물체가) 떨어지는 소리, 바람 등이 붕괴사건을 떠올리게 할 수 있다.

② 소방관, 경찰관, 119 구조대, 언론 기자 등 특정 직업인들과의 접촉은 재난 사건을 떠올리게 할 수 있다. 가능한 그들과의 접촉을 피하게 한다.

- 재난이 발생하면 언론매체는 사고당시 장면이나 자극적인 상황들을 반복적으로 보도한다. 이러한 언론 보도의 노출은 또 다른 외상이 될 수 있다.

③ 공식적인 경로를 통해 정확한 사실만 전달하라.

- 재난과 관련된 유언비어는 생존자의 불안만 조장할 뿐 아무런 도움이 되지 않는다.
- 생존자들에게 도움이 되는 정보만 공식적인 경로를 통해 전달하는 것이 좋다.

- 다음은 생존자들에게 도움이 되는 정보들이다.

    - 재난처리과정

    - 구호서비스, 실종자 구조현황

    - 생존자들을 위한 어떤 서비스가 어디서 언제 제공되는지

    - 생존자들이 일반적으로 경험하는 스트레스 반응들

    - 스트레스 대처방안

④ 심리적으로 불안정한 생존자 곁에 머물며 그의 심리적 상태를 확인한다. 필요에 따라 심리적 안정화 기법을 사용하여 생존자가 심리적 안정을 찾도록 돕는다 (심리적 응급처치 4단계 "심리적 안정화 기법" 참조).

⑤ 생존자들이 보이는 반응은 재난이나 외상 상황에서 나타날 수 있는 지극히 자연스러운 현상이다. 이 점을 생존자에게 설명하고 시간이 지나면 원래의 기능으로 회복할 수 있다는 점도 알린다.

⑥ 생존자가 느끼는 감정을 판단하지 않는다. 다음과 같은 반응은 바람직하지 않다.
- "이 감정을 잊을 수 있도록 노력해야 돼요."
- "그런 감정은 도움이 되지 않아요."
- "어쩌겠어요. 이겨 내야죠."
- "지금은 화를 낼 때가 아니에요."
- "이럴 때일수록 더 침착해야 해요."
- "운다고 달라지는 건 아무것도 없어요."

⑦ 막연한 위로를 하지 않는다. 비현실적인 기대를 갖게 하는 반응은 금물이다.

다음과 같은 반응은 바람직하지 않다.

- "조금만 더 참아요. 다 해결될 거예요."
- "이것도 잠시입니다. 곧 괜찮아질 거예요."
- "그나마 다행이네요. 불행 중 다행입니다."
- "다른 사람들은 더 고통스러울 겁니다."
- "걱정하지 마세요."
- "그렇게 화내면 안 돼요."
- "차라리 고통 없이 돌아가신 게 다행입니다."
- "그래도 어머니라도 살아 있어서 정말 다행이에요."
- "이런 고통을 통해 우리는 또 성장하는 거 같아요."
- "지금의 고통도 나중에는 의미 있는 경험으로 남을 겁니다."
- "그 분은 좋은 곳으로 가셨을 거예요."
- "신은 우리가 감당할 수 있는 만큼의 고통만 주십니다. 그러니 이겨내실 거예요."(특히 종교인이 아니라면 적절하지 못한 위로가 될 수 있다).

[호흡의 어려움을 겪는 생존자]
- 과도한 심리적 스트레스로 인해 과호흡 증후군이 나타날 수 있다. 과호흡 증후군은 이산화탄소의 과도배출로 인해 호흡곤란, 어지러움, 마비, 실신 등의 증상을 동반한다.
- 조용한 장소로 생존자를 옮기고 자세를 반좌위나 좌위로 취하게 한다.
- 비닐봉지나 종이봉투를 입에 밀착시켜 숨을 쉬게 한다. 그러면 이산화탄소를 들이마실 수 있어 호흡이 정상으로 돌아오게 된다.
- 심리적 안정화 기법을 활용한다(심리적 응급처치 4단계 "심리적 안정화 기법" 참조).

[어지러움을 호소하는 생존자]

- 다른 신체적 고통을 호소하는지 탐색하고 필요하면 해당 전문가에게 연계해라.
- 식사를 거르거나 영양부족은 아닌지 탐색하고 필요하면 해당 전문가에게 연계해라.
- 심리적인 문제로 어지러움을 호소하는 생존자의 경우, 조용하고 통풍이 잘되는 공간을 찾아 생존자가 가장 편안해 하는 자세로 눕혀라. 눕는 것을 불편하게 느끼면 머리를 낮게 하여 웅크리게 하는 것도 도움이 된다.
- 옷을 느슨하게 하고 천천히 심호흡을 하게 하라.
- 심리적 안정화 기법을 사용하라(심리적 응급처치 4단계 "심리적 안정화 기법" 참조).

[심하게 울거나 분노를 자제하지 못하는 생존자]

- 천천히 심호흡을 하게 한다.
- 많은 말을 하지 않는다. 적절히 반응하면서 생존자가 하고 싶은 말을 조용히 들어주는 것이 중요하다.
- 감정을 부정하거나 미루어 짐작하지 않는다.
- 감정표현을 막지 마라. '진정하세요.', '자, 이제 그만 울고 이야기 해 보세요.' 등의 감정표현을 막는 반응은 도움이 되지 않는다.
- 도구를 이용하여 화를 표현하도록 한다(예: 종이 찢기, 발 구르기, 떠오르는 단어 기록하기, 샌드백 두드리기, 바닥치기).

[감정에 압도되어 아무것도 할 수 없는 생존자]

- 먼저, 간단한 질문을 통해 의식의 여부를 확인한다.
  - "제가 하는 말이 들리시면 저를 쳐다보세요."

- "당신 이름은 무엇입니까?"

• 조금씩 어려운 질문으로 넘어간다. 예를 들면 다음과 같다.

- "여기가 어디죠?", "주위에 뭐가 보이죠?"

- "신고 계신 신발에 대해 말해주세요."

- "지금 들리는 소리에 집중해 보세요. 어떤 소리가 들리세요?"

• 질문에 답을 하기 시작하면 천천히 몸을 움직이게 한다. 그리고 신체적 움직임이 필요한 간단한 과제를 준다.

- 손가락을 움직여 보세요.

- 고개를 돌려보세요.

- 이 종이를 오른손으로 받아 반으로 접어 보세요(그리고 저한테 주세요).

• 심리적 안정화 기법을 활용하라(4단계 "심리적 안정화 기법" 참조).

[위험한 행동을 하는 생존자]

• 논쟁하거나 위협하지 않는다. 차분한 태도를 유지하며 차근차근 말한다.

• 생존자가 어떤 이유로 위험한 행동을 하는지 그 동기를 탐색한다. 위험한 행동이 생존자의 목적을 달성하기 위해 어떤 도움이 되는지, 혹은 방해가 되는지, 그리고 더 나은 대안이 있는지 탐색한다.

• 어떻게 도울 수 있는지 물어보고 최선을 다해 돕겠다는 점을 강조한다.

• 신체적인 수단을 사용하여 생존자를 제지하려고 하지 않는다. 자칫하면 당신이 위험한 상황에 빠질 수 있다. 대신에 경찰이나 의료진에게 도움을 구한다. 지원이 도착할 때까지 생존자를 혼자 두지 않는다.

• 생존자가 친구나 가족에게 도움을 청할 수 있도록 한다.

[약물치료가 필요한 생존자](National Child Traumatic Stress Network and National Center for PTSD, 2006)
• 일반적으로 약물치료는 심리적 응급처치에서 권하지 않는다. 약물치료는 다

른 방법이 모두 효과가 없다고 판단될 때만 고려해야 한다.

- 약물치료는 생존자가 극심한 불안, 공황, 불면증, 자살사고와 같은 증상을 지속적으로 보일 경우 증상을 빠르게 안정시키는 데 도움이 될 수 있다.
- 약물치료를 고려할 때 먼저 생존자의 생각을 알아보아야 한다. 많은 생존자들이 약물을 거부하는데, 이를 존중해야 한다.
- 약물치료의 여부는 전문 의료인이 판단해야 한다. 반드시 해당 전문 의료인에게 연계하라.

마) 5단계-사회적 지지 체계와 연결

사회적 지지 체계는 넓을수록 좋다. 사회적 지지 체계에는 연인, 친구, 배우자, 가족구성원, 자조집단, 정신건강전문가 등이 포함될 수 있다. 생존자를 사회적 지지 체계와 연결하는 방법은 다음과 같다.

- 재난의 회복과정에서 사회적 지지가 얼마나 중요한 역할을 하는지 설명한다.
- 어떻게 하면 다른 사람으로부터 지지를 받을 수 있을지 구체적인 계획을 세우도록 돕는다.
  - 주변에 신뢰할 수 있는 사람은 누구인가?
  - 그 사람과 연락할 수 있는 최선의 방법은 무엇인가?
  - 언제 그 사람에게 연락할 수 있나? 어디서 그 사람을 만날 수 있나? 만날 수 없다면, 달리 이야기 나눌 방법은 무엇인가?
- 사랑하는 사람, 가족, 친구와 자주 대화할 수 있도록 돕는다. 직접 만나기 힘든 대상과는 이메일, 전화 등을 통해 대화할 수 있도록 돕는다.
- 같은 경험을 한 재난생존자들과의 접촉을 격려한다.
- 지역사회의 사회적지지 체계(예: 자조모임, 종교단체)에 대한 정보를 제공하여 지지를 받을 수 있도록 돕는다.

[고립되어 있는 생존자]

• 혼자 있는 생존자에게 특별한 관심을 기울인다.

• 만약에 자살을 생각하고 있다면, 즉시 개입한다. 그리고 전문가의 도움을 구한다([예시 4-2] "자살 위험 수준 평가" 참조).

• 다른 사람과의 접촉을 거부한다면, 다음과 같은 이유에 해당하는지 탐색한다.

- 정서적으로 압도됨

- 자신의 약한 모습을 보이는 것을 꺼림

- 다른 사람과의 접촉이 얼마나 도움이 될지 의심스러움

- 다른 사람의 반응이 두려움(예. 이해받지 못함, 거절당함, 비난받음)

- 다른 사람을 믿지 못하고, 그 사람이 자신을 해칠 것 같다는 두려움

바) 6단계-대처방안에 대한 정보 제공

재난이나 외상을 경험한 생존자들이 경험하는 일반적인 반응에 대해 알려주고, 이러한 반응을 완화시킬 수 있는 대처방안에 대한 정보를 제공한다. 다양한 대처방안 중 생존자가 활용하고 싶은 대처방안을 몇 가지 선택하고, 각 대처방안의 장점과 단점을 탐색한다. 또한 각 대처방안을 활용하는 데 있어 장애물은 없는지 알아본다.

① 생존자들의 일반적인 반응

표 4-2 생존자들의 일반적인 반응

행동적 반응	과도한 흡연, 음주, 음식 섭취, 속이 불편해 식사를 잘 하지 못함, 말하는 것을 귀찮아 함, 잠을 깊게 잘 수가 없음, 계속 잠이 쏟아짐 (많이 자도 피곤이 풀리지 않음), 호흡곤란, 쉽게 화를 내거나 흥분함, 다른 사람을 믿지 못하고 갈등이 생기며 과도하게 간섭함, 타인과의 논쟁/신체적 싸움이 잦음, 나이에 맞지 않는 행동(예: 오줌 싸기, 드러눕기, 떼 쓰기, 징징 대기), 반복적, 목적 없는 행동, 자신을 통제하지 못하고 충동적 행동을 보임, 혼자 있

	는 것을 두려워함. 분리불안을 보임
감정적 반응	슬픔/눈물, 친밀감을 느낄 수 없음, 외로움/고독감, 절망감/무기력감, 예민/분노, 불안/초조/안절부절, 죄책감/수치심, 심리적 무감각, 감정기복이 심함
신체적 반응	두통, 복통, 근육통증, 속이 더부룩하고 소화가 안 됨, 구토, 신체부위의 떨림, 깜짝 놀라는 반응, 어지러움, 극심한 피로
인지적 반응	악몽, 환각(환청, 환시, 환촉), 현실부정/도피, 피해망상, 강박적 사고, 자기비하, 세상에 대한 원망, 버림받았다고 생각, 의사결정 능력상실, 기억력 손상

② 도움이 되는 대처방안

- 충분한 휴식과 균형 잡힌 식사

- 일정한 취침과 기상시간

- 가능한 그 전의 일상생활을 유지하고 변화를 최소화함

- 큰 결정은 차후로 미루기

- 우선순위 리스트 작성하기([그림 4-2]): 일의 우선순위를 정하고 순위가 가장 높은 것부터 하나씩 처리함

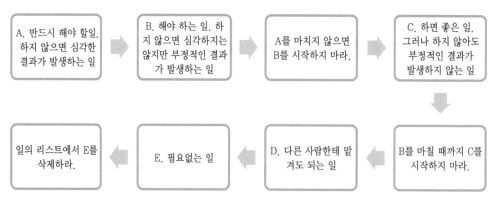

그림 4-2 우선순위 리스트 작성하기

- 믿을 수 있는 사람과 대화하기
- 스스로에게 위안되는 말하기(예: '지금의 감정은 정상적인 것이야.' '시간이 지나면 나아질거야.' '나는 잘 하고 있어.')
- 긴장을 풀 수 있는 활동하기(예: 깊은 호흡, 명상, 점진적 이완, 가벼운 운동, 일기쓰기, 마음을 진정시키는 음악듣기, 가벼운 독서)
- 기분전환을 위한 활동: 즐거운 일을 하면서 기분 전환하기
- 과거에 힘들었던 기억을 떠올려보고, 그 때 기분 전환에 도움이 되었던 행동들을 다시 해보기

③ 도움이 되지 않는 대처방안
- 당장의 고통을 잊기 위해 술을 마시는 것은 문제를 악화시킨다.
- 담배는 건강을 해치며 숙면에 방해가 된다.
- 처방전이 필요하지 않는 약은 최대한 피한다.
- 과식을 하거나 식사를 자주 거르는 등의 식사습관은 몸과 마음의 건강을 유지하는 것을 어렵게 한다.
- 위험하거나 공격적인 행동은 문제를 악화시킨다.
- TV나 컴퓨터 게임은 잠시나마 고통을 잊는 데 도움이 되지만, 장기적으로 피로와 불안을 초래한다.
- 일상생활을 다시 시작하되, 지나치게 일에 몰두하는 것은 금물이다.
- 자기비난이나 타인비난은 부정적인 사고과 정서를 악화시킨다.
- 혼자만의 시간이 필요하면 잠시 혼자 있는 것도 도움이 된다. 하지만 하루종일 혼자 있는 것은 좋지 않다. 매일 어느 정도의 시간은 다른 사람과 보낸다.

④ 분노 조절 방법

재난이나 트라우마 사건을 경험한 후 분노의 감정을 느끼는 것은 지극히 정상적인 일이다. 다만 이런 분노의 감정이 일상생활에 어떠한 영향을 미치는지 살펴본다. 지나친 분노는 다른 이차적 문제(예: 직장생활, 부부관계)를 초래할 수 있다. 생존자들에게 안내할 수 있는 분노 조절 방법은 다음과 같다.

- 감정을 참으면 오히려 해가 된다는 점을 명심한다.
- 믿고 의지할 수 있는 사람에게 분노의 감정을 털어놓는 것이 좋다.
- 일기를 통해 자신의 감정을 표현하도록 격려한다.
- 화를 진정시키는 방법을 활용한다(예: 명상, 호흡, 구구단 외우기, 편안하고 즐거운 상상하기, 근육이완).
- 신체적 활동(예: 조깅, 산책, 팔굽혀펴기)으로도 분노의 감정을 표현할 수 있다.
- 편안한 마음으로 할 수 있는 활동(예: 음악듣기, 독서, 명상, 그림 그리기)으로 마음을 진정시킨다.

⑤ 수면문제 해결방법

- 취침시간과 수면시간을 규칙적으로 지킨다. 지난 밤 늦게 잠이 들었어도 다음날 같은 시간에 일어나도록 노력한다.
- 잠이 안 올 때 억지로 누워 있지 않는다. 대신 긴장을 풀어주는 음악이나 명상, 이완 기법들을 연습한다.
- 침대에서는 잠만 자는 것이 좋다. 침대에서 다른 활동을 하는 것은 수면에 방해가 된다.
- 술은 숙면에 방해가 된다.

- 담배는 말초신경을 자극하여 숙면에 방해가 된다.
- 잠들기 전에는 자극이 덜 되는 가벼운 음식을 먹고 카페인을 피한다.
- 저녁이나 밤에 적당히 운동을 한다.
- 지루한 책을 읽거나 과제를 한다.

사) 7단계-추가적으로 필요한 지원 서비스에 연계

① 생존자가 필요로 하는 서비스가 무엇인지 파악하고 해당 서비스를 받을 수 있도록 돕기

추가적으로 필요한 지원 서비스 파악(재난의 유형, 강도, 지역, 생존자의 특성에 따라 다양한 지원 서비스가 제공될 수 있다.)

- 의료 서비스
- 상담 서비스
- 지역사회 서비스
- 경제 서비스
- 취업 서비스

생존자가 이용 가능한 지역사회 자원을 세부적으로 파악한다.

외부기관 연계 시, 어떤 절차를 밟아야 하는지 세부적으로 알아보고 생존자가 불편 없이 방문하여 필요한 도움을 받을 수 있도록 한다.

개입이 즉시 이루어지도록 외부기관의 전문가와 충분히 의사소통을 한다.

지원 서비스가 추가적으로 필요하다고 생각되면, 생존자와 그의 가족들을 설득한다. 서비스가 왜 필요한지 어떻게 도움이 될 것인지 충분히 설명한다. 물론 최종 결정은 생존과의 그의 가족들에게 달려 있으므로 그들의 의견을 존중한다.

② 전문 상담이 필요한 경우

재난에 대한 스트레스 반응은 누구에게나 나타날 수 있는 자연스럽고 정상적인 반응이다. 또한 직접적으로 재난을 경험한 당사자뿐만 아니라 간접적으로 재난을 경험한 생존자의 주변 사람들, 그리고 일반 국민들에게도 나타날 수 있다. 특히, 재난이 발생한 후 몇 주간은 심각한 스트레스 반응을 경험할 수 있다. 그러나 대부분의 사람들은 인간이 가지고 있는 자연회복력으로 인해 시간이 지나면서 정상적인 기능을 회복한다. 생존자가 재난을 경험하고 시간이 지나도 스트레스 반응이 지속되고 사건이 계속적으로 떠올라 일상생활을 수행하기 어렵다면, 전문가를 찾아 상담을 받을 필요가 있다.

2) 심리적 응급처치 지침
가) 심리적 응급처치의 기본지침

다음은 재난심리요원이 명심해야 하는 심리적 응급처치의 기본지침이다. 여러 학자들과 기관에서 발행한 매뉴얼에 제시된 내용을 요약, 수정한 것이다(예: ational Child Traumatic Stress Network and National Center for PTSD, 2006; WHO, 2011; 권정혜 등, 2014; 소방방재청, 2013; 안현의, 2008).

- 심리적 응급처치의 기본 목적은 생존자의 안전을 도모하고, 초기의 충격을 완화하여, 생존자가 일상생활로 돌아가도록 돕는 것임을 명심한다.
- 도움을 필요로 하는 생존자를 적극적으로 찾는다. 생존자에게 먼저 다가가 도움이 필요한지 물어보고 자연스럽게 관계를 형성해야 한다. 물론 도움을 원하지 않는 생존자에게 도움 받길 강요해서는 안 된다.
- 생존자를 병리적으로 평가하거나 진단하지 않는다. '증상'이나 '장애'와 같

은 단어를 사용하지 않는다. 생존자가 보이는 반응은 지극히 자연스러운 것이며, 대부분 시간이 지나면서 나아질 것이라는 사실을 잊지 않는다.

- 생존자의 나이, 성별, 교육수준, 정치성향에 관계없이 공평하게 그들을 대한다. 다만 생존자의 연령과 성별에 따라 적절하게 대화하는 것이 중요하다.
- 재난 현장에서는 예상치 못한 일들이 발생한다. 상황에 맞게 유연하게 대처하는 것이 중요하다.
- 단독으로 심리적 응급처치를 실행하지 않는다. 공인된 단체를 통해 혼자보다는 다른 재난심리요원과 짝을 지어 활동하는 것이 좋다.
- 자신에게 주어진 역할과 한계를 명확하게 인식한다. 재난심리요원은 전문상담가의 역할을 하는 것이 아니며, 심리적 응급처치는 전문 심리치료가 아니다. 자신의 능력을 과대평가하지 말고, 자신의 역할과 한계를 넘는 경우에는 즉시 해당 전문가에게 자문을 구해야 한다.
- 재난 현장을 관리하는 책임자의 지시를 따르라. 중요한 일을 단독으로 결정하지 마라. 재난 현장에서는 무엇보다도 팀워크가 중요하다.
- 재난심리요원 자신의 건강관리를 등한시하지 마라. 심리요원의 역할은 많은 신체적, 심리적 에너지를 요구한다.

나) 심리적 응급처치의 행동지침

(1) 찾고(Find), 듣고(Listen), 제공하라(Provide)!

이는 WHO(2011)가 개발한 '심리적 응급처치: 현장실무자들을 위한 가이드'의 내용을 수정, 보완한 내용이다.

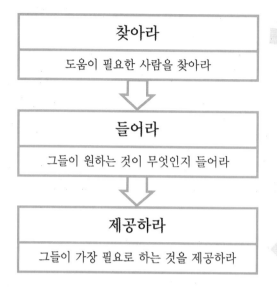

그림 4-3 **WHO(2011)의 심리적 응급처치 행동지침**

- 찾아라(FIND)

재난 현장은 긴급하게 돌아가기 때문에 지속적, 적극적으로 현장의 상황을 살펴야 한다. 구체적으로 다음의 사항을 관찰한다.

· 주변에 남아 있는 위험 요소는 없는가?(예: 불안정한 빌딩, 불씨)

· 위험에 노출되어 있는 생존자는 없는가?

· 생존자에게 긴급하게 제공되어야 하는 것은 무엇인가?(예: 음식, 물, 의복, 담요)

· 현장의 위생 상태는 어떠한가?

· 긴급하게 의료지원이 필요한 사람은 없는가?(예: 심각한 부상을 입은 사람, 통증을 호소하는 사람)

· 강렬한 정서적 반응을 보이는 사람은 없는가?(예: 화를 내고 있는 사람, 오

열하고 있는 사람)

- 혼자 고립되어 있는 사람은 없는가? 특히 보호자와 분리된 아동은 없는가?
- 가족인 지인의 사망 소식을 접한 사람은 없는가?
- 자살을 생각하는 사람은 없는가?
- 다른 사람에게 위험한 행동을 하려는 사람은 없는가?
- 가장 고통스러워하는 사람은 누구인가? 시급하게 도움을 필요로 하는 사람은? 그들이 누구인지 파악하고 접근하는 것이 중요하다.

• 들어라(LISTEN)

도움이 필요한 사람에게 먼저 다가가라(2단계 "생존자와 첫 접촉 & 안전확인" 참조). 생존자에게 필요한 우선순위를 정할 수 있도록 도와라. 생존자가 심리적 고통을 호소하면, 그들의 고통을 함께 나누고 심리적 안정감을 찾을 수 있도록 돕는 것이 중요하다(4단계 "심리적 안정화 기법" 참조).

• 제공하라(PROVIDE)

생존자가 가장 필요로 하는 것을 제공하라. 일반적으로 생존자들이 필요로 하는 것은 다음과 같다.

- 기본 욕구와 관련된 실질적인 지원(휴식처, 식수, 식량, 담요, 옷, 화장실)
- 의료적 지원
- 사랑하는 사람, 가족, 친구와의 접촉
- 종교와 관련된 지원

또한 생존자에게 필요한 다음과 같은 정보를 제공하라.

- 안전에 대한 정보(예: 더 이상의 위험요소는 없는가?)
- 재난 상황 경과(예: 재난의 상황이 언제 끝나는지?)
- 가족과 이웃을 포함한 인적 피해 상황
- 실종자 구조현황
- 필요한 지원을 받을 수 있는 방법
- 생존자들이 일반적으로 경험하는 스트레스 반응(6단계 "대처방안에 대한 정보 제공" 참조)
- 스트레스 대처방안(6단계 "대처방안에 대한 정보 제공" 참조)

다) 생존자와 대화할 때 중요지침

- 생존자에게 다가가기 전에 먼저 살핀다. 다가가는 것이 무례하거나 방해가 되지 않는다고 판단되면 생존자에게 접근한다. 물, 음식, 옷, 담요와 같은 실질적인 도움을 제공하면서 자연스럽게 첫 접촉을 시도한다.
- 이름과 소속을 밝히고 말을 걸어도 되는지 허락을 구한다.
- 생존자가 외면하거나 대화하길 거부하면, 언제든지 (생존자가 원하면) 다시 돌아 올 수 있음을 알린다.
- 생존자가 대화를 거부하지 않으면 어떻게 도울 수 있을지 질문한다.
- 지금 당장 생존자가 필요로 하는 것이 무엇인지 살펴본다.
- 자신이나 타인을 해칠 위험이 있는지 탐색하고 이에 대한 즉각적인 조치를 취한다.
- 비밀보장을 위해 최소한의 개별공간을 확보하고 가능한 앉아서 대화한다.
- 차분하게, 천천히 말한다. 간단하고 구체적인 표현을 사용한다.
- 전문용어나 약어를 사용하지 않는다.
- 정확한 정보만 제공한다. 모르는 것은 모른다고 인정하고 해당 정보를 구

하도록 노력한다.

- 심리적 충격으로 인해 생존자들의 주의집중력과 기억력이 저하될 수 있다. 정보를 제공할 때 앞부분에 중요한 내용을 제시한다. 한번에 많은 정보는 혼란을 초래하므로, 중요한 내용은 여러 번 반복한다.

- 생존자가 자신의 이야기를 할 수 있도록 충분한 시간을 준다.

- 생존자의 이야기를 편견이나 판단 없이 공감하며 경청한다.

라) 특별한 관심이 필요한 생존자

현장에서 특별한 관심이 필요한 생존자들은 다음과 같다.

- 영, 유아, 특히

  - 부모나 보호자랑 떨어져 있는 경우

  - 부모나 보호자가 사망한 경우

  - 부모나 보호자가 심하게 다치거나 실종된 경우

- 심각한 부상을 입은 생존자

- 재난 이전부터 신체적으로 허약했던 생존자

- 재난 이전부터 심각한 심리적 문제가 있던 생존자

- 충동성이 높은 생존자

- 신체적 장애가 있는 생존자

- 약물 남용의 문제가 있는 청소년이나 성인

- 임산부

- 이전에 다른 재난이나 외상을 경험한 생존자

마) 심리적 응급처치 연습

아래의 상황에서 재난심리요원이 어떻게 행동하는 것이 가장 적합한지 고르시오.

시나리오 1

집중호우로 인해 한 마을이 침수되었고 주민들은 초등학교로 대피하였다. 당신은 재난심리요원으로 주민들이 대피해 있는 초등학교에 파견되었다.

문제 1) 초등학교 강당을 돌아다니다 혼자 울고 있는 20대 여성을 발견하였다. 당신은 이 여성에게 어떻게 다가가겠는가?

① 안녕하세요. 저는 xx에 소속되어 있는 oo입니다. 전 늘 재난생존자들을 돕고 싶었어요. 이렇게 만나뵙게 돼서 반갑습니다.

② 안녕하세요. 저는 xx에 소속되어 있는 oo입니다. 혼자 계신 걸 봤는데, 잠시 이야기 나눠도 될까요? 혹시 물 필요하신가요?

③ 안녕하세요. 제 이름은 oo입니다. 필요하신 걸 말씀하시면 다 도와드릴게요.

-정답: ②. 자신의 욕구가 아닌 생존자의 욕구를 우선시해야 하기 때문에 ①은 정답이 아니다. 또한 필요한 모든 걸 도와 드리겠다는 것은 현실적으로 가능하지 않기 때문에 ③은 정답이 아니다. "가능한 도와드리도록 노력하겠다."라고 말하는 것이 좋다.

문제 2) 20대 여성은 당신이 건네준 물을 받으며 감사의 인사를 하지만 자신은 지금 혼자 있고 싶으니 도움이 필요한 다른 사람들에게 가 보라고 말한다. 이 때 당신은 어떻게 반응하겠는가?

① 네. 그렇지만 혼자 울고 계신 걸 봤어요. 아무래도 누군가가 필요한 거 같아요. 다른 사람들한테는 이따 가 봐도 되니 여기 있을게요.

② 네. 알겠습니다. 감사합니다.

③ 네. 알겠습니다. 지금 혼자 있고 싶은 마음 이해할 수 있을 거 같아요. 저

와 같은 일을 하는 사람들은 oo색 옷을 입고 있어요. 혹시 나중에 이야기 하고 싶으시면 언제든지 알려주세요.

-정답: ③. 모든 생존자들이 도움이 필요한 것은 아니다. 그들의 의견을 존중 하되 나중에 도움 받을 수 있다는 점을 알려준다.

시나리오 2

대형건물의 붕괴로 인해 수십 명이 사망하고 실종되었다. 실종자의 가족들은 지역 체육관에 머물며 수색상황을 지켜보고 있다.

문제 1) 실종 가족 중 한 명이 당신에게 다가와 의사가 처방해 준 약물(수면진 정제 졸피뎀)이라며 이 약을 먹어도 되는지 물어본다. 이 때 당신은 어떻게 반응하겠는가?

① 이 약은 수면진정제에요. 전혀 걱정하지 않으셔도 됩니다.

② 물론 이 약에 부작용이 있을 수 있습니다. 하지만 지금은 주무시는 게 중 요하니 약을 드세요.

③ 이 약물에 대해 잘 아는 전문가를 찾아드릴게요. 그분이 궁금해 하시는 점 을 대답해 드릴 거예요.

- 정답: ③

문제 2) 실종자 가족 가운데 12세 정도로 보이는 소녀가 혼자 앉아 있다. 소 녀는 매우 겁에 질려 있는 것처럼 보였다. 당신이 소녀에게 말을 걸 자 소녀는 엄마가 없어져서 아버지와 함께 체육관에서 머물고 있다고 했다. 그런데 아버지도 본 지 3시간이 넘었다고 했다. 이 때 당신은 어떻게 반응하겠는가?

① 혼자 있어서 무서웠겠구나. 내가 너와 있어줄게.

② 혼자 있어서 무서웠겠구나. 밥은 먹었니? 내가 너희 아버지를 찾을 수 있도록 도와줄게. 나랑 저기 있는 분들에게 가서 상황을 설명하자.

③ 혼자 있어서 무서웠겠구나. 밥은 먹었니? 저기 있는 분들이 너의 아버지를 찾을 수 있도록 도와줄 수 있어. 저 분들에게 가서 상황을 설명하렴.

- 정답: ②. 식수, 식량과 같은 구체적인 도움을 제공하는 것이 중요하다.

- 설명: 겁에 질려 있는 소녀에게 상황을 설명하게 하는 것은 바람직하지 않으므로 ③은 정답이 아니다.

문제 3) 겁에 질린 소녀의 아버지를 찾았다. 아버지는 실종된 부인을 찾느라 정신이 없었다. 딸을 집에 보내고 싶은데 집에 아무도 없는 상황이라고 했다. 이 때 당신은 어떻게 반응하겠는가?

① 지금 따님은 겁에 질린 상태라 혼자 두는 것은 위험할 수 있어요. 따님과 함께 있을 수 있는 사람이 있나요?

② 이해합니다. 따님이 매우 힘들어 하고 있으니 집으로 보내는 게 좋을 거 같습니다.

③ 지금 따님은 겁에 질린 상태라 혼자 두는 것은 위험할 수 있어요. 지금 부인을 찾는 것만큼 따님을 챙기는 것도 중요합니다.

- 정답: ①. 현장에서는 아버지가 소녀를 돌봐줄 수 없는 상황이다. 따라서 소녀를 돌봐 줄 사람을 찾도록 도와주는 것이 중요하다.

- 설명: 부인을 애타게 찾는 아버지의 마음을 공감해야 하므로 ③은 정답이 아니다.

문제 4) 한 생존자의 가족이 당신에게 다가가 "언제쯤 모든 실종자들이 구조될 수 있을까요?"라고 묻는다면 당신은 어떻게 반응하겠는가?

① 구조팀이 밤낮으로 구조작업을 하고 있습니다. 하지만 언제 모든 실종자들이 구조될 수 있을지는 알 수 없는 상황입니다.

② 많이 힘드시죠? 시간이 다 해결해 줄 겁니다.

③ 글쎄요. 누가 알겠습니까? 너무 성급하게 생각하시면 안 될 것 같습니다.

- 정답: ①. 모르는 내용은 솔직하게 인정하고 아는 사실만 알린다.

- 설명: 생존자 가족의 애타는 마음을 평가하거나 막연한 위로는 도움이 되지 않으므로 ②와 ③은 정답이 아니다.

시나리오 3

기차 사고로 많은 사람들이 부상을 입고 응급실에 실려가 치료를 받고 있는 상황이다. 당신은 재난심리요원으로 응급실에 파견되었다.

문제 1) 친구를 두고 혼자 기차에서 빠져 나왔다며 자책하는 생존자에게 당신은 어떻게 반응하겠는가?

① 자책하는 건 도움이 되지 않습니다. 그 친구는 반드시 무사히 구조될 것입니다.

② 너무나 큰일을 겪으셨어요. 이렇게 무사히 빠져 나오셔서 정말 다행입니다. 지금 많이 힘드시죠?

③ 이것도 잠시입니다. 시간이 지날수록 고통은 사라질 겁니다.

- 정답: ②. 생존자가 자신의 감정을 토로할 수 있도록 격려하는 것이 중요하다.

- 설명: 비현실적인 기대를 갖게 하거나 막연한 위로는 도움이 되지 않으므로 ②와 ③은 정답이 아니다.

문제 2) 생존자들에 대한 구조조치가 너무 미흡하다며 화를 내고 있는 생존자에게 당신은 어떻게 반응하겠는가?

① 충분히 화가 나시는 걸 이해합니다. 하지만 이렇게 화를 내는 건 어떤 도

움도 되지 않아요.

② 일단 진정하세요. 심호흡을 크게 해 보세요. 그러면 마음이 진정될 거예요.

③ 화가 많이 나신 거 같은데 구체적으로 구조작업에 어떤 문제가 있는지 말씀해주실 수 있을까요?

- 정답: ③. 공감적 반응이 가장 적합하다. 그리고 화가 난 생존자에게는 구체적인 질문이 중요하다. 먼저 생존자의 감정을 들어주고 어떤 서비스가 필요한지 물어보는 것이 좋다.

- 설명: 화가 난 생존자에게 진정하라는 것은 분노를 더 심화시킬 수 있다. 따라서 ②는 정답이 아니다.

문제 3) "자꾸 사건 당시의 상황이 떠올라서 잠을 잘 수가 없어요. 술을 좀 마시면 잘 수 있을 거 같은데, 술 좀 구해 주실 수 있으세요?"라고 말하는 생존자에게 당신은 어떻게 반응하겠는가?

① 잠을 못 주무셔서 많이 힘드시죠? 술 보다는 일단 조용한 곳을 찾아 휴식을 취할 수 있게 도와드릴게요. 그러면 좀 주무실 수 있을 거예요.

② 술을 마신다고 달라지는 건 아무것도 없어요.

③ 이럴 때 일수록 술을 자제하는 것이 중요합니다.

- 정답: ①. 공감적 반응과 함께 수면의 어려움을 도와 줄 수 있는 조치를 취한다.

문제 4) 호흡의 어려움을 호소하는 생존자에게 당신은 어떻게 반응하겠는가?

① 일단 조용한 장소로 생존자를 옮기고 자세를 (반)좌위로 취하게 한다. 그래도 호흡의 어려움을 호소하면 비닐봉지나 종이봉투를 입에 밀착시켜 숨을 쉬게 도와준다.

② 이런 신체적 반응들은 정상적인 것이라고 위로한다.

③ 조금만 참으면 다 괜찮아질 거예요.

-정답: ①. 이런 반응들이 정상적인 것이라고 말하는 것은 적절하지만 아무런 조치를 취하지 않는 것은 옳지 않다. 따라서 ②는 정답이 아니다.

문제 5) 어머니가 사고로 사망했다는 소식을 들은 20세의 아들에게 당신은 어떻게 반응하겠는가?

① 어머니는 좋은 곳으로 가셨을 겁니다.

② 신은 우리가 감당할 수 있을 만큼의 고난만 주십니다.

③ 지금 어머니에 대해 생각하는 건 도움이 되지 않습니다. 다른 얘기를 해 보면 어떨까요?

④ 뭐라 말씀 드려야 할 지 모르겠습니다. 가족을 잃는 슬픔이 어떨지…

- 정답: ④ 공감의 반응이 가장 적절하다. 아들의 종교적 배경에 대해 모르는 상태에서 신에 대해 언급하는 것은 옳지 않다. 먼저 "종교가 있으신가요? "혹시 종교적 조언이 필요하신가요? 물어보고 적절하게 조치하는 것이 중요하다.

문제 6) 기차에서 무사히 빠져 나온 생존자. 그러나 충격으로 인해 어떻게 빠져 나왔는지 기억을 하지 못한다. 이런 생존자에게 당신은 어떻게 반응하겠는가?

① 시간이 지나면 오히려 더 기억이 안 나요. 생각해 보도록 노력해 보세요.

② 자. 진정하시고. 저를 바로 쳐다보세요. 그리고 무슨 일이 있었는지 천천히 얘기해 보세요.

③ 지금 많이 힘들어서 기억이 안 날 수 있어요. 무리하실 필요 없어요.

- 정답: ③.

- 설명: 무리하게 재난 사건에 대해 기억하게 하는 것은 적절하지 않다.

화재로 인해 많은 사무실들이 모여 있는 대형건물이 타는 사고가 났다. 이로 인해 많은 사람들이 부상을 입고 병원에 실려갔다. 미처 빠져나오지 못한 실종자들을 구조하기 위한 작업도 진행 중인 상황이다. 그리고 화재 사고가 난 2주 후, 당신은 재난심리요원으로 병원에 파견되었다.

문제 1) "자꾸 손/몸이 떨리고 땀이 나요. 다친데도 없는데 왜 이런 증상이 나타나죠?"라고 물어오는 생존자의 가족에게 당신은 어떻게 반응하겠는가?

① 큰 사고를 겪은 가족을 지켜보면서 이러한 증상이 나타날 수 있어요. 많이 걱정되시겠지만, 지극히 자연스러운 증상이에요.

② 증상을 완화시켜 줄 약을 먹어보는 건 어떨까요?

③ 물 좀 드실래요? 이럴 땐 그냥 딴 생각을 하려고 노력하는게 최고에요. 그러면 다 좋아질 거예요.

-정답: ①. 약물치료는 극심한 불안, 공황, 불면증, 자살사고와 같은 심각한 증상을 지속적으로 보일 경우 증상을 빠르게 안정시키는데 도움이 될 수 있다. 하지만 경미한 생리적 반응은 정상적인 스트레스 반응으로 약물치료를 권하는 것은 좋지 않다(다만 이러한 증상이 지속되고 심각해지면 약물치료를 고려 할 수 있다). 따라서 ②는 정답이 아니다. 또한 다른 생각을 하도록 격려하는 것은 좋지만 먼저 생존자의 가족이 걱정하는 증상에 대해 반응하는 것이 좋다. 따라서 ③은 정답이 아니다.

문제 2) 병원에 누워 있으며 죄책감으로 몸을 가눌 수 없고 악몽을 꾸는 생존자가 있다. 방안에 가만히 앉아 있는데도 누군가 자신의 옷을 부여잡으며 '살려달라'고 외치는 것 같아 놀랄 때가 많다. 10층에서부터 더듬어 내려오며 뿌리친 이들, 엉엉 울고 있던 사람들, 건물 안에서 '얼른 나가자'고 소리쳤을 때 가만히 앉아 있던 사람. 그들도 살아나왔는지 알 수가 없어 답답하다. 이런 생존자에게 당신은 어떻게 반응하겠는가?

① 그 동안 죄책감 때문에 많이 힘드셨죠? 이렇게 마음속에 담아 둔 얘기를 해 주셔서 감사합니다.

② 결국 모두가 피해자 아닐까요? 그런 죄책감은 당신을 힘들게만 할 뿐이에요.

③ 좀 더 구체적으로 얘기 해 보세요. 사고 현장에서 특히 생각나는 사람이 있나요? 그 사람은 어떻게 생겼어요?

-정답: ①. 마음속에 담아두었던 말과 감정을 털어놓을 수 있도록 공감 반응을 하는 것이 가장 적절하다.

-설명: 괴로워 하는 기억에 대해 너무 자세히 물어보는 것은 이차 외상을 불러 일으킬 수 있다. 따라서 ③은 정답이 아니다. 또한 ②와 같은 막연한 위로나 생존자의 감정을 평가하는 듯한 반응은 도움이 되지 않는다.

바) 연령에 따른 심리적 응급처치

WHO와 National Child Traumatic Stress Network와 National Center for PTSD 등 미국의 심리적 응급처치 매뉴얼에 따르면, 연령에 따라 재난이나 트라우마 사건 상황에서 사람들이 보이는 반응이 다르다. 따라서 연령에 따라 필요한 도움이 다를 수 있다. 아래의 내용은 미국에서 개발한 재난심리매뉴얼과 한국심리학회 재난심리위원회에서 개발한 아동의 심리적 외상에 대한 부모/교사용 가이드와 재난 이후 회복을 향해 나아가기−부모를 위한 안내서를 참조하였다.

(1) 영아(0~2세)

영아나 유아는 스스로 기본적인 욕구를 충족시키거나 감정을 표현하는데 미숙하기 때문에 특별한 도움이 필요하다. 영아도 어른처럼 심리적 쇼크 반응을 경험할 수 있다는 점을 명심한다.

(가) 수면
- 수면과 기상 시간을 가능한 규칙적으로 한다.
- 매일 아이에게 수면과 기상시간을 알려주고 그것을 지키도록 도와준다.
- 아동에게 안전하다는 사실을 알려준다.
- 당신이 곁에서 지켜줄 것이라는 점을 알려준다. 아동은 자신이 안전하다고 생각할수록 원활하게 수면을 취할 수 있다.

(나) 식사
- 아동이 음식을 잘 먹지 못한다고 너무 걱정할 필요는 없다.
- 일반적으로 아동의 스트레스 수준이 낮아지면, 원래의 식욕과 식사습관이 나타날 것이다.
- 강제로 먹이는 것은 좋지 않다.
- 식사시간을 즐겁게 만든다.
- 아동이 좋아하는 사람과 같이 식사할 수 있게 한다.
- 식사시간에 아이가 좋아하는 노래를 틀거나 장난감과 놀게 한다.
- 어린 아이들은 규칙적인 식사를 하기보다는 시시때때로 먹는 경향이 있다. 아동의 주변에 건강한 간식을 배치해둔다.
- 만약 아동의 체중이 지나치게 감소하거나 식사거부가 지속된다면, 의사를 방문해 보는 것이 좋다.

(다) 배변훈련
- 강제로 시키지 않는다.
- 비판적 표현은 삼간다. 당신이 비판적이면 아이의 불안과 스트레스가 높아질 수 있다.
- 결과보다는 과정을 칭찬한다.

- 아동이 노력했다는 점을 칭찬한다.

- 이번에는 실수했지만 지난번에는 잘했다는 점을 강조한다.

- 아동이 이해, 수용, 사랑, 지지받고 있다는 점을 알게끔 많이 표현한다.

- 아동의 스트레스 수준이 낮아지면 원래의 기능으로 회복할 것이다.

(라) 안전에 대한 걱정

- 이제 모두 안전하다는 사실을 반복적으로 알려준다.

- 아동이 좋아하는 놀이를 함께 하며 즐거운 생각을 많이 할 수 있게 한다.

- 만약 지금 당장 안전하지 않다면, 모두가 안전해지도록 최선을 다해 노력하고 있다는 점을 알려준다.

(마) 부모와 떨어져 있는 것을 무서워함

- 당분간은 아동의 곁에 계속적으로 머무른다.

- 부모가 아동과 어쩔 수 없이 잠시 떨어져 있어야 할 때는(예: 장을 보거나 화장실에 감), 아동의 감정을 알아주고 부모가 아동을 사랑하며 지금 헤어짐은 잠시일 뿐이라는 점을 강조한다.

- 부모가 아동에게 직접 이야기할 경우, "그래 알아. 엄마랑 떨어지기 싫은 거 충분히 이해해. 저번에 엄마가 어디 있는지 몰라서 많이 무서웠지? 근데 이번에는 달라. 엄마 곧 돌아올 거야."

- 부모와 아동이 장시간 떨어져 있어야 한다면, 아동이 친밀하게 느끼는 사람과 함께 있게 한다.

- 부모는 아동에게 부모가 왜, 어디를 가며, 언제 돌아올 것인지 알려준다.

- 부모는 떨어져 있는 동안 부모가 아동을 많이 생각할 것이며, 보고 싶을 것이라고 얘기한다. 이런 말을 여러 번 반복해서 하는 것이 좋다.

(바) 위험한 행동

- 안전이 최선이다. 침착하게 아이를 제지한다.

- 아동의 행동이 얼마나 위험한 것인지 알리고, 다시는 그런 행동을 해서는 안 된다고 단호하게 말한다.

(사) 과잉행동

- 아동의 '불안한 에너지'를 표출 할 수 있는 활동을 하게 한다(예: 공 던지기, 스트레칭, 뛰기, 책 읽기, 그림 그리기).
- 원래 활동적인 아동이었다면, 아이가 좋아하는 활동을 할 수 있도록 제지하지 말고 격려한다.

(아) 떼쓰기

- 평소보다 아동의 떼쓰기를 참아줘야 한다. 야단치지 말고 사랑으로 받아준다.
- 평소에는 그렇지 않다 하더라도 지금은 특수한 상황이다. 만약 아동이 소리를 지르며 울음을 터뜨린다면, 아동의 곁에 머물면서 '괜찮아. 내가 옆에 있을 거야. 걱정하지 마.' 등의 말로 아동을 안정시킨다.
- 많이 포옹하고 보듬는다.
- 떼쓰기가 너무 과도한 수준이 되거나 심해지면, 무조건 참지 말고 허용되는 선을 정해서 알려준다.

(자) 때리기

- 아동이 이런 행동을 할 때마다 예외 없이 일관되게 그런 행동은 좋지 않는 행동이라는 점을 주지시킨다.
- 아이의 손을 잡고, 아이를 앉혀라. "그렇게 때리는 거 아냐. 그건 위험한 거야. 누가 다칠 수도 있어."

(차) 아무것도 하지 않으려고 함

- 당신이 아동을 얼마나 사랑하는지 알려준다.
- 아동이 어떤 기분일지 추측해보고, 그럴 수 있다는 점을 강조한다(예: "너무 슬퍼서 아무것도 하고 싶지 않는 거지? 괜찮아. 충분히 그럴 수 있어. 내가 옆에 있어줄게.")
- 아이가 좋아하던 활동이나 좋아하던 사람과 시간을 보낼 수 있도록 한다.

(카) 늘 무언가를 무서워함

- 당신이 아동을 보호하고 있다는 점을 강조한다.

- 시끄러운 소음이나 혼란으로부터 아이를 멀리한다.

(타) 많이 욺
- 아동이 마음껏 자신의 감정을 표현하도록 허용한다.
- 아동이 왜 우는지 물어본다(예: "엄마는 니가 얼마나 슬픈지 알거 같애. 정말 많은 일이 있었지?").
- 아동의 곁에 머물며 아이에게 많은 관심을 가져줘라. 가능한 많은 시간을 같이 보낸다.
- 아동이 기대할 수 있는 일을 만든다.
- 아동이 많이 울면 부모는 지칠 수 있다. 아이가 잠들면 당신의 기분에도 주의를 기울인다.

(파) 없어진 물건에 대한 그리움
- 아동이 마음껏 자신의 감정을 표현하도록 허용한다.
- 가능하다면, 없어진 물건을 대신할 물건을 찾는다.

(2) 유아(2~6세)

(가) 혼자 있음
- 가능한 아동을 보호자와 함께 있게 한다.
- 아동이 보호자와 헤어진 경우, 아동보호기관이나 시설과 연결시켜라. 혹은 아동을 돌봐 줄 수 있는 친척이나 이웃의 연락처를 찾아라. 아동을 혼자 두어서는 안 된다.

(나) 소극적이고 조용해짐
- 당신이 아동을 포함한 가족 구성원 모두를 보호할 것이라는 점을 강조해라.
- 재난 사고에 대한 그림을 그리거나 다른 활동을 함으로써 자신의 감정을 표현하도록 한다. 단, 활동에 참여하는 것을 강요해서는 안 된다.
- 아동의 나이에 맞는 놀이를 하고 관심거리에 대한 대화를 나눈다.

- 신체적 접촉을 많이 한다.
- 아동에게 선택권을 준다(예: "어떤 옷을 입고 싶니?", "무엇을 먹고 싶니?", "뭐하고 놀래?"). 이를 통해 아동은 자신이 존중받고, 사랑받고 있다고 느낄 것이다.

(다) 늘 불안, 초조, 무서워함
- 가능한 아동의 앞에서 침착한 태도를 유지한다.
- 당신 자신의 불안/두려움/초조함을 표현하지 않는다.
- 다른 사람과 얘기할 때도 아동이 당신의 불안/두려움/초조함을 우연히 듣지 않도록 조심한다.
- 아동에게 계속적으로 말해준다. "이제 우리 가족은 안전해. 그리고, 많은 사람들이 우리의 안전을 위해 힘쓰고 있어. 그러니 걱정하지 마."
- 잠시 자리를 비워야 한다면 아동에게 어디를 가는지, 언제까지 돌아올 건지, 누가 곁에 있을건지 알려준다. 또한 아동이 필요할 때 어떻게 당신과 연락할 수 있는지 알려준다.
- 아동이 자유롭게 자신의 불안/초조함/두려움을 표현할 수 있도록 허용하라.
- 아동에게 개방형 질문을 해라: "오늘 입맛이 없는 거 같은데 무슨 일 있었니?" "오늘 피곤해 보이는데 무슨 일 있었니?" "오늘 기분이 안 좋아 보이는데, 엄마(아빠)한테 말해 줄래?"
- 아동이 자신의 감정을 표현할 때 야단치지 않는다. 다음과 같은 표현은 피해야 한다.
- "잊어버려!", "네가 아직 애기야? 그만 징징거려!", "이제 그만 좀 해. 이제 잊어버릴 때야.", "나도 힘들어. 너라도 나를 힘들게 하지 마.", "별 걱정 다한다."

(라) 유사한 사고가 일어날까봐 불안해함
- 유사한 사고뿐 아니라 자신을 둘러싼 환경이 안전하지 불안해 할 수 있다.
- 그런 걱정을 한다는 것은 지극히 정상적인 것이다. 이런 걱정에 대해 충분

히 공감해준다.

- 구체적인 현실탐색을 통해 주위환경이 안전하다는 사실을 아동과 함께 확인한다(예: 지금 있는 곳이 사고가 발생한 곳으로부터 얼마나 떨어져있는지 지도를 통해 확인함. 지금 살고 있는 집이 지난 10년간 아무일 없이 무사했다는 점을 상기시킴)

(마) 안전에 대해 걱정하고 궁금해 함

- 우리 모두가 이제 안전하다는 사실을 자주 말해준다.
- 혹 아동이 잘못된 정보를 가지고 있어 안전에 대해 걱정한다면, 객관적인 정보를 전달하여 이를 바로 잡는다.

(바) 아기처럼 행동함 (오줌을 쌈, 엄지손가락을 빰)

- 이런 행동은 지극히 자연스러운 일이다. 아마 당분간은 이런 행동이 지속될 것이다.
- 야단치거나 심각하게 반응하지 않는다. 만약 아이가 오줌을 싸기 시작하면 야단치지 말고 옷과 이불을 바꿔준다.

(사) 혼자 잠을 못 잠

- 혼자 자기 무서워하는 아이의 경우, 아이가 푹 잘 수 있도록 도와줘야 한다. 아이를 따뜻하게 안아주고 다독이며 재워준다.
- 잠자리에 들기 전에 마음을 차분하게 해주는 이야기나 활동을 한다.
- 아이가 무서워하면 불을 약하게 켜둔다.
- 규칙적인 수면시간과 활동시간을 유지한다.
- 아이가 무서운 꿈을 꾼 경우라면, 꿈과 현실의 차이를 충분히 설명하고, 당신이 옆에 같이 있어줄 거라고 알려준다.

(3) 초등학생

(가) 사고에 대한 혼란

• 아동에게 무슨 일이 있었는지 솔직하게 말해는 주는 것이 중요하다. 다만 너무 자세하게 설명하는 것은 아이의 불안과 두려움을 야기할 수 있으므로 간단한 이야기만 해준다.

• 지금은 모두가 안전하다는 사실을 강조한다. 그리고 많은 사람들이 도와주고 있다는 것도 알린다.

(나) 죽음에 대한 질문

• 죽음은 어른이 대답하기 어려운 주제 중 하나이다. 아동의 질문에 답하기 전에 아동이 죽음에 대해 어떻게 생각하는지 먼저 물어본다. 그리고 아동의 이해수준, 발달수준에 따라 죽음에 대해 적절하게 설명한다.

• 죽음에 대해 직접적이고 솔직하게 설명한다. 다만 죽음과 관련된 고통이나 상세한 묘사는 하지 않는 것이 좋다.

(다) 악몽을 꾸고 혼자 자는 것을 무서워 함

• 아동이 꾼 악몽에 대해 들어준다. 다만 너무 자세하게 물어보는 것은 나쁜 이미지를 상기시켜 아이의 불안을 조장할 수 있다.

• 꿈과 현실의 차이를 알려준다.

• 일시적으로 잠자리를 바꿔주는 것도 좋다.

• 잠자리에 들기 전에 마음을 차분하게 해주는 이야기나 활동을 아이와 함께 한다.

• 당분간 엄마와 함께 자는 것도 좋다. 다만 아이가 괜찮아지면 다시 원래대로 돌아가야 함을 알려준다.

(라) 산만하고 거칠게 행동함

• 평소 좋아했던 몸을 사용하는 활동에 참여하도록 격려한다. 이러한 활동을 통해 아이는 자신의 감정을 분출할 수 있다.

(마) 두통, 복통 호소

• 자주 머리가 아프고 배가 아프다고 할 수 있다. 특별한 의학적 문제가 없다면 이러한 증상이 정상임을 알려준다.

• 통증이 심해진다면 병원에 데려가야겠지만 그렇지 않으면 심각하게 반응할 필요는 없다. 마음을 편하게 해 줄 즐거운 놀이를 찾아본다.

(바) 힘든 것을 내색하지 않음

• 아이가 다양한 감정을 표현하도록 돕는다. 물론 표현을 강요해서는 안 된다. 많은 아이들은 감정을 표현하는데 시간이 필요하다.

• 아동이 울거나 화를 내면 막지 말고 그대로 수용해준다. 누구나 울고 싶으면 울고 무서우면 무섭다고 말할 수 있다고 안심시킨다.

(사) 자책을 하거나 책임감을 느낌

• 아동의 감정을 공감하면서도(예: "누구나 그런 생각을 할 수 있어. 내가 뭘 다르게 할 수 없었을까? 그런 생각을 할 수 있지") 아동의 탓이 아님을 강조한다("그렇다고 그게 너의 잘못은 절대 아니야. 그 상황에선 누구도 할 수 있는 일이 없었어").

(아) 부모의 안전에 대한 걱정

• 아동의 염려가 커지지 않도록 평상시처럼 차분하게 대한다.

• 자녀와 떨어져야 할 때는 어디를 왜 가는지, 언제 돌아올지, 부모가 없는 동안 누구와 함께 있을 건지 말해준다.

• 또한 떨어져 있는 동안 아동이 불안해한다면 평소보다 자주 연락을 취해서 안심시킨다.

(자) 유사한 사고의 발생에 대한 불안

• 더 이상 위험한 상황에 있지 않다는 점을 강조한다.

• 재난에 대한 언론 노출을 제한한다.

• 재난을 상기시킬 수 있는 자극으로부터 아동을 분리시킨다.

• 다른 활동에 전념하여 사고에 대한 생각에서 벗어날 수 있게 한다.

(차) 아동에게 부모의 감정을 표현 하는 것이 좋을까요?

- 사고에 대한 부모의 감정을 억지로 숨길 필요는 없다. 감정을 솔직하게 적절하게 표현할 수 있는 방법을 보여주는 것이 중요하다. 예를 들어, "엄마가 아까 갑자기 울어서 놀랬지? 사고로 죽은 아이들을 생각하니 너무 속이 상해서 그랬어."

(4) 청소년

- 열린 마음을 가지고 청소년의 말을 듣고 이들의 감정을 인정하고 존중한다. 그리고 이러한 감정이 지극히 정상적임을 강조한다.
- 재난 사고에 대해 얘기하는 것을 원치 않는다면, 다른 주제에 대해 대화를 나눈다. 그런 대화를 통해 지지와 격려를 표현한다.
- 처음부터 자신의 마음을 털어놓을거라 기대하지 않는다. 일부 청소년들에게는 자산의 이야기를 털어놓는 것이 어색하고 불편할 수 있다. 그런 점까지 공감해준다.
- 혼자 있기를 진심으로 원하면, 잠시 혼자 있게 하는 것도 좋다. 다만 장시간 혼자 있게 하지는 마라. 매일 조금씩이라도 자신의 감정에 대해 가족과 친구들에게 이야기하도록 격려한다. 일부 청소년들은 자신의 감정을 어떻게 표출할지 몰라 충동적, 공격적 행동을 하기도 한다. 이들이 느끼는 감정을 공감하되 충동적, 공격적 행동이 얼마나 위험한 것인지 강조한다.
- 청소년의 감정을 공감하면서도 청소년의 탓이 아님을 강조한다. 구체적인 예를 들어 설명하는 것이 좋다.
- 현재 상황에 대해 자세히 알려준다.
- 재난상황에 대한 지나친 언론 노출을 차단한다.
- 청소년을 인터뷰 하고 싶어하는 언론으로부터 보호한다.
- 명확한 규칙과 약속을 정한다.
- 혼자 꿋꿋하게 상황을 견딜 수 있다고 기대하지 않는다. 고통을 해결하기

위해 시간과 공간이 필요하다는 것을 이해하는 것이 필요하다.

• 청소년 자신이 즐길 수 있는 일을 하도록 격려한다. 사고를 겪기 전, 어떤 일을 좋아했는지 알 수 있으면 더욱 좋다.

• 다른 사람들에게 도움이 될 수 있는 기회를 주고 이를 격려한다.

(5) 노인

• 대부분의 노인들은 자신에게 효과적인 스트레스 대처양식을 잘 알고 있다. 이러한 그들의 장점과 능력을 존중한다.

• 귀가 잘 들리지 않는 노인에게는 가능한 천천히 낮은 목소리로 또박또박 말한다.

• 일부 노인들은 급격한 변화에 거부반응을 보인다. 노인들이 일상생활을 유지하는 동시에 필요한 서비스를 제공받을 수 있도록 최선을 다한다.

• 도움을 받을 수 있는 가족구성원이 있는지 파악한다. 만약 가능한 가족의 지지가 없거나 제한적이라면, 장기적으로 지원해 줄 있는 보호기관 혹은 다른 네트워크를 찾아 연계하는 것이 필요하다.

• 구체적인 건강상의 문제, 정기적으로 복용하는 약물을 파악하고 적절한 처방약과 의료 서비스를 받을 수 있도록 돕는다.

05 재난생존자를 위한 상담기법 및 위기 개입전략

상담자는 재난생존자와 유가족에게 존중하는 자세로 접근해야 한다. 특별한 경우, 생존자들이나 가족들은 심리적 도움을 거부할 수도 있고, 사적인 비밀이 보장된 공간에서 상담이 진행되는 것을 선호할 수도 있다. 이와 같은 생존자들의 욕구를 최대한 존중하는 자세로 접근하는 것이 중요하다. 상담자는 대처 능력 파악 및 강화, 정확한 정보 제공, 선택 가능한 옵션을 제공을 함으로써 생존자가 스스로 현재 상황에 대한 통제가 향상되고 있다고 느끼도록 돕는 역할을 한다. 생존자가 안심하고 상황이 자신의 통제하에 있다고 느낄 때, 요구되는 문제들에 대하여 즉시 더 효과적으로 대처할 수 있다. 위기개입은 이야기를 경청하기, 확신하기, 현실적인 도움을 제공하기 등이 있다. 이번 장에서는 상담기법과 위기개입전략에 대하여 서술할 것이다.

가 재난 정신건강개입을 위한 기본적 상담기법

1) 관계 및 신뢰형성

생존자나 유가족과 처음으로 접촉할 때, 상담자는 자신에 대하여 소개하고 자신의 역할에 대하여 설명하여야 한다.

내담자가 불필요한 스트레스를 받지 않도록 상담자는 권위적인 자세를 취하기보다, 앉을 자리를 권하거나 시선을 마주치고 안전함을 확인시키면서 따뜻한 음료를 권하는 등 생존자나 유가족을 진정시키는 행동을 함으로써 진심으로 걱정하고 관심이 있음을 전달한다.

상담자는 안정과 도움을 제공하고 내담자가 현재 상황에서 요구하는 것들에 대하여 비난하지 않도록 한다.

괴로워하는 생존자나 유가족에게 직접 상담하고 싶은 내용을 고르게 하고, 곤란한 질문들을 피함으로써 내담자와 상담자 사이에 신뢰와 안전이 형성되도록 한다.

2) 귀 기울여 경청하기

상담자는 귀, 눈, 그리고 마음으로 경청할 때 정보를 가장 잘 이해할 수 있다.

생존자와 유가족의 이야기를 경청할 때 고려할 사항은 다음과 같다:

※ **각 개인의 회복속도를 존중하라.**

- 대부분의 생존자와 유가족은 그들의 외상성 경험에 대하여 이야기 하고 싶어한다. 생존자가 정서적 지지를 받으면서 끔찍하고 비극적인 경험을 입 밖으로 꺼내고, 상담자가 그것에 대하여 경청하는 것은 치유에 도움이 될 수 있을 것이다.

- 그러나 일부 생존자들은 일시적으로 그들의 트라우마나 상실에 대한 직접적인 대화를 피하며, 다른 과제에 집중하거나 사소한 일에 대하여 집중할 수도 있

다. 상담자는 내담자가 느끼는 안정감의 정도, 대처 방식, 적절한 회복 속도를 알아보기 위하여 관찰하고, 생존자와 유가족들이 스스로 이야기를 꺼낼 수 있도록 한다.

※ 침묵을 허용하라.

- 침묵은 인간에게 자신의 감정을 느끼고 반영할 수 있게 한다. 침묵을 통하여 생존자는 지금 현재 상황에서 가장 중요한 것이 무엇인지 파악할 수 있으며, 더 자세히 생각하고, 반응할 수 있을 것이다. 단순히 생존자나 유가족과 함께 있어주는 것만으로도 도움이 될 것이다.

※ 내담자의 경험에 행동으로 동참하라.

- 내담자는 상담자가 시선을 마주치거나 고개를 끄덕이고, 걱정하는 표정을 짓거나 자신과 같은 자세(앉기 혹은 서기)를 취하는 것과 같은 비언어적 반응을 할 때, 상담자가 현재 이야기에 집중하고 있음을 느낀다. 비언어적 의사소통에 대한 문화적 차이를 관찰하고 주의를 기울인다면, 문화적 민감성을 전달할 수 있을 뿐만 아니라 내담자가 상담자의 도움을 더 수월하게 받아들일 것이다.

※ 내담자의 언어를 다시 표현하라.

- 상담자는 내담자가 말한 내용의 일부를 한번 더 말하면서 자신의 이해, 관심 그리고 공감을 표현한다. 다른 말로 바꾸어 표현하는 것은 상담자가 이야기에 대하여 정확히 이해할 수 있도록 해주고, 오해에 대하여 명확하게 할 수 있으며 내담자로 하여금 자신의 이야기를 누군가가 듣고 있다고 인지할 수 있게 한다.
- 적절한 예는 다음과 같다: "그러니까 말씀하시기로는..", "~라고 말한 것 같은데" 혹은 "이전에 ~라고 말했던 것 같습니다"라고 다시 표현하는 것은 처음 엔 다소 어색할 수 있으나, 상담자와 내담자의 신뢰 관계를 쌓는데 효과적인 방법이다.

※ **감정을 반영하도록 하라.**

- 내담자의 목소리 톤이나 비언어적 행동을 통하여 상담자는 분노나 슬픔, 두려움 등을 알아차릴 수 있다. 이러한 경우에 "밤에 혼자 계실 때 두려워하는 것 같네요. 그러신가요?"와 같은 반응이 적절하다. 이러한 반응은 내담자가 자신의 감정과 욕구를 적절하게 파악하고, 분명하게 표현할 수 있도록 돕는다.

※ **감정을 표출하도록 하라.**

- 눈물이나 여러 행동들을 통해 감정을 표현하는 것은 치유에서 중요한 과정이다. 감정의 표현은 생존자나 유가족이 자신의 감정을 추스르게 하여 이후에 중요한 문제들을 더 잘 해결할 수 있게 도움을 줄 수 있다. 상담자는 내담자가 자신의 감정을 느끼고 표현해도 괜찮다고 알려주며 내담자의 표현에 대해 부담 없는 자세로 임한다.

3) 생존자에 대한 적절한 반응과 피해야 할 반응

상담자가 생존자 대응 시 아래와 같이 적절한 반응과 피해야 할 반응을 숙지해두는 것은 중요하다.

적절한 반응	• "지금 느껴지는 것은 일시적으로 안전과 보안이 상실된 것 같은 느낌입니다. 시간이 지나면 괜찮아 질 겁니다." • "당신이 그렇게 느끼는 게 당연합니다. • "이러한 현상은 당신에게 일어난 일에 대하여 당신의 몸과 마음이 대처하고 있는 것입니다. 이러한 반응은 정상입니다." • "이전에 겪어보지 못한 극단적인 감정과 생각이 드는 것은 정상입니다. 당신은 미친 것이 아닙니다." • "당신은 아무 잘못도 하지 않았어요. 당신 책임이 아닙니다. 당신은 당신이 할 수 있는 최선을 다했어요." • "모든 것이 이전과 달라지겠지만 점점 괜찮아 질 겁니다."

피해야 할 반응	• "상황이 더 악화될 수도 있었습니다. ~되지 않아 다행입니다." • "바쁘게 지내다 보면 괜찮아 질 겁니다." • "종교에 의지해 보세요, 괜찮아 질 겁니다." • "어떻게 느끼는지 다 알아요." • "그 사람은 더 좋은 곳에 갔을 거예요." • "산 사람은 계속 살아야죠."

생존자나 유가족의 괴로운 상황을 돕거나 그들의 기분을 낫게 해주고 싶은 것이 사람의 기본적인 욕구일 수 있으나, 그들이 위와 같은 말을 들을 경우 오히려 무시당하거나 평가받는 듯한 느낌, 오해 받는 듯한 느낌, 혹은 더욱 심각한 외로움을 경험할 수 있다. 상담자는 생존자와 유가족의 문제를 모두 찾아 해결하고 싶을 수도 있다. 그러나 상담자는 생존자와 유가족이 자신의 경험과 생각, 관점을 유지할 수 있도록 거리를 두고, 개인의 회복속도에 맞게 점진적으로 접근하여야 한다. 걱정하는 마음과 차분한 표정으로 단순히 이야기를 경청하는 것만으로도 그들을 안심시킬 수 있다.

4) 문제 해결

트라우마, 범죄, 그리고 갑작스런 가족과 친지의 죽음으로 인한 스트레스는 사고의 혼란, 비통함, 집중력 저하 등으로 인해 계획이나 의사 결정 문제를 낳는다. 일부는 현실을 감당할 수 없어 무기력하고, 비생산적이며, 비합리적인 반응을 보이기도 한다. 상담자는 생존자와 유가족이 간단하고 명확한 일에 참여하도록 하여 그들이 대처하는데 더 집중하고 주체적으로 할 수 있도록 유도한다. 또한 상담자는 다음과 같은 단계를 통하여 내담자가 스스로 현재 가장 중요한 문제들을 인식하고, 우선순위를 매기는데 도움을 줄 수 있다.

가) 현재 가장 중요한 문제를 파악하고 해결 방안을 제시하기

"현재 경험하고 있는 문제가 무엇인지 이야기해보세요."

현재 해결 가능한 문제 하나를 선택하고, 성공적으로 해결함으로써 내담자는 통제 능력과 자기 효능감을 회복할 수 있다. 해결하기 어려운 문제보다는, 내담자가 비교적 간단히 해결할 수 있는 문제로 시작한다.

나) 대처 및 기능 능력 평가하기

"어떠신가요? 스스로 잘 대처 하고 있는 것 같습니까?", "이전에 스트레스를 받는 경험을 하고 그것을 해결한 적이 있습니까?"

상담자는 관찰과 세심한 질문, 내담자의 문제와 상실감의 정도를 파악하면서 내담자가 현재의 난관을 헤쳐 나갈 수 있는지 평가한다. 이러한 평가에 따라 상담자는 내담자가 마련한 대처방법의 고유한 장점을 짚어주고, 내담자가 사회적 지지를 얻을 수 있도록 하거나 도움을 줄 수 있는 기관에게 연계해 줄 수 있다. 의료, 심리 전문가에게 자문을 의뢰할 수도 있다.

다) 이용 가능한 자원을 평가하기

"누가 이 문제를 도와줄 수 있을까요?", "어떠한 자원이나 방안이 효과적으로 도움이 될 수 있을까요?"

내담자가 사랑하는 사람, 친척, 친구, 이웃, 직장 동료, 종교적 지도자, 주치의 등과 같이 도움을 줄 수 있는 자원들을 고려하도록 한다. 생존자나 유가족을 적절한 공동체, 범죄 피해 도움, 재난 구조 자원과 연결해 주되, 스스로 그들에게 연락을 취할 수 있는지, 혹은 서류 작성을 할 수 있는지 확인한다. 도움이 필요할 때에 적절한 자원과 연결할 수 있도록 한다.

라) 내담자가 계획을 수립하고 시행할 수 있도록 돕기

"이 문제를 해결하려면 어떠한 단계를 거쳐야 할까요?"

생존자나 유가족이 앞으로의 계획이나 실천 방안을 직접 소리 내어 말하도록 하라. 진행 상황에 대하여 확인과 지지를 제공하라. 만약 내담자에게 어떠한 일을 행하거나 정보를 제공하기로 약속했다면, 반드시 그 일을 수행하여야 한다. 내담자의 계획은 아주 짧은 시간에 해결할 수 있거나 단순한 일이어도 된다. 예를 들어, 단순히 여러 군데에 전화를 거는 것 또한 계획이 될 수 있다. 새로운 정보를 얻지 못하더라도, 상담자가 믿을 수 있고 지지가 된다면 내담자는 자기 통제감을 다시 얻을 수 있다. 또한 상담자는 자신이 해 주고 싶은 것이 아니라, 자신이 실제로 할 수 있는 일에 대해서만 약속하여야 한다.

5) 주의사항

생존자나 유가족이 힘겨워하며 무너지는 모습을 보일 때, 상담자는 가능한 모든 방법으로 돕고 싶은 충동이 생길 수 있다. 상담자는 생존자나 유가족의 우선순위를 고려하지 않은 채 그들을 지나치게 도우려고 할 수도 있다. 상담자는 내담자에게 도움을 제공하면서, 내담자가 스스로 대처할 수 있고 회복할 수 있다는 확신을 주어야 한다. 생존자나 유가족이 자신의 문제를 스스로 해결할 수 있을 때, 그들은 그 이후에 과제에 대해서도 더 잘 수행할 수 있다고 느낄 것이다.

6) 비밀 보장

타인을 돕는 일에는 윤리적 책임이 따른다. 상담자는 내담자의 문제, 근심, 두려움, 불안을 다루기 위해 때때로 매우 개인적인 내용에 대해서 알아야 할 수도 있다. 이러한 정보의 공유는 신뢰와 상호 존중, 비밀보장에 대한 합의 하에 이루어져야 한다. 어떠한 경우에라도 내담자의 허락 없이 사적인 정보나 사례가 다른 곳에서 언급되어서는 안 된다.

만약 내담자 혹은 타인의 안전이 위협받는 상황이 발생한다면 상담자는 기관에 보고하여 기관 차원에서 대응할 수 있도록 한다. 상담자는 개인의 사생활이 보장되지 않는 공공장소에서 내담자의 사적인 정보에 대하여 이야기해서는 안 된다. 생존자나 유가족의 신뢰와 존중 없이는 그들에게 지속적으로 도움을 제공하기 어려울 것이다.

나 위기개입

이 부분에서는 재난 발생초기 또는 그 이후에 개인이 위기상황을 경험하고 초기대응상담인력에게 도움을 요청할 때, 초기대응상담인력들이 갖추어야 할 기본적인 지식들을 다루고 있다. 현 시점에서 특별히 꼭 재난 상황에서만 적용 가능한 차별화된 모델이 있지는 않기 때문에, 재난 재해 상황에 적용가능한 일반적인 위기개입 및 위기상담의 내용이 다루어진다.

1) 정신건강위기의 정의

위기상황에 최적의 도움을 주기위한 실질적인 지식을 강화하기 위해서는 정신건강 위기의 정의와 위기관리서비스의 목적을 숙지하는 것이 중요하다. 다음의 정보는 정신건강위기에 대한 지식의 기초를 다지는데 활용될 수 있다. 다음의 내용을 통해, 정신건강위기의 정의를 알아보고, 위기관리서비스의 목적을 알아본다.

※ 정신건강위기의 정의
정신건강위기란, 재난으로 인하여 심한 충격을 받은 개인이 치료 없이 방치될 경우 극심한 행동적, 정서적, 정신과적 문제로 인해 응급상황이 발생 가능한 상황을 말한다. 정신건강위기는 재난을 경험한 개인이 통제되지 않고 임상적이지 않은 환경에 처할 때, 일상생활의 기능이 현저히 떨어지는 결과를 말한다.

위기는 균형이 깨진 시스템으로 설명될 수 있다. 보통 우리는 일상생활에서 큰 어려움 없이 균형을 유지할 수 있지만, 인생에서 경험한 몇몇의 사건들로 인해 일시적으로 균형이 깨진 경험들이 존재하기 마련이다. 우리는 이러한 경험을 통해 균형을 다시 세울 수 있는 좋은 대처 기술들을 배우고, 이를 통해 여러 상황을 극복할 수 있는 능력을 얻게 된다. 우리가 문제를 해결하기 위해 아무리 노력해도 균형이 다시 정비될 수 없을 때 위기상황들이 발생한다. 두 종류의 위기가 발생할 수 있는데, 하나는 직업의 전환, 은퇴, 출산, 자녀가 중학교에 진학한다거나 하는 발달적 위기이다. 또 다른 하나는 강간, 강도, 갑작스러운 사별, 만성적이거나 중중의 병을 진단 받는 것과 같은 상황적 위기이다.

대부분의 위기상황들은 개인이 감당해야 하는 것이 너무 과중할 때 나타난다. 보통 상사의 질책은 평소에 무리 없이 수용될 수 있지만, 만약 이미 심각한 스트레스에 노출되어 대처 능력이 소진되고 있다면 이 상황은 당신의 균형을 깨트리는 사건 또는 촉진제(사건, 행동, 위기상황을 야기하는 요소)가 될 수 있다. 다시 말하면, 한 개인이 궁지에 몰리면 그 사람의 고유한 균형시스템을 재정비 할 수 있도록 지원이 필요하게 된다. 이러한 관점은 스트레스를 경험하고 있는 개인의 욕구에 초점을 둔다.

※ **위기 관리 서비스의 목적**
1. 정신 질환이 있거나 심리적 위기를 겪고 있는 사람의 안전을 추구한다.
2. 정신 질환이나 심리적 위기를 겪는 사람들의 상태가 악화되지 않도록 한다.
3. 대처 기술과 지원 체계를 개발하거나 강화하도록 도움을 준다.

4. 정신 질환이나 정서적 위기를 겪는 사람들이 지속적인 관리와 치료를 받도록 돕는다.

5. 부담이 적고 제약이 느슨한 환경에서 사람들의 임상적 필요에 맞추어 서비스가 제공되도록 한다.

2) 정신건강위기개입의 정의

각 위기 요소가 이 매뉴얼에서 소개되면서 이해해야 할 것은, 한 사람이 위기 상황을 드러낼 때 그 가족이나 배우자 또한 이 상황에 영향을 받을 수 있다는 점이고, 가족이나 배우자에게 역시 적절히 위기개입에 참여하거나 또는 위기개입의 고려대상이 될 수도 있다는 점을 항상 염두에 두어야 하는 부분이다. 다음의 내용에서는 위기전화에 응대할 수 있는 주요 기술과 위기개입 스크리닝의 요소에 대해서 소개한다. 또한 위기개입 전략에 대한 이해와 이러한 전략을 어떻게 적용할 것인지를 알아본다.

가) 정신건강위기개입 서비스란?

정신건강위기개입 서비스란 정신건강 위기 혹은 응급 상황에 적용할 수 있는 위기개입으로, 개인이 급성 스트레스를 대처하고 활용 가능한 자원과 강점을 찾고 활용할 수 있도록 한다. 또한 기본적인 기능(기존의 일상생활을 효과적으로 지속하도록)을 할 수 있도록 돕는 단기간의 집중적인 면대면 정신건강지원이다. 개입 환경은 개인의 집, 친구나 가족의 집, 클리닉, 응급실, 상담자의 사무실, 구치소, 혹은 다른 지역 공공시설을 포함한다. 정신건강위기개입 서비스는 24시간 일주일 내내 개방되어 있어야 한다. 다음은 면대면 개입을 필요로 하는 요인으로 볼 수 있다:

- 심각한 수준의 불쾌감(예: 깊은 슬픔, 불안, 안절부절함)

- 심각한 수준의 우울

- 자살 의도

- 타살 의도

- 급성 정신증

- 무망감

- 무력감

- 극심한 슬픔으로 인한 감정 표현

- 극심한 단절감 혹은 소외/고립

만약 위기 평가에서 위기개입 서비스가 필요하다고 판단되면, 개입 서비스는 즉시 제공되어야만 한다.

※ 누가 위기 평가/개입을 진행할 수 있는가?

교육과 훈련을 받았고, 자격이 입증되었으며, 상담이 가능한 심리요원과 정신과 전문의, 정신과에서의 경험이 있는 정신건강 전문 인력이 위기 평가를 진행할 수 있다. 필수 예비 스크리닝을 위해, 필요에 따라서 지정 대리인이 사전에 발부된 증명서를 가지고 응급 강제 입원을 진행할 수도 있다

※ 위기개입 계획은 얼마나 빨리 수립되어야 하는가?

위기개입 서비스의 일부로서, 위기서비스제공자는 첫 면대면 평가에서 위기개입 계획을 세울 수 있어야 한다. 이 계획은 위기 평가에서 발견된 필요나 문제점들을 다루어야 하며 적절한 서비스로 연결해주어 위기에 대처해야 한다.

※ 정신건강 위기 안정화 서비스는 무엇인가?

만약 위기서비스제공자가 개인이 임시 간호나 위기 안정화와 같은 정신건강

위기 안정화 서비스가 필요하다고 판단한다면, 위기서비스제공자는 이러한 서비스를 직접적으로 혹은 다른 수단을 통해서 연계해야 한다. 정신건강 안정화 서비스는 개인에게 맞춤화 된 정신건강지원으로서 위기 평가 후 제공된다. 위기 안정화 서비스는 개인이 기존에 기능하던 수준으로 회복하도록 돕거나, 가능하다면 기능 수준을 향상시키기 위해 고안되었다.

※ 개입 스크리닝이란 무엇인가?

스크리닝은 개인의 문제와 필요를 결정하는 것으로, 위기 방지나 초기 개입을 위한 지침을 제공한다. 어떠한 위기개입 서비스를 시작하기 전에 어떤 위기상황이 발생 가능한지 반드시 점검해야 한다. 이러한 스크리닝은 공식적으로 위기 전화 혹은 사례 관리자나 정신 보건 서비스 종사자와의 면담을 통해서 이루어지기도 하고, 비공식적으로 가족이나 친구가 제공하는 정보에 의해 이루어지기도 한다. 스크리닝의 정보는 불완전한 형태일 수 있고, 교육되지 않은 사람에 의해 얻어질 수도 있으나 어떠한 공식적인 위기개입 서비스가 필요한지 결정하는데 중요한 역할을 한다.

※ 공식적인 위기개입 스크리닝에는 무엇이 포함되는가?

스크리너(스크리닝을 실행하는 사람)는 기본적인 인구학적 정보(이름, 지역 및 위치정보 등)를 파악하고, 위기상황이 존재할 수 있는지 여부를 판단한다. 또한 이 상황에 관여된 사람들을 파악하며, 대응의 적절한 수준을 결정해야 한다. 스크리너는 적극적이고 지지적인 경청 기술을 활용하여 위기 전화 개입이 적절한지, 아니면 면대면 임상 평가가 필요한지 판단해야 한다. 초기 스크리닝은 이용 가능한 모든 서비스를 고려하여 어떤 개입이 개인의 필요와 상황을 가장 잘 다룰 수 있는지 결정해야 한다. 어떤 사람들에게는 서비스에 대한 정보나 지역 서비스 제공자로 연계하는 것이 적절하고 충분한 개입이 될 수 있다. 또 다른 사람들에게는 전화나 면대면 개입이 필요할 수 있다. 스크리너는 취합된 정보를 바탕으로 이 위기상황이 추가적인 평가를 필요로 하는지 판단해야 한다. 한 개인에게 위기상황을 야기하지 않은 사건일지라도, 다른 사람에게는 위기상황을 일으킬 수 있다는 점을 기억해야 한다. 반면, 특정 시기에는 영향을 미치지 않았던 일들이 다른 시기에는 커다란 혼란을 일으킬 수도 있다. 보통 전화 상담자는 개인이 위기 서비스 시스템에서 가장 처음 접촉하게 하는 대상이다. 첫 전화에서 발신자는 이야기해야 할 사람들과 받을 수 있는 서비스에 대한 의견을 표현한다. 전화 상담자는 첫 인상이 긍정적이도록 노력하여 성공적인 치료 경험을 위한 환경을 조성하고 서비스의 전문성에 대한 신뢰감을 심어주어야 한다.

(1) 위기 전화 응대 기술은 어떤 것이 있는가?

기관에서 전화 상담을 어떻게 응대하느냐가 각 위기의 분위기(tone)를 좌우한다. 모든 전화는 일관성 있게 정중하고 전문성 있는 자세로 응대하여야 한다. 다음은 이러한 요구조건을 충족시키는데 도움이 되는 지침이다.

- **최대한 신속하게 전화를 받고, 적어도 5번의 발신음 이내에 받도록 한다.**

부재 등의 이유로 5번의 발신음 이내에 받지 않은 전화는 지정한 협력기관이나 부서로 연결될 수 있도록 한다. 모든 전화는 자격을 갖추고, 교육을 받은 위기 전화 상담원이 "실시간"으로 응대해야 한다. 자동응답기나 다른 기계적 장치가 전화를 대신할 수 없다.

- **모든 위기 전화 상담원은 표준화된 절차에 따라 정중하게 응대해야 한다(예: "위기 전화입니다. 어떻게 도와드릴까요?").**

가능하면 빨리 발신자의 이름과 전화번호를 확보하며, 가능하면 발신자의 위치도 확보한다. 위기 전화 상담원은 "만약 전화 중에 통신 장애로 전화가 끊어졌을 때를 대비하여, 전화 거신 분의 이름, 전화번호, 현재 위치와 주소를 알 수 있을까요?"와 같은 내용을 말해야 한다. 발신자가 위치를 말하기 꺼려한다면 이 시점에서는 강요하지 않아도 된다.

- **발신자의 허락 없이는 전화를 대기상태로 두지 않는다.**

발신자를 대기 상태로 둘 때는 매 분마다 그 사람에게 전화 상태에 대한 피드백을 주어야 한다. 다른 직원에게 이야기 할 때는 음소거 상태로 두어야 한다.

- **발신자와 스피커폰 상태에서 통화하지 말아야 한다.**

이것은 발신자에게 대화의 프라이버시(개인정보보호)가 없다고 느끼게 할 수 있으며 발신자가 중요한 정보를 말하는 것을 방해할 수 있다. 또한 스피커폰으로 통화하는 경우도 발신자의 개인적인 건강에 대한 정보를 보호받을 권리를 침해할 수 있다.

(2) 위기 평가에는 무엇이 있는가?

위기 평가는 응급조치가 필요한지 여부를 평가하며, 시간이 허락되는 한 개인의 다음과 같은 사항을 파악할 수 있다.

- 현재의 일상 생활
- 스트레스 원인과 수준
- 정신건강 문제와 증상
- 강점
- 문화적 고려사항
- 확인 가능한 현실적인 지지 네트워크
- 약물이나 알코올 사용
- 현재 복용하는 약물
- 취약점
- 현재의 기능 수준

위기개입의 각 구성요소는 중요하지만, 연락이 올 때의 처음 몇 분간의 시간이 개인이 계속해서 도움을 요청할 것인지 아닌지를 결정하게 된다. 위기개입에서 치료적인 분위기를 형성하는 것은 대응 결과에 매우 중요한 영향을 끼치므로, 이 장은 위기개입을 위한 전화 대응 시 첫 몇 분 동안 활용될 수 있는 현실적이고 적용 가능한 치료적 방법들에 대해 논의한다.

3) 정신건강위기개입 과정

위기 서비스를 효과적으로 실행하기 위해서는 특정 기술들을 반드시 습득하거나 강화할 필요가 있다. 이 장에서는 이러한 기술들을 다루고, 위기상황에서 이러한 기술들의 중요한 이유에 관하여 설명한다. 이 기술에 친숙해지기 위해서는 연습과 훈련이 중요할 것이다. 이 기술들에 대한 후속 연구도 필요할 수 있다. 다음의 내용에서는 위기개입 과정에 무엇이 포함되는지를 알아본다. 구체적으로, 적극적인 경청기술을 정의하고, 격려와 재진술, 반영, 감정 명명하기, 타당화, 확정짓기의 기술을 배운다. 또한 위기 계획과 이후 대책에 대한 지식을 습득한다.

가) 위기개입 과정에는 어떤 것이 포함되는가?

알란 로버트는 그의 저서인 '위기개입과 시간 제한적 인지 치료'에서 위기상황에서 거치는 훈습과정(working through)의 일곱 가지 단계를 정의한다. 그 단계는 다음과 같다:

① 치명도와 안전에 대한 필요를 평가
② 라포 형성과 커뮤니케이션 형성
③ 주요 문제 파악
④ 정서를 다루고, 지지를 제공

⑤ 가능한 대안책을 탐색

⑥ 행동 계획을 수립

⑦ 후속 조치

치명도(예: 본인과 타인에 예상되는 피해)와 안전에 대한 평가는 간단히 전화로 수행되어야 하며 어떤 개입에서든지 중요한 절차이다. (이 사람은 안전한가? 이 사람은 혼자인가? 이 사람은 스스로나 타인에게 해를 가할 의도가 있는가? 이 사람은 의도를 실행에 옮길 방법이 있는가?) 이러한 스크리닝은 민감하게 행해져야 한다. 어떤 사람은 전화를 건 이유에 대해 이야기하기 전에 자살이나 살인에 대한 의도를 묻는다면 불쾌해할 수 있다. 자신과 타인의 위험에 대한 평가는 위기 평가, 위기개입, 위기 안정화 등 어떤 위기대응 과정에서든 수행되어야 한다. 치명도와 안전에 대한 평가는 전화 스크리닝의 필수 요소일 뿐 아니라 면대면 평가에서도 필요하다. 자신과 타인에 대한 위험도 평가는 다음 장에서 자세히 설명된다.

나) 정신건강위기개입의 첫 단계는 무엇인가?

위기상황 또는 그와 비슷한 다른 상황에서 사람들은 누군가 자신의 이야기를 들어주길 바라고, 이해받길 바라며 이를 통해 자신을 타당화함으로써 한 사람으로서 가치를 인정받고 싶어 한다. 그러나 우리는 "내가 그럴 거라고 했지" 혹은 "너만 힘든 줄 아니?" 등의 충고를 하기 쉽다. 위기를 겪는 사람은 격려를 받아야 하며, 선택과 자원, 용기, 희망을 얻을 필요가 있다. 상담자는 위기를 겪고 있는 사람과 라포를 형성하며 소통해야 한다. 라포 형성에 가장 좋은 도구이자, 원활한 소통을 촉진하는 것은 적극적인 경청이다. 적극적인 경청은 의사소통의 중요한 부분이다. 상담자는 개인의 이야기를 적극적으로 경청함으로써 다음과 같은 것을 성취할 수 있다:

- 내담자가 자신에게 무슨 일이 있었는지 이해하도록 돕는다.
- 내담자의 고민, 감정, 반응을 타당화한다.
- 상담자의 객관적 관점을 제공한다.
- 희망과 방향을 제시한다.
- 내담자가 잊고 있을 만한 자원을 함께 찾는다.
- 내담자가 선택을 하며 실행에 옮길 수 있는 힘을 준다.

다) 적극적인 경청 기술은 무엇인가?

적극적인 경청은 쉬워 보이지만 기술과 연습을 요구한다. 적극적인 경청 기술은 위기서비스제공자에게 중요하다. 관계의 기본적인 바탕은 좋은 의사소통이다. 의사소통은 쉬워 보이지만 상담실제에서는 매우 복잡하다. 객관적이고 공감적이며 상대를 인간적으로 대하려는 동시에 각 기술은 다른 기술들과 동시에 사용된다. 적극적인 경청의 요소들은 다음과 같다.

- 격려(encouragement)
- 재진술(paraphrasing)
- 반영(reflecting)
- 감정 명명하기(emotional labeling)
- 타당화(validating)
- 안심시키기(reassurance)
- 기다리기(waiting)

격려는 "네", "계속하세요." 등을 말하는 것부터 "그 다음에는 어떻게 되었나요?"에서부터 눈 맞춤, 고개 끄덕임, 말하는 사람 쪽으로 정자세로 몸을 가까이 하

는 것과 같은 비언어적인 격려까지 넓은 범위의 활동을 포함한다.

재진술은 상담자가 내담자의 문제에 관심이 있고 집중하고 있음을 표현하는 것이다. 상담자는 내담자의 표현에서 명확성을 적극적으로 찾는 것을 통해 상대방과 내용을 공유하는 것을 인식하고, 오해를 피하며 내담자의 신뢰를 얻는다. 말의 의도나 내용을 반복하는 것은 상담자가 상대방이 사용하는 단어의 의미를 이해하는 것을 돕는다.

※ 재진술의 예시

한 여성이 하루 종일 직장에서 일하고 집에 들어오며 "아이고, 진짜 힘드네!"라고 말한다. 그녀의 딸이 "무슨 안 좋은 일이 있어요?"라고 묻는다. 그녀는 "하루 종일 그런 건 아니고, 집에 오는 길이 그랬어. 길이 너무 막혔어."

이 예시에서, 딸은 어머니가 한 말의 의미를 생각해 말했고 어머니는 그것을 명확하게 다시 말해주었다. 그러나 딸은 어머니가 사용한 단어를 그대로 사용하여 표현하지는 않았다. 위기서비스제공자는 상대방이 사용하는 단어를 그대로 되풀이 하는 것에 매우 주의해야 한다. 이것을 신중하게 하지 않으면, 상대방으로 하여금 상담자가 잘 듣고 있지 않다고 느껴지게 하거나 단순히 말을 따라하는 것으로 비추어질 수 있다.

재진술은 여러 방법으로 가능하다. 위기서비스제공자는 간단하게 "당신이 ~라고 할 때 무슨 뜻인지 잘 모르겠어요." 혹은 "그것에 대해 좀 더 말해 주세요."라고 할 수 있다. 간단한 재진술은 상대방이 그의 의도를 다른 방법으로 다시 말하도록 하는 길이 되기도 한다. 같은 상황에 대해 서로 이해하는 것이 같은지 확인하기 위해 위기서비스제공자는 자신이 이해한 정보를 요약하여 큰 그림을 알려 줄 수도 있다.

반영은 상대방이 자신의 정보에 대한 어떤 것이 해석되고 있는지 알게 해준다.

이것은 그가 느끼거나 투사하는 것을 스스로 알게 해준다. 목소리의 톤과 무엇이 들리거나 느껴지는지 짚어주는 것은 혼란스러운 것을 이해하게 해주며 라포형성에도 도움이 된다.

반영은 상대방에게 "당신은 매우 걱정하는 것처럼(무서운 것처럼 등) 보여요." 와 같이 어떻게 보이는지, 혹은 "당신은 걱정하는 것처럼(화가 난 것처럼 등) 들리네요."와 같이 어떻게 들리는지 말해주는 것이다. 반영은 "당신은 지금 매우 긴장되어 보이는데, 우리가 이야기를 어떻게 나누면 당신이 편안해질까요?"와 같이 어떤 상황에 대한 피드백을 주는 것이다.

피드백은 자신의 생각과 반응을 다른 사람에게 말하는 방법이다. 피드백을 하는 방법들은 다음과 같다. ❶ 당신의 생각과 느낌 등을 파악한다. ❷ 당신이 생각하기에 당신의 반응에 영향을 미쳤을 것으로 보이는 행동을 파악한다. ❸ 이러한 행동이 개인에게 어떤 영향을 미쳤을지 설명한다. 상대방에게 조심스러운 방법으로 정직하고 직설적인 피드백을 전달함으로써 많은 것을 얻을 수 있다. 문제에 지나치게 가까이 관여하고 있는 사람들은 상대방에게 상처를 주게 될까봐, 앙갚음을 당할까봐, 혹은 이러한 민감한 상황을 다루기에는 스스로가 불충분하다고 느껴져서 이야기 하는 것을 망설일 수 있다. 불행히도, 위기를 겪는 사람이 자신의 행동이 남에게 어떤 영향을 주는지 인지하지 못한다면 그는 변화를 나타내기 어렵다. 이러한 종류의 피드백은 항상 매우 신중한 방법으로 전달되지 않으면 상대방이 마음의 문을 닫고 생각이나 감정을 누구와도 공유하지 않게 될 수도 있다.

라) 감정 명명하기는 무엇인가?

위기상황에서는 혼란스러운 감정을 경험할 수 있으며, 감정을 명확하게 정의내리기 어려울 수 있다. 개인이 느끼는 감정을 명명하도록 돕는 것은 그가 자신의 감정을 이해하고 어느 정도 통제할 수 있도록 돕는다. 감정 명명하기는 또한 개인이 위기서비스제공자에 대한 인식을 개선하고, 명료화할 수 있는 기회를 준다. 위기는 개인의 삶에서 실제 발생한 물리적 상실 또는 심리적 상실에 의한 결과로 발생된다. 그 고통은 상실에 대한 애도(grief)이다. 상실은 자동차, 금전, 집과 같이 유형이기도 하지만, 자존감, 권력, 자유, 위신과 같은 무형의 것일 수도 있는데, 모든 상실에서는 애도의 과정이 존재할 수 있다. 한 가지 사건에 의해 발생되는 상실의 종류는 여러 가지가 있을 수 있다. 예를 들어, 배우자의 죽음으로 인해 경제적인 손실을 겪을 수 있고, 이로 인해 안전, 힘, 위신, 또한 친구들과 사회적 관계까지도 상실을 경험할 수 있다.

모든 위기상황에서 두 가지 주요 요소는 애도 및 상실과 불안이다. 그 누구라도 비탄에 빠진 사람이 어떤 감정을 느끼고 있는지 정확히 알 수 없다. 그럼에도 불구하고, 엘리자베스 쿠블러－로스는 애도를 경험한 대부분의 사람들이 당면하게 되는 단계들을 제시하였다.

애도(grief)의 다섯 단계는 다음과 같다:

- 부인
- 분노
- 슬픔/우울
- 타협
- 인정

이러한 단계들은 개인이 애도 과정 중 어느 지점에 있는지 파악하도록 돕는 로드맵을 제공한다. 애도는 단계에 따라 발전하거나 거기에서 멈추지 않는다. 오히려, 같은 자리에서 반복되는 사이클처럼 느껴지기도 한다. 우리는 저마다 애도 과정의 각각 다른 단계를 경험하고 있을 수 있다.

다음의 반응들은 애도 반응으로 나타나거나 나타나지 않을 수 있다. 이것들은 애도 반응의 전부는 아니며, 다른 증상들도 나타날 수 있다. 감정 반응과 신체 반응은 저마다 다른 기간 동안에 다양한 형태로 지속될 수 있다.

정서적 반응

슬픔/버림받은 기분/절망

화/분노/원망과 짜증/복수심

안도감

공포심/혼란스러움/불안/걱정과 죄책감

방황/무감각

무망감/무기력

신체적 반응

슬픔/버림받은 기분/절망

목 안이 조여 오는 듯한 느낌

숨 가쁨

위가 빈 듯한 느낌

메스꺼움

두통

입 마름

기운 없음

행동적 반응

자주 울음을 터뜨림

도움이나 위로를 주려는 사람에게 적대적으로 반응함

안절부절 못함

활동을 하고 싶은 동기나 욕구가 사라짐

수면장애

고인과 그의 죽음에 대해 계속 이야기함

소외 또는 철수

흡연/음주 증가

인지적 반응

망상/환각

악몽

집중력 저하/우유부단/느린 사고의 흐름

방향감각 상실/기억장애/머릿속이 하얘짐

불안은 어떠한 위기상황에서든 발현될 것이라고 예상할 수 있는 감정반응으로, 불안을 경험하는 이유는 위기상황에 대한 해결방안을 찾지 못한 것으로 느끼기 때문이다. 사람들은 어떤 일이 일어날지 알지 못하는 것과 두려워하는 일이 실제로 발생하는 것을 두려워한다. 알 수 없는 미래에 자신의 감정을 투사하는 것은 위기상황에서 발생할 수 있는 정상적이고 자연스러운 반응이다. 불안은 문제에 대한 방법, 안정, 해결책을 찾게 하는 동기를 부여하게 하기도 한다. 종종 불안은 원인을 알 수 없는 두려움이나 혼란으로 경험되기도 한다.

마) 타당화는 무엇인가?

위기상황에 놓인 사람에게 가장 중요한 지지는 아마 타당화일 것이다. 타당화는 내담자가 겪는 감정이 발생 가능한 것이고, 같은 상황에서 다른 사람들도 비슷한 감정을 경험할 것이며 그 혼자만 겪는 것이 아님을 알려준다. 그들의 가치와 상황에 대처하기 위한 노력을 인정해 주어야 한다. 위기상황은 스스로 부적절하다는 느낌을 불러일으킨다. 그들이 이 상황을 극복할 수 있다는 것과 견디기 어려울 때는 도움을 받아 마땅하다는 것을 확인시켜 주어야 한다

가장 중요한 것은 그들이 느끼는 감정이 정상이라는 것을 보여주는 것이다. 타당화의 예시는 다음과 같다.

"당신이 말하는 것이 이상하게 들리지 않는데요."

"제가 그 상황이었어도 화가 났을 거예요."

"이렇게 많은 일들이 있는데 당신이 압도당하는 느낌이 드는 건 당연하지요. 누구라도 당신의 상황이었다면 그랬을 거예요."

바) 긍정적인 지지자가 되어주기

자신감, 희망, 확신을 주는 말을 통해 긍정적인 지지자가 되어준다. 예를 들면 다음과 같다.

"당신이 나에게 이야기 해주어서 반가워요."

"당신은 정말 (강한, 배려있는, 섬세한) 사람인 것 같군요."

"당신이 도움을 청하기로 했다니 기쁘네요, 당신은 그럴만한 자격이 있어요."

"당신은 유머감각이 있네요, 그건 좋은 대처 기술이 될 수 있어요."

진실이 아닌 말을 하지 않는 것은 매우 중요하다. 당신이 정말 그렇게 생각하지 않으면서 상대가 섬세한 사람이라고 이야기한다면, 그는 당신이 진실하지 않다는 것을 감지하게 될 것이다. 거짓 표현은 치료적 관계와 신뢰를 망친다.

사) 주요 문제는 어떻게 파악하는가?

위기상황의 성격을 파악하기 위해서는 몇 가지 질문을 할 수 있다:

- 이 전화를 걸게 된 직접적 계기는 무엇인가?
- 사건을 촉발시킨 것은 무엇인가?
- 이 상황에 관여된 사람들은 누구인가?
- 당사자는 어떻게 느끼고 있는가?
- 당사자가 두려워하는 것은 무엇인가?

이러한 질문들 중 대부분의 답은 위기 당사자가 본인의 이야기를 할 때 찾을 수 있으며 이 때 치료적 관계가 만들어진다. 필요한 기본적인 정보는 "어디가 아프세요?"와 "어떻게 도와드릴까요?"에 대한 대답이다.

그렇다면 구체적인 증상이나 행동문제를 겪고 있는 사람은 어떻게 도움을 받을 수 있는가? 아래의 증상 행동과 그에 대한 대처에 관련된 제안들을 살펴보아야 한다.

[증상 및 행동에 따른 대처방법]

증상 및 행동	대처 방법
불안 또는 동요	·동요하게 만들 수 있는 자극을 줄인다. ·동요하게 만드는 자극을 파악하여 가능하면 제거한다. ·침착하게 대응한다. ·천천히 말해달라고 요청한다. ·상황을 해결할 충분한 시간이 있음을 알려준다. ·자신만의 공간을 충분히 준다(어느 정도가 "충분히"인지 궁금할 것이다. 편집증을 겪는 사람은 일반적으로 보다 많은

	공간이 필요하다.)
	·대답을 강요하지 않는다.
	·필요하다면 개인만의 안전하고 조용한 장소를 찾도록 돕는다.
낮은 자아존중감	·자신의 강점을 찾도록 돕고, 스스로 할 수 없다면 위기서비 스제공자가 직접 찾아준다.
	·개인이 꺼내지 않는 이상 과거의 실패나 약점은 이야기하지 않 는다.
	·개인이 꺼낸 약점이나 과거의 실패에 대해 요령 있게 이야 기한다.
	·약점으로 보이는 것들을 문제해결 중심으로 대처하도록 돕 는다.
우울, 좌절, 외로움, 죄책감	·감정을 표현하도록 한다.
	·표현하는 감정을 그대로 경청하고 수용한다.
	·울 수 있게 내버려둔다.
	·고통을 줄여주는 방법으로 섣불리 격려하는 것을 주의한다.
	·감정에 영향을 줄 수 있는 행동의 변화나 문제 해결을 돕는다.
환각 또는 망상 또는 혼란스럽거나 비합리적인 사고	·개인이 경험하는 망상이나 환각의 현실을 두고 논쟁하지 않 는다.
	·개인이 경험하는 망상이나 환각을 개인이 믿거나 경험하고 있는 현실임을 수용한다.
	·조용한 장소에 있도록 권장한다.
	·침착하게 대응한다.
	·단순한 방식으로 이야기한다.
	·한 번에 한 질문만 건넨다.
	·명확하고, 현실적이며, 구체적이어야 한다.
	·개인이 당신의 말을 이해하고 대답을 생각할 때까지 기다린다.
	·필요에 따라 외부 자극 또는 다른 사람들과 개인 사이의 완 충제 역할을 한다.
지연반응	·인내한다.

(질문에 대한 대답이 지연되는 반응)	·대답을 생각할 때까지 시간을 준다.
현실의 경계에 대한 감각이 사라짐	·현실에 기반한 말을 지지한다. ·현실성 없는 말에 힘을 실어주지 않는다. ·접촉하는 것에 주의한다.
자기 주도적으로 목표를 설정하는 활동이 어려움	·기대를 명확하고 현실적으로 만든다. ·개인이 의미 있는 일을 찾도록 돕고 이 일들을 "할 수 있을 만한 일"들로 세분화 한다.
의사결정에 대한 어려움	·자극을 줄인다. ·가능하다면 내려야 하는 결정의 수를 줄인다. ·개인의 안전과 관련한 사안에는 지시적 입장을 취한다.
기이한 행동	·제한선을 설정한다. ·기이하거나 부적절한 행동이 특별히 어떤 것인지 파악한다 ("다른 사람들이 보기에는 이상할 수 있는 습관이 있네요."보다는 "생각의 침투를 막기 위해 손가락을 알루미늄 호일로 감싸는 건 많은 사람들에게는 이상하게 보일 수 있어요.")
철수 행동	·정신분열을 겪는 사람들은 조용한 장소가 필요하며 다른 사람들보다 더 자주 혼자 있고 싶어 한다. ·개인이 혼돈에 대처하기 위해 조용한 시간을 갖는 것을 허락한다. ·철수를 거부로 받아들이지 않는다. ·도움을 요청할 때 반응한다.
자극에 대한 과장 반응	·흥분되는 자극을 줄인다. ·개인이 조용한 장소를 찾도록 돕는다. ·명확하고 간단한 질문이나 문장을 사용한다.
공격적 행동	·행동에 제한을 설정한다.

무기력, 흥미상실	·위협적인 말에 주의하고 진지하게 받아들인다.
	·현실적이고 실행 가능한 목표를 설정하도록 돕는다.
수면 장애	·적절한 신체 활동을 낮에 하도록 격려한다.
	·카페인과 다른 각성제를 줄이도록 격려한다.
	·규칙적인 취침 및 기상 시간을 장려한다.
	·질 좋은 수면을 위한 취침 전의 습관을 마련하도록 돕는다.

아) 위기서비스제공자가 개인이 실행 가능한 대안 방책을 찾도록 어떻게 도울 수 있는가?

대안을 찾기 위한 몇 가지 질문사항이 있다.

개인이 경험하는 것 중 가장 중요하게 생각하는 이슈는 무엇인가?

• 개인이 원하는 것은 무엇인가?

• 개인이 스스로 필요하다고 생각하는 것은 무엇인가?

• 개인이 이미 시도한 것은 무엇인가?

• 이전에 일했던 곳은 어디인가?

• 의지할 수 있는 개인적 및 지역사회적 자원은 무엇인가?

만약 위기를 겪는 사람의 곁에 적극적인 정신건강지원 제공자가 있다면, 함께 위기 계획을 세우는 것이 가능할 것이다. 이러한 경우에는 현재 개인의 위기 계획이 어떤 것인지 알아 볼 필요가 있다.

계획이 아직 세워지지 않았다면 그 개인은 계획을 세우는 것을 유용하게 여길 수 있다. 계획은 단기적이고, 명확하며 실행 가능해야 한다. 그리고 현재 위기상황을 겪고 있는 개인 스스로가 계획을 최대한 많이 세워야 한다.

특히 스스로의 삶에 대해 통제감을 갖게 하는 구체적인 활동이 포함되어야 한다. 해롭고 비생산적인 행동에 대한 대안책도 포함되어야 한다. 예를 들어, 기분이 좋지 않을 때, 드라이브를 하는 대신 친구에게 전화하거나 강아지와 노는 것을 결정할 수 있다. 스스로 자원이라 여기는 활동을 포함하는 것도 유용하다. 물론 위기서비스제공자와 이야기하면서 주변 자원에 대해 생각해 낼 수 있지만, 악화되는 상황 속에서 혼자 생각해 내기는 어려울 수 있다. 계획을 작성한 후 개인과 위기서비스제공자를 위한 복사본을 만드는 것이 중요하다.

위기서비스제공자들은 지역사회의 다른 서비스에 연계를 하는 것이 적절할 수 있다. 그들은 위기를 겪는 사람에게 미래의 더 심각한 위기가 발생하는 것을 방지하기 위해 개인을 다른 서비스에 "소개하는 역할"을 할 수 있다.

자) 사후 개입 시 고려할 사항

사후 개입은 위기개입 서비스에서 매우 중요한 부분이다. 이러한 서비스들은 개인의 필요에 따라, 다음날 전화 통화를 하거나, 면대면 상담이 이루어질 수 있다. 사후 개입은 위기 계획안에 작성되어야 하며, 개인과 위기서비스제공자 모두가 동의해야 한다. 사후 개입을 위한 계약상의 기간이나 규정을 반드시 따라야 한다.

- 침착하고 위협적이지 않은 태도로 내담자에게 다가간다.
- 공격적이지 않고 적극적으로 대하라.
- 가능하면 내담자가 스스로 상황을 해결하도록 돕는다.
- 주변에 구경하는 사람들이 몰려 있다면, 물러나도록 한다.
- 주변의 위험한 물건을 제거한다.
- 내담자가 원하는 것을 얻기 위해 더욱 적절한 행동을 하도록 장려한다.
- 다른 직원이나 중요한 타인과 함께 작업하면서 상황을 진정시킨다.

- 내담자가 진정할 수 있는 시간과 공간을 준다.

- 간호사나 의사와 상의하에 적합하다면 PRN 약물을 사용한다.

- 시간을 벌기 위해 단기 해결 방안을 고려한다.

- 내담자를 존중한다.

- 당신과 내담자 모두를 위한 실제 탈출 통로를 확보하라.

- 내담자와 논쟁하거나 힘겨루기 하지 않는다.

- 독단적이거나 요구하는 태도를 취하지 않는다.

- 두려움을 느끼더라도 내담자에게 두려움을 느낀다고 말하지 않는다.

- 환각이나 망상, 현실에 대해 내담자와 논쟁하지 않는다.

- 환각이나 망상에 대해 내담자에게 농담하지 않는다.

- 상황에 과민반응하지 않는다.

- 내담자가 원하지 않을 경우, 특정 상황에 대해 이야기하도록 강요하지 않는다.

- 약물의 영향 아래 있는 내담자와 대립하지 않는다.

4) 자살, 타살 및 자해 등에 대한 위험성 평가

자살 및 자해 행동은 재난이후 장단기적으로 다양한 시점에서 발생할 수 있는 가능성이 존재한다. 이 부분에서는 이러한 상황에 대처하는 상담기초를 제공한다. 먼저, 자살 위험 요소를 정의하고, 잠재적으로 위험할 수 있는 사람과의 소통에 필요한 가이드라인과 같은 매우 중요한 사안들을 다룰 것이다. 특히 우울증과 약물, 알코올의 사용이 동반되었을 때의 위험성에 대하여 알아본다. 또한 잠재적으로 위험할 수 있는 사람과 소통할 때의 기본적인 가이드라인을 제시한다. 마지막으로, 자살 사건이 일어난 후에 디브리핑 과정에 대하여 논의한다.

가) 상담자가 자살에 대하여 알아야 할 것

사람들은 그들의 삶에서 한번 혹은 여러 번의 위기로 인하여 자살을 고려할 수 있고, 때때로 사람들은 자살을 자신의 고통을 해결하기 위한 수단으로 여긴다.

자살은 일반적으로 복합적인 요인들로 인해 발생한다. 연구에 따르면, 자살을 한 거의 대부분의 사람들은 약물 남용 문제를 가지고 있었으며, 대부분은 우울 관련 증상을 경험하고 있는 것으로 나타났다.

미국의 경우, 85세 이상인 백인 남성 집단의 자살율(10만명당 65.3명)이 가장 높은 것으로 나타났다. 또한 남성이 자살로 인하여 사망하게 될 가능성은 여성의 4배이며, 자살 시도는 남성보다 여성이 더 많이 하는 것으로 보고되고 있다.

자살 충동을 경험하는 사람은 홀로 남겨져서는 안 되며, 즉각적인 정신건강개입이 필요하다. 또한 자살 혹은 자해 행동을 예방하는 가장 효과적인 방법은 위험성을 조기에 파악하고, 우울증 및 다른 정신 질환에 대한 치료를 제공하는 것이다.

나) 자살 위기를 경험하는 사람에 대한 대응방법

개인이 자살을 고려하는 배경이나 이유는 모두 다르다. 만약 어떠한 사람이 자살을 생각하는 것으로 여겨진다면, 가장 좋은 방법은 그 사람에게 "당신은 자살을 생각하고 있습니까?"라고 직접적으로 질문하는 것이다. 이렇게 직접적으로 질문함으로써, 사안에 대하여 이야기 할 수 있는 기회를 제공한다. 자살에 대하여 이야기하는 것은 사실 자살 행위를 예방하는데 가장 좋은 방법이다. 개인에게 어떠한 답을 머릿속에 심어준다기보다, 스스로 생각해보고, 자유롭게 이야기 할 수 있는 질문을 한다. 어떠한 일이 일어났는지, 누가 연관되어 있는지, 자살 생각을 얼마나 오랜 기간 동안 지속하고 있었는지, 자살하지 않고 계속 삶을 살아간다면 어떻게 될 것인지, 타인들이 어떻게 반응할 것인지와 같은 질문에 당사자가 이야기 할 수 있도록 한다.

다) 상담자가 파악하여야 할 자살 관련 요인

한 개인이 살아오며 경험했던 사건들이 자살에 더욱 취약하게 할 수 있다. 다음에 제시된 선행 요인 및 심화요인들을 반드시 파악하도록 한다.

선행 요인

• 혼란스럽거나 일관성이 없는 생활양식

• 정신 질환, 특히 우울증

• 단절

• 신체적 건강 및 다이어트에 대한 염려

• 가족구성원의 자살내력

• 학업 및 근무 성취도

• 과도한 통제, 완고한 성격

• 강한 성취욕구

이와 더불어 자살 심화 요인들을 고려하여야 한다. 심화 요인이란, 개인이 위기에 처했음에도 불구하고, 도움을 받기 어려운 상황에 놓이거나 방치될 위험을 야기하는 요인을 말한다.

심화요인

• 부정적인 대처 양상(적대적인 태도, 낮은 유머 감각, 예민함, 모든 것에 대한 부정적인 평가.)

• 낮은 의사소통 능력

• 낮은 자아존중감

• 반사회적 행동

- 약물/알코올 남용 및 중독, 혹은 도박 중독

- 우울: 좋지 않은 기분이 지속됨

- 식습관 및 잠버릇의 변화

- 즐거움의 상실

- 과민함

- 절망, 무기력해 보이는 인상

- 특별한 이유 없이 죄책감을 느낌

- 이유 없이 울거나 눈물을 흘림

※ 자살 위험 요인

- 자살 시도 경험

- 정신 질환-우울증, 조울증과 같은 기분 장애

- 정신 장애와 알코올 및 약물 남용 장애의 공존

- 가족 구성원의 자살

- 신체적, 성적, 감정적으로 학대를 당한 경험

- 절망

- 충동적 혹은 공격적인 성향

- 정신건강 치료를 받는 것에 대한 거부감

- 관계, 사회, 경력, 금전적인 부분에서의 상실감

- 신체적 질환

- 치명적으로 위험한 수단(총기나 약물)에 쉽게 접근 가능한 경우

- 정신 질환, 약물 남용 장애, 자살에 대한 낙인을 염려하여 도움을 받지 않으려고 함

- 당사자가 중요하게 여기는 사람들(자살로 인하여 죽은 가족 구성원, 연예인,

동료)이 주는 영향

- 문화적 및 종교적인 믿음, 예를 들어 개인적인 딜레마에 대한 고결한 해결책이 자살이라는 믿음
- 지역사회에서 자살 사고가 전염적인 영향을 나타낼 경우
- 단절, 타인들과 떨어져 있다는 느낌

라) 우울장애 및 약물 남용 관련 문제 탐색

연구에 따르면, 자살자의 약 90%가 일반적으로 우울장애나 약물 남용 관련 문제를 갖고 있는 것으로 나타났다. 대부분의 사람들도 또한 약간의 기분이 좋지 않음, 마음이 내키지 않음, 초조, 무기력, 절망 등을 느끼기 때문에 어느 정도 우울함을 겪을 수도 있다. 그러나 우울증은 잠시 기분이 안 좋은 것보다 훨씬 심각한 상태를 뜻한다. 정신질환 진단 및 통계 편람(Diagnostic and Statistical Manual of Mental Disorder, 4th Edition, Text Revised(DSM−IV−TR); 현재는 DSM−V)에서는 우울성 에피소드에 관한 기준이 나타나 있다. 기준을 간략하게 나타내면 다음과 같다.

다음의 항목 중에서 다섯 개 혹은 그 이상의 증상이 2주 동안 우울증상으로 인해 일상생활의 기능에 변화가 있어야 한다. 이러한 증상들로 인하여 일상생활을 영위하는데 심각한 고통 혹은 장애를 겪고 있어야 한다(한 우울증 환자는 우울증의 영향을 너무나 무기력하여 연필을 집는 것조차 힘에 벅찬 일이라고 설명하였다.).

- 하루 종일 우울한 기분
- 하루 동안 거의 모든 일에 관심이 급격하게 사라짐
- 의도하지 않았음에도 불구하고 체중이 급격하게 증가 혹은 감소
- 불면(잠을 잘 수가 없음) 혹은 과수면(평소보다 더 많이 잠을 잠)
- 초조함 혹은 지체(타인의 관찰에 근거)

- 피로 혹은 힘이 없음
- 자기 자신이 가치가 없다고 느낌, 지나치거나 적절하지 않은 죄책감을 느낌
- 사고하거나 집중하는 능력이 낮아짐, 혹은 우유부단한 태도를 보임
- 죽음, 자살 사고 혹은 자살 시도에 대하여 반복적으로 생각함

자살 위험성을 나타내는 사람들에게서 알코올과 다른 약물의 남용은 위험요인으로 고려되는 동시에, 증상으로 나타난다. 자살자의 25%가 알코올 중독인 것으로 알려져 있다. 우울이나 다른 정신 질환에 스스로 대처하기 위하여 약물을 복용하는 경우는 드문 현상이 아니다. 심각하고 만성적인 정신 질환을 갖고 있는 환자들의 50%가 약물을 남용하는 것으로 추정된다. 위기 서비스를 제공할 때, 알코올 및 약물의 사용이 충동적인 경향을 증가시키거나 판단을 흐리게 할 수 있다는 것을 염두하여야 한다. 더불어 약물에 만취해 있거나 금단을 하는 것은(합법적인 약물과 비합법적인 약물 모두) 정신 질환과 관련된 증상을 일으킬 수도 있다.

개인이 자살을 수행하였을 때는 이러한 행동을 예견하는 사건이 존재할 수 있다. 즉 자살자가 더 이상 고통을 감내할 수 없으며, 이러한 비참한 삶을 사느니 죽음을 택하는 것이 낫다고 생각하게 한 갈등이나 상실이 있기 마련이다. 사람들은 보통 이러한 사건이 보통 자살의 원인이라고 생각한다. 그러나 자살은 한 개인의 삶에서 단 하나의 사건으로 유발되기보다 항상 훨씬 더 복합적인 이유에 의하여 발생한다. 개인 내력, 동시다발적인 스트레스 요인들, 대처 능력의 상실 등이 모두 자살의 원인으로 포함될 수 있다. 자살은 다양한 요인들이 결합되어 발생한다.

대개 사람들은 절망의 나락에 빠져있을 때, 자신의 상황에 대하여 긍정적인 면은 보지 못한 채 부정적인 부분에만 집중한다. 하지만 그 이야기를 경청하는 타인은 긍정적인 면에 대하여 명확하게 인지할 수 있다. 그러므로 그들에게 긍정적인

면을 명확하게 조명하여 이야기해주는 것이 중요하다. 긍정적인 측면을 조명하면서, "당신을 걱정하는 사람들이 있어요. 당신은 소중한 사람입니다."라고 말한다면 개인은 자살에 대한 주저함을 느끼게 될 것이다. 이러한 이야기를 하는 목적은, 당연히, 개인으로 하여금 자살에 대한 주저함을 느끼게 하여 죽음보다는 삶 쪽으로 기울게 하는 것이다.

자살 촉발 원인

자살은 일상생활에서의 스트레스 요인, 갈등, 혹은 상실의 누적으로부터 비롯된다.

• 가족 구성원 혹은 연인과의 갈등

• 취업, 승진, 목표 달성에 실패

• 금전, 수입, 재화의 감소

• 법적인 문제 등

• 부상 혹은 질환

• 임신

개인이 자살을 시도하기 전에 경험하는 세 가지 욕구

• 자신이 죽었으면 좋겠다는 욕구

• 자신을 누가 죽여주었으면 좋겠다는 욕구

• 살인을 저지르고 싶은 욕구

개인은 이러한 욕구를 바탕으로 높은 자살위험성에 놓이게 될 수 있는데, 위기서비스제공자는 이러한 위험성을 알아차리고, 파악하며, 안전을 확보하기 위하여 개입하는 것이 중요하다. 자살 충동이 발생한 시점과 자살 시도 행동의 시점 간의 간격이 상당할수록, 개인이 죽음을 택하지 않을 가능성은 높아진다. 자살을 고려하고 있는 사람에게 개입할 때에는 특정한 단계를 거쳐야 한다.

예시 5-1 **자살 평가 및 예방을 위한 가이드라인**

① 첫째, 위험도를 평가한다. 다음 제시된 요소들은 개인이 자살을 시도할 것인지, 그리고 그러한 시도가 얼마나 치명적일지에 대하여 결정하는데 중요한 역할을 할 것이다. 또한 때때로 위기서비스제공자의 직관 혹은 "느낌"이 자살 위험도를 평가하는데 아주 중요한 도구가 될 수 있다.

※ 자살 위험성 평가 영역

- 개인이 실제로 자살을 하려는 계획의 구체성
- 자살 시도 수단의 위험도 및 접근 가능성
- 사회적 단절의 수준
- 이전의 자살 시도 경험의 횟수와 심각도
- 스트레스의 수준 및 공존하는 스트레스 유발 요인
- 우울증의 정도 및 지속 기간
- 삶의 위기를 견딜 수 있는 일반적인 대처 능력
- 신체적 건강 정도
- 정신질환의 증상, 특히 명령 환각(명령 환각: 어떠한 행동을 하라고 명하는 환각, 환청의 목소리가 명령하는 대로 행동하여야 하는 것처럼 느낀다.)
- 개인이 받을 수 있는 외부의 도움 정도
- 충동성 혹은 자살을 방지할 수 있는 요인들의 부재
- 알코올 혹은 약물 사용
- 처방 및 비처방 약물

② 둘째, 상담자는 개인과 처음 만나 소통하는 시점부터, 약속 혹은 작은 동의를 구하도록 한다.

예) "지금 기분이 아주 안 좋아 보이네요, 30분 정도 앉아서 저랑 이야기하지 않겠어요?"

③ 셋째, 모든 자살의 징후를 가볍게 여기지 않는다. 필요할 경우 타인에게 자문을 구하고 자신이 행할 수 없는 일에 대하여 약속하지 않는다. 진심으로 걱정할 때에만 걱정한다고 말하라.

예) "당신이 기분이 좋지 않을 때 어떠한 결정을 내리는 것은 아주 어려워요. 당신의 기분이 나아질 때까지 우리가 결정 내리는 것을 도와주면 어떨까요?"

④ 넷째, 전략을 세워라. 개인이 특정적, 단기적인 계획에 결정을 내릴 수 있게 도와라. 당신이 모든 문제를 해결할 수 없다. 따라서 도울 수 있는 하나의 문제에 집중하라. 해결 방안이 아닌 선택 가능한 방법들을 제공하라. 선택 방안들은 개인이 스스로 결정을 내리고, 특정하고 실현 가능한 단기 계획을 수립하는데 힘을 실어준다.

※ 전략 구축을 위한 질문

• 개인이 가지고 있는 자원은 무엇이 있는가?
• 위기개입 서비스 제공자가 어떠한 자원을 제공할 수 있는가?
• 개인이 이미 시도했던 전략은 무엇이 있는가?

(1) 자해와 자살의 차이점은 무엇인가?

자해(self-injuries: SIs)는 자신의 피부를 잘라내거나 태우는 것 등의 손상시키는 행동을 의미하지만, 자살을 할 의도를 반드시 갖고 있지 않을 수 있다. 이러한 행동은 자해 행위(self-injurious behavior: SIBs) 혹은 자기 훼손(self-mutilation)

등으로 알려져 있다. 자해를 하는 사람들은 대체로 통제할 수 없는 감정을 효과적으로 조절하거나 표현하는 방법을 알지 못하여 자해 행위를 통하여 그러한 감정을 해결하려고 한다. 때때로 이러한 사람들은 경계선 성격장애를 갖고 있기도 하다.

(2) 당신이 최선을 다하여 노력하였음에도 불구하고 자살이 발생하였다면?

당신이 도움을 주려고 하였음에도 불구하고 자살이 발생한다면, 당신 스스로를 위하여 도움을 받아라. 자살은 당사자가 스스로 한 사적인 결정이며, 그 누구도 타인의 자살에 대하여 책임을 져서는 안 된다. 또한, 각각의 위기서비스제공자들은 자살자와 관련된 서로 다른 기억 및 관계를 가지고 있기 때문에 저마다 다르게 반응할 것이다. 자신과 동료들을 위해 마음을 추스르기 위한 시간을 갖도록 한다.

"디브리핑", "사례검토" 혹은 "심리적 응급처치"는 정신건강전문가들이 위기서비스제공자가 타인의 자살을 겪게 되었을 때 혹은 환자와 관련한 트라우마 사건을 겪은 뒤에 제공하는 개입을 지칭하는 용어이다. 이러한 개입들의 목적은 위기서비스제공자가 자신이 스스로 겪은 사건에 대하여 표현할 수 있도록 하고 사건에 노출된 것과 관련한 스트레스 증상들을 완화시키기 위한 것이다.

(3) 위협적으로 행동할 수 있는 사람과 어떻게 소통할 것인가?

타인에게 위협을 가할 것인지에 대하여 평가하는 것은 자살 의도를 평가하는 것과 유사하며, 고려해야 할 사항들과 계획을 세우는 과정 또한 비슷하다. 연구에 따르면, 훈련 받은 전문가는 세 번 중 한 번의 폭력적인 사건을 정확하게 예측할 수 있다고 한다. 다음은 위기서비스제공자가 잠재적으로 위협이 될 수 있는 개인과 소통할 때 필요한 기본적인 가이드라인이다.

① *위기상황에 투입되기 전 당사자에 대한 최대한 많은 기록과 정보를 얻어라.*

정신건강 환자를 분류하는 직원은 위기서비스제공자를 배정하기 전에 개인이 무장되어있는지 미리 알아보아야 한다.

② *당사자가 폭력적인 행동을 취할 것으로 예측된다면, 혼자서 개입을 진행하지 않는다.* 다른 위기 상담자 혹은 경찰을 동행한다.

③ *무기가 존재하는 현장에서 상담을 진행하지 않는다.*

만약 개인이 무장하고 있다면, 왜 무기를 지녀야 한다고 느끼는지에 대하여 이야기하도록 한다. 이 질문의 답변을 바탕으로 상담자는 개인이 무기는 내려놓고 협조할 수 있는지 요청을 할 수 있다. 만약 잠재적으로 위험할 수 있는 사람이 무장 해제를 거부한다면, 위기서비스제공자는 자리에서 물러나야 하며 경찰의 도움을 구해야 한다.

④ *잠재적으로 위험할 수 있는 사람, 특히 불안해 보이고 자신만의 공간이 필요해 보이는 사람을 좁은 공간에서 상담하지 않는다.*

부엌, 침실, 그리고 욕실에는 잠재적으로 무기로 사용될 수 있는 물건들이 있기 때문에 대체로 개입하기에 좋지 않은 장소이다.

⑤ *탈출 경로를 미리 숙지한다.*

편집증이나 불안을 경험하는 사람들은 자신이 갇혀있다고 느껴서는 안 되며, 위기서비스제공자는 개인이 위협적으로 변하였을 때 그 상황에서 벗어날 수 있는 경로가 있어야 한다.

⑥ *당사자의 말투나 행동에 집중하라. 위협적으로 돌변할 것을 예측할 수 있는 단서는 다음과 같다.*

- 목소리가 커지며 위협적인 말 혹은 욕설을 함
- 근육이 긴장됨, 그 예로 의자 가장자리에 앉는다거나 자신의 팔을 꽉 잡음

- 과잉 행동(이리저리 움직임 등)
- 문을 쾅 닫는 것, 가구를 넘어트리거나 다른 물건들을 부수는 행위

⑦ *필요하다면 비상연락망을 활용하고, 절대로 위험한 상황에 머무르지 않는다.*

(4) 개인이 타인에게 위해를 가할 위험성을 평가하기 위해 어떠한 요인들을 고려해야 하는가?

- 과거의 폭력 행동 혹은 공격적인 행동(사실 이것이 폭력 행동을 예측할 수 있는 가장 정확한 지표이다.)
- 개인이 과거에 어떠한 상황에서 폭력성을 보였는가?
- 폭력적인 사건이 얼마나 자주 발생하였는가?
- 폭력적인 사건 당시 개인이 어떻게 행동하였는가?
- 가장 폭력적인 행동이 무엇이었는가?
- 폭력 행위의 의도는 무엇이었는가?
- 타인에 대한 위해 계획의 구체성
- 특정인을 상대로 폭력 행위를 하고자 하는가?
- 잠재적 피해자를 해할 수단을 가지고 있거나 쉽게 접근할 수 있는가?
- 잠재적 피해자에게 접근할 수 있는가?
- 단절 정도, 불안, 편집증, 혹은 타인이 자신을 다치게 할 것이라고 믿거나 자신을 해하고 있다는 믿음
- 위협을 가하라고 명령하는 환청 증상
- 알코올 혹은 다른 약물의 만취, 특히 코카인, 암페타민, 다른 흥분제, 혹은 여러 약물에 대한 금단 현상
- 정신증적 증상 혹은 현실 감각의 부족
- 스트레스 정도 및 스트레스 유발 요인들의 수

- 살해 혹은 폭력에 대한 생각의 수준 및 지속 시간
- 삶의 위기에 대처할 수 있는 일반적인 능력 – 대처 역량 및 기전
- 신체적 건강 상태
- 정신 질환 내력, 특히 명령 환각
- 충동을 조절할 수 있는 능력(자신을 스스로 조절하고 싶어 하는가? 만약 그렇다면 어떻게 할 수 있는가? 개인이 너무 통제하려고 하는 것은 아닌가? 조절을 어렵게 할 만한 두뇌 손상, 혹은 다른 인지 능력의 손상이 있는가?)
- 외부의 도움 수준 및 개인에게 제공될 수 있는 자살을 제지하는 외부 요건들
- 개인의 정신 상태가 너무나 불안하여 정상적인 사고방식이 불가능하다면, 위기 상담자는 개인이 폭력적으로 변할 수 있다고 간주하여야 한다.
- 가족, 친구, 그리고 의료 기록을 통한 부수적인 정보는 잠재적인 위험성을 나타내는 개인과 소통할 때 매우 중요하다.
- 상담자 자신의 개인에 대한 직감 혹은 "느낌"이 위기를 평가하는 데 아주 중요한 역할을 할 것이다.

  (5) 잠재적으로 위협을 가할 수 있는 사람에게 위기서비스제공자가 어떻게 개입할 것인가?

- 걱정을 표현한다. 개인의 의사를 존중하며 사소한 것일지라도 선택권을 제공한다(어디에 앉을지, 간식이나 음료를 마실지).
- 개인과 동일한 눈높이에서 이야기 할 수 있도록 한다.
- 두 발(발가락과 뒤꿈치)을 모두 땅에 붙이고 앉는다. 손은 펼친 채로 무릎 위에 올려놓으며 자살 시도자 방향으로 약간 기울인 자세를 취한다. 이러한 자세는 당신이 개인의 이야기에 주의를 기울이고 있다고 느끼게 하며, 위협적인 상황이 발생하였을 때 즉각적으로 반응할 수 있도록 해준다.
- 다리를 어깨만큼 벌린 자세로 서 있는다; 한 다리가 약간 뒤쪽에 위치하도록

한다; 뒤쪽으로 뻗고 있는 다리에 무게를 싣고, 무릎을 살짝 구부린다.

- 손은 접지만 깍지를 끼지 않고 복부 위쪽 혹은 가슴 아래쪽에 위치하도록 한다; 팔짱을 끼지 않는다. 이렇게 서 있는 자세는 신체적 위협이 발생하였을 때 바로 반응할 수 있도록 해준다. 절대로 손을 주머니에 넣고 있지 않는다. 대처하는 데 느려질 수 있으며 개인이 더 긴장하도록 만들 수 있다. 팔짱을 끼고 있는 것 또한 대처에 느려질 수 있으며 개인이 위협적으로 인식할 수 도 있다.

- 무게를 뒤쪽에 위치한 다리에 싣고 무릎을 약간 굽히는 것은 위협 상황에서 재빠르게 행동할 수 있도록 돕는다.

- 개인이 충분한 신체적 공간을 가질 수 있도록 떨어져 있는다.

- 개인에게 사적인 질문(개인사) 혹은 위협의 의도를 묻기 전에 라포를 구축한다.

- 개인이 폭력적인 충동을 제어할 수 있도록 최선을 다해 도울 것이라고 안심시킨다. 확고한 제한을 정하되 개인을 위협하거나 분노를 표출하지 않는다.

- 개인이 편집증을 보인다면, 위기 제공자 또한 같은 문제를 겪고 있는 것처럼 개입하는 것이 최선이다. 위기상황에서는 망상 자체에 대하여 구체적인 이야기를 하기에 적절한 때가 아니다.

- 전략을 세운다. 개인이 특정한 단기 계획을 세울 수 있도록 돕는다. 위기서비스제공자가 모든 문제를 해결할 수 없다; 따라서 하나의 실현 가능한 문제에 집중한다.

(6) 잠재적 자살 위험이 있는 사람들에게 서비스를 제공하는 것은 어떠한 법적 함의를 갖고 있는가?

만약 한 개인이 위기서비스제공자가 개입을 한 후에 자살을 행하였다면, 개인의 가족이나 친구는 자살을 위기서비스제공자의 탓으로 돌릴 수도 있다. 다음과 같은 세 가지 유형의 자살이 가장 비난을 받거나 혹은 법적 문제에 연루될 수 있다.

① 외래 환자의 자살(상담자가 환자를 입원시켰어야 했었는가?)

② 입원 환자의 자살(시설이 안전한 환경을 제공하였는가?)

③ 시설 퇴원 혹은 탈출 후에 발생한 자살

과실 행위/법적 책임을 결정하는 데는 다음과 같은 네 가지의 요소가 모두 충족되어야 한다.

1. 상담자가 내담자를 보살피는 상담자-내담자의 관계가 성립된 경우

2. 일반적인 방법과는 거리가 먼 치료 방법이 제공된 경우

3. 환자에게 실제로 위해가 발생한 경우

4. 환자에게 위해가 발생한 직접적 원인이 상담자가 일반적인 방법이 아닌 다른 치료 방법을 제공하였기 때문일 경우

(7) 위험 관리 가이드라인

- 기록(항상 기록하라, 사건에 대한 기록은 사건 발생에 대한 근거를 마련할 수 있다.)
- 과거의 치료 경험에 대한 정보
- 환자의 가족 및 중요한 사람들의 관여 정도
- 현재 임상적 상황에 대한 자문
- 의료적 사안에 대한 민감도
- 지역사회의 자원에 대한 정보 인지
- 자신과 타인에게 줄 영향에 대한 고려
- 방지 대책

(8) 자살 방지를 위한 가이드라인

- 자살을 시도할 기회를 없애도록 한다.
- 자살을 생각하고 있는 생각을 이해하고 받아들인다.
- 자살에 대한 생각이나 자살행위를 예방한다.
- 개인의 단절을 방지하고 개인의 삶에서 중요한 사람들이 함께 하도록 한다.
- 후속 조치를 취한다.
- 확신할 수 없을 때는 자문을 구한다.
- 상담자 스스로 자신이 자살에 대하여 어떠한 생각을 가지고 있는지 인지한다.
- 선행 요인을 파악한다(현재의 위기상황에 이르게 한 문제들, 근심 및 사건 등을 파악).
- 상담자 자신을 자살 방지 도구로 사용한다.
- 자살 가능성이 있는 사람이 일반적인 사람들과 다르다고 여기지 않는다.
- 어떠한 문제를 해결하는 능력을 어림잡아 짐작하지 않는다.
- 자살을 하지 않도록 지나치게 설득하려 하지 않는다.
- 자살, 죽음 등의 주제에 대하여 추상적인 토론에 휘말리지 않는다.
- 자살에 대하여 지나치게 관대하게 행동하지 않는다.
- 불법적인 행위를 행하지 않는다.
- 일반적이고 무성의한 말로 안심시키지 않는다.
- 제한적인 목표를 설정한다. 자신감을 잃지 않는다.

표 5-1 위기상황 평가지

계획	불확실한, 미결정된 계획	자살에 관한 생각	구체적인 자살계획	메모나 유서 작성	자살계획을 적어놓음, 시간 및 장소 확정
방법	미정	약물, 자해	이산화탄소, 가스, 차량	목 매달기, 뛰어내리기	총기
가능성	수단 획득 불가능	수단을 쉽게 획득할 수 있음	준비하기 위하여 약간의 노력이 필요함	당일 수행할 예정	진행 중
시기	미정	몇 주 내로 모호하게 정해짐	몇 주 내 날짜 및 시간 확정	당일 수행할 예정	진행 중
자살 시도 경험	시도 경험 없음	1~2번의 시도	여러 위협이나 시도	자살 시도로 인해 매우 심각한 수준의 위험에 처함	두 번 이상의 심각한 시도
우울 정도	약간 기분이 가라앉음	경미한 우울증	만성적 우울증	극심한 우울증	극심한 우울증 및 무기력감
최근의 상실	특별한 스트레스 없음	하나의 사소한 갈등 혹은 상실	몇 가지 공존 스트레스 요인	주요 상실이나 갈등	몇 가지 유의미한 상실/변화
건강 상태	신체적으로 건강함	일시적인 질환을 경험	장애 및 만성적 건강 문제를 경험	몇 가지 질병이나 부상이 최근에 발생함	최근에 불치병을 진단받음
단절 상태	다른 사람과 소통이 가능하며, 다른 사람으로부터 도움을 받을 수 있음	동거인이나 다른 사람과 소통이 가능함	근처의 가까운 장소에 소통 가능한 사람이 존재함	홀로 거주, 가까운 곳에 도움을 줄 수 있는 사람이 없음	홀로 거주, 임대 차량 혹은 임대 주거지, 외부와 단절되어 있음

공존 질환	위험요인 없음	1개의 위험요인	1개 이상의 위험요인	다수의 위험요인들을 장기적으로 경험하고 있음	자살 시도 내력

(9) 자살을 예측할 수 있는 일반적인 위험요인

1. 우울 관련 질환, 정신 질환

2. 알코올 중독, 약물 남용

3. 자살 사고, 자살에 대한 이야기, 종교

4. 이전의 자살 시도 경험

5. 자살 수단(방법)의 확보

6 사회적 단절, 홀로 거주, 사회적 지지의 부족

7. 무망감, 경직된 인지구조

8. 백인 남성 노인

9. 모델링, 가족 내 자살 내력, 유전요인

10. 직장 및 직업상, 경제적인 문제

11. 가족력 및 가족 내 정신질환의 내력

12. 스트레스 및 일상생활 기능의 손상

13. 분노, 공격성, 과민성, 5-HIAA

14. 신체적 질병

15. 1~14번 중 반복되는 공존 요소, 자살 시도 내력

(Excerpted from "Suicide and Life Threatening Behavior," volume 21, number 1, The Guilford Press, New York, New York, Introduction by Ronald W. Maris, Ph.D., University of South Carolina).

자살 위험성 평가

아래의 평가는 상담자가 개인의 자살의 위험을 평가하는 데 이용할 수 있다. 이 평가는 미국 Minnesota Minneapolis의 Hennepin County Crisis Intervention Center에서 사용된 CISPA이다.

주요 위험요인: 아래의 어느 한 가지라도 해당되는 내담자는 자살위험성이 높은 것으로 간주되며, 주의 깊은 치료 개입이 요구된다.

시도:

_____1) 치명적으로 위험한 방법을 사용한 자살 시도(총기, 목을 매기, 높은 곳에서 뛰어내리기 등)

_____2) 심각한 손상을 입히는 수단 혹은 약물을 이용한 자살 시도

_____3) 구조가 불가능한 자살 시도(자살 시도 전 소통 부재, 장소, 시간, 개인의 접근성으로 인하여 발견이 불가능한 경우, 자신의 발견을 적극적으로 막으려는 행동 등)

_____4) 자살시도가 성공하지 못했다는 것에 대해서 후회하는 태도를 나타내고, 지속적으로 시도할 위험성을 보이거나 치료를 거부함

의도: (개인의 직접적인 표현 혹은, 타인의 관찰에 근거한다)

_____1) 즉각적으로 자살을 하고자 하는 의도

_____2) 자살을 위해, 쉽게 접근 가능하며 치명적인 방법을 사용할 의도

_____3) 사망 이후 절차의 준비에 대한 의도(유품 정리, 유서 작성, 자살 메모, 사업이나 보험에 대한 정리 등)

_____4) 자살에 대한 구체적인 의도: 시간, 장소, 기회

_____5) 망설임 없는 자살 의도 혹은 대안을 찾을 수 없음

_____6) 표현된 자살 의도와 상관없이 자신을 죽이는 환상을 봄

_____7) 활성화된 정신증 증상, 특히 정서 장애나 정신분열

_____8) 자살 의도는 있는 것처럼 보이나, 적절한 평가에 협조하려고 하지
　　　　　않음

2차 위험 요인: 다음 요인들 중 절반에 해당한다면 자살 위험도가 높은 수준에 해
당된다.

_____1) 절망 상태

_____2) 최근에 중요한 사람의 사망을 겪음

_____3) 직장을 잃거나, 재정적인 어려움이 생김

_____4) 심각한 상실, 스트레스, 변화의 발생(피해를 당하거나 고소의 가능
　　　　　성, 임신, 중병 등)

_____5) 사회적 단절

_____6) 현재 혹은 과거의 정신 질환

_____7) 현재 혹은 과거에 약물 중독/남용 경험

_____8) 자살 시도 경험

_____9) 가족 구성원의 자살을 겪음(최근 가까운 친구가 자살한 경우도 포함)

_____10) 현재 혹은 과거에 충동 조절이나 반사회적 행동을 조절하는데 어
　　　　　려움을 겪음

_____11) 심각한 우울 증상, 특히 죄책감을 느끼며 스스로 가치 없는 존재

라고 느끼며, 무기력을 경험

_____12) 최근에 별거 혹은 이혼을 겪음

_____13) 변화를 받아들이지 않으려고 함

다 재난생존자 개입 시 의사소통 기술과 전략

1) 존중, 수용하는 태도

생존자와 그의 가족들과 대화할 때 재난심리요원은 존중, 수용하는 태도를 보여야 한다. 생존자를 존중하고 수용하는 태도를 갖추기 위해 다음과 같은 사항을 숙지하여야 한다.

2) 주의집중, 적극적 경청

재난 현장은 정신없이 바쁘게 돌아간다. 하지만 생존자와 그의 가족들과 대화할 때는 하던 일을 멈추고 그들에게 전적으로 집중하는 것이 필요하다.

3) 재진술(반복하기, 바꾸어 말하기, 요약하기)

재진술은 상대방이 한 말을 듣고 그 내용을 반복하거나 간결하게 다시 말하는 기법이다.

※ 방법

- 내담자가 표현한 내용이 짧은 경우: 내담자가 한 말을 그대로 반복하는 것
- 내담자가 표현한 문장이나 내용이 긴 경우, 내담자가 한 말을 간단하게 바꾸어 말하는 거나 요약하는 것(예: '그러니까……', '당신이 생각하기에……', '당신은 지금……', '다시 말하면……', '바꾸어 말하면……')
- 상대방이 사용한 핵심단어는 그대로 사용하고 그 외 내용은 요약해서 진술함

※ 유용성

• 상대방이 한 말을 제대로 알아들었는지 확인할 수 있다.

• 상대방으로 하여금 더 이야기하도록 격려한다.

• 상대방으로 하여금 자신이 한 말을 더 이해하고 명료화하도록 도와준다.

• 두서없는 이야기의 주제를 명확하게 하거나 정리할 수 있다.

※ 주의할 점

• 지나치게 기계적인 반응은 피한다.

• 잦은 반복은 상대방을 짜증나게 하거나 놀리는 것 같은 인상을 줄 수 있다.

• 필요할 때 수용적이고 부드러운 어조로 적절하게 사용한다.

• 다양한 방식을 활용하여 너무 단조롭지 않게 해야 한다.

※ 재진술의 예시

예 1.

- 생존자: 그 일이 있은 후 요즘 사는 것이 너무 힘들어요.

- 재진술: 사는 것이 힘들다구요?

- 생존자: 네. 인생이라는 게 허무하다는 생각도 들고. 열심히 살려고 노력하면 뭐해요. 한 순간에 무너지는 게 인생인데. 참 허무하네요.

- 재진술: 인생이라는 게 허무하다는 생각이 들고.

예 2.

- 생존자: 아무도 믿을 수가 없어요. 도와주겠다고 약속한 사람들이 너무 많았는데, 이제 며칠 지났다고, 아무도 관심이 없어요. 우리는 아직 이렇게 힘든데. 아무것도 나아진 게 없는데.

- 재진술: 그러니까 당신은 아직 많이 힘든데, 사람들의 태도가 많이 달라진 것이군요.

- 생존자: 네. 그들을 이해할 수가 없어요. 며칠 전까지 우리한테 친절하게 대해주고 모든 것을 다 해줄 것처럼 하더니, 이제는 우리를 무시하고. 아무 일도 없었다는 듯이 행동해요.

- 재진술: 사람들이 일관성이 없어 이해하기가 힘드신거죠?

예 3.

- 생존자: 그날 이후로 악몽을 꾸고 잠을 잘 수가 없어요. 그날 일이 자꾸 생각나서 화가 나고 무서워요. 잠을 못 자니까 하루 종일 피곤하고. 피곤이 쌓이니까 더 화가 나고. 완전 악순환이에요. 어디서부터 어떻게 해야 할지. 막막해요.

- 재진술: 악몽을 꾸니 잠을 못 자고 얼마나 피곤하시겠어요.

- 생존자: 아직까지 믿을 수가 없어요. 어떻게 그렇게 끔찍한 일이 일어난거죠? 우리 가족끼리 오랜만에 휴가를 떠난 건데요. 아이들이랑 집 사람이 너무 좋아했어요. 정말 오랜만에 휴가를 간 거라서. 왜 이런 일이 우리한테 일어난거죠? 왜? 왜?

- 재진술: 왜 이런 일이 일어났는지 이해할 수 없으신거죠?

예 4.

- 생존자: 물난리로 인해 할아버지가 돌아가시고, 집을 잃었어요. 할아버지 돌아가셨을 때 나도 같이 죽었어야 하는데 왜 혼자 살아남았을까? 그게 너무 죄송스럽고. 할아버지는 부모님이 차 사고로 갑자기 돌아가신 후부터, 그 때가 제가 3살이었는데, 절 키워주셨어요. 그런 할아버지만 돌아가시게 하고. 이제 무엇 때문에 살아야 할지 모르겠어요.

- 재진술: 소중한 할아버지를 물난리로 잃으셨군요.

4) 감정반영

감정반영은 상대방의 느낌이나 감정을 알아차리고 이를 전달하는 기법이다.

※ 방법

• 상대방이 직접적으로 감정을 표현하면 그 감정이 무엇인지 알아차린다.

• 상대방의 말이나 행동 이면에 무슨 감정이 있는지 알아차린다.

• 상대방의 비언어적 행동을 단서로 활용하여 감정을 알아차린다.

비언어적 행동	감정
눈물을 글썽임	슬픔
주먹을 꽉 쥠	분노
가슴을 손으로 침	억울함
손이나 다리를 떨고 있음	불안
고개를 떨굼	슬픔
눈을 동그랗게 뜸	놀람, 불안
입술이 떨림	불안, 슬픔, 분노
이맛살을 찌뿌림	심각하게 생각함, 만족스럽지 않음
지나치게 크거나 빠른 목소리	불안
꽉 다문 입술	분노
눈을 두리번거림	불안
팔짱 끼는 것	불안

• 상대방의 감정에 가장 적합한 단어를 찾기 위해 상대방의 감정이 긍정적인지 부정적인지 살펴본다. 그리고 그 감정의 유형은 무엇인지, 강도는 어떤 정도인지 파악하라. 상대방이 공감할 수 있는 감정 어휘를 사용하라.

※ 유용성

- 상대방으로 하여금 자신의 느낌이나 감정이 무엇인지 이해하도록 한다.

- 상대방으로 하여금 자신의 느낌이나 감정을 표현하도록 한다.

※ 감정반영 예시

예 1.

- 생존자: 내가 전생에 무슨 죄를 저질렀길래 이런 끔찍한 일이 나한테 생긴거야. 정말 어이가 없고(가슴을 치며 눈물을 흘림), 어떻게 이런 일이. 내가 무슨 죄를 저질렀길래.

- 감정반영: 너무 믿기 힘든 일이 일어나서, 화가 나고 억울하시지요.

예 2.

- 생존자: 부모님은 아무일도 없었다는 듯이 예전으로 돌아가고 싶어하세요. 전 그럴 수가 없어요. 계속 생각이 나는데 어떻게 아무렇지 않은 척 해요. 부모님을 보는 것이 더 힘들어요. 요즘은 차라리 집을 나가 혼자 있고 싶을 정도에요.

- 감정반영: oo는 너무 힘든데 부모님이 그걸 이해해주지 못해 속상하구나. 집을 나가고 싶은 생각이 들 정도로.

예 3.

- 생존자: 딸아이가 그 일이 있은 후로는 밥도 먹지 않겠다고 하고 학교도 안 가려고 해요.

  침대에서 꼼짝도 안 하고. 처음에는 그럴 수 있겠다 싶어 그냥 놔뒀어요. 자기도 얼마나 힘들면 저럴까 싶어서요. 그리고 타일러도 보고 화도 내 보고 하는데 도통 말을 안 들어요.

- 감정반영: 딸에 대한 걱정으로 많이 속상하시겠어요. 화도 나고 안타깝기도 하고.

예 4.

- 생존자: 마을 사람들은 가족끼리 서로 도우며 복구 작업을 하는데, 난 그러지 못하잖아. 혼자 산 지 10년이 넘었으니. 혼자 집안 복구 작업을 하다가 온 몸에 병이 생겼어요. 어디 가서 하소연을 해야 할지 모르겠고. 그냥 혼자 술을 마시며 버티는거지. 술을 안 마시면 잠을 잘 수도 없고, 속상한 마음을 달랠 수가 없어요.
- 감정반영: 마을 사람들이 도와줬으면 했는데, 섭섭(외로움) 하셨겠어요.

예 5.

- 생존자: 도대체 언제 집으로 돌아갈 수 있다는 거예요? 여기서 쪼그려 잔 지가 벌써 2주일이 넘었어요. 잠을 제대로 못 자니까 힘들어요. 집에 가서 처리해야 할 일도 많은데, 모든 작업이 너무 느리네요. 이제 집으로 갔으면 좋겠어요.
- 감정반영: 집에 못 가니까 많이 힘드시죠? 집에 가서 처리해야 할 일도 걱정되구요.

라 심리적 안정화 기법

다음은 생존자들의 심리적 안정화를 위해 사용하는 기법들이다. 여기서 소개하는 심리적 안정화 기법은 장·단기적으로 생존자 개입 시 활용할 수 있는 방법들이다. 이 기법들을 사용하기 전에 가장 먼저 해야 할 일은 다음과 같다:

- 가능한 사람이 적고 조용한 장소로 생존자를 안내한다.
- 생존자가 팔과 다리를 펴고 편한 자세로 앉거나 눕게 한다.

1) 안전한 장소 상상하기

'안전한 장소 상상하기'는 안전한 장소를 떠올리게 하여 긴장을 완화시키는 기법이다.

- *"먼저 눈을 감게 하고 안전하게 느껴지는 장소를 떠올려 보세요(만약 생존자가 어려움을 호소하면 집, 산, 바다와 같은 곳을 떠올려 보게 한다). 이제 저한테 그 장소에 대해 말해 주시면 됩니다. 먼저, 그곳이 어디인가요? 그곳에는 무엇이 있나요? 누가 있나요? 어떤 소리가 들리나요? 어떤 냄새가 맡아지나요?"*

- *"자 이제 천천히 저와 함께 심호흡을 합니다. 하나, 둘, 셋. 그리고 천천히 눈을 뜹니다(10초 후). 지금 기분이 어떠세요?"*

* 생존자가 이러한 장소를 떠올릴 때 불안하거나 두려운 기억이나 생각이 든다고 하면 즉각 상상을 멈추게 한다.

2) 포커싱

'포커싱'은 생존자가 재난이나 외상사건에 대한 생각에서 잠시 벗어날 수 있도록 도와주는 기법이다.

- *"주위에 보이는 물건 중 하나(예: 바닥, 벽, 의자, 신발)를 골라주세요. 어떤 물건을 고르셨나요? 네. 신발을 고르셨어요? 그럼 그 신발을 집중해서 보면서 저한테 신발에 대해 말씀해 주세요. 먼저, 신발은 무슨 색이에요? 신발 사이즈는 얼마나 될까요? 저 신발의 주인은 어떤 사람일까요? 저 신발을 신고 뛰어다니면 너무 불편하겠죠?"*

- *"눈을 감고 지금 들리는 소리에 집중해서 들어보세요. 어떤 소리가 들리나요?"*

* 예를 들어, 생존자가 호흡하는 소리, 바람 부는 소리, 물 흐르는 소리가 들린다고 한다. 각각의 소리에 대해 자세히 이야기하게 한다.

3) 명상과 호흡법

※ 좌선 명상(5분)

허리를 곧게 펴고 똑바로 앉는다. 두 손을 모으고 머리부터 발끝까지 몸을 편하게 한다. 자신의 호흡이 나가고 들어오는 것을 느낀다. 가벼운 신호로 명상을 끝내며 손을 아래위로 흔들고, 어깨와 몸을 돌려준다(김지수, 이승범, 2009).

복식호흡(10분)

- 허리를 곧게 펴고 똑바로 앉는다.
- 눈을 감고 양 미간에 힘을 풀고, 입은 약간 벌리고, 어깨는 자연스럽게 내민다.
- 한 손은 배위에, 다른 한 손은 가슴 위에 두고, 배 위의 손이 오르내리는 느낌에 집중한다.
- 호흡은 코를 통해서 부드럽게 한다.
- 지나치게 크고 깊게 숨 쉬려 하지 않는다. 평소 호흡 속도를 유지하되, 규칙

적으로 호흡한다.

- 숨을 들이쉴 때 아랫배를 최대한 볼록하게 내밀고, 숨을 내쉴 때 배를 살짝 밀어 넣는다.

- 숨을 들이쉴 때 속으로 '하나'라고 세고, 잠깐 멈춘 뒤 내쉬면서 '편안하다'라고 속으로 말한다.

- 총 20번 반복한다.

깊은 호흡(10분)

팔을 양 옆에 놓고 가능한 편한 자세로 앉는다. 양반다리나 가부좌를 하는 것이 가장 좋지만 너무 무리할 필요는 없다. 자신에게 가장 편안한 자세로 앉는 것이 중요하다.

- 눈을 지그시 감으며 마음을 가라앉힌다(마음이 안정되지 않으면 편안한 장소를 떠올려본다).

- 마음속으로 하나, 둘, 셋, 넷, 다섯을 천천히 세면서 숨을 들이마신다.

- 마음속으로 하나, 둘, 셋, 넷, 다섯을 천천히 세며 숨을 참는다. 이 때 머리부터 가슴과 배까지 온몸으로 숨을 채우는 것을 느낀다.

- 다시 마음속으로 하나, 둘, 셋, 넷, 다섯을 세며 숨을 내쉰다.

- 들이마시는 호흡보다 내쉬는 호흡의 길이를 길게 하는 것이 좋다.

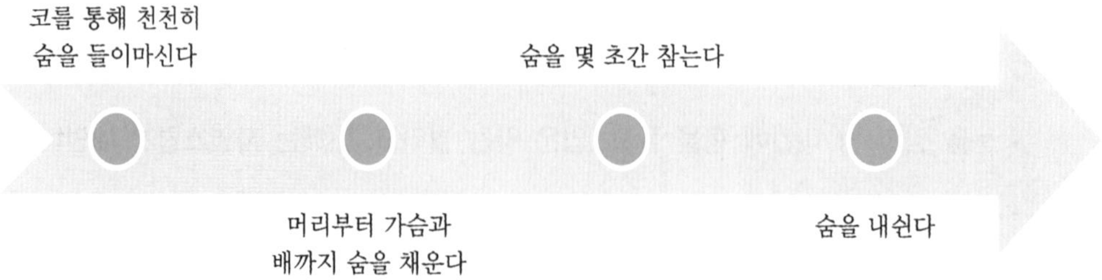

코를 통해 천천히
숨을 들이마신다

숨을 몇 초간 참는다

머리부터 가슴과
배까지 숨을 채운다

숨을 내쉰다

그림 5-1 깊은 호흡

4) 점진적 근육이완법

몸의 다양한 근육을 긴장시켰다가 이완시키는 기법이다. 다음의 과정을 따라 하되, 특정 근육이 약하거나 문제가 있다면 무리하지 않는다.

- 옷이나 벨트를 느슨하게 하고 안경, 시계, 반지 등을 벗는다.
- 팔을 양 옆에 놓고 가능한 편한 자세로 앉는다.
- 눈을 감고 온몸의 힘을 다 빼고 아주 편안한 상태라고 상상한다.
- 숨을 깊게 들이쉬고 숨을 잠시 멈춘 후(5초 정도) 천천히 내쉰다.
- 다시 깊게 숨을 들이쉬며 온 몸이 따뜻함을 느끼고 천천히 숨을 내쉰다.
- 다시 반복하면서 숨을 내쉴 때 몸에 있는 모든 긴장이 풀리는 것을 느낀다.(이 과정을 여러 번 반복한다)
- 왼쪽 주먹을 꽉 쥐고 5초간 긴장을 느낀다. 그리고 주먹을 서서히 편다.
- 다시 왼쪽 주먹을 꽉 쥐고 5초간 긴장을 느낀다. 그리고 주먹을 서서히 편다.
- 이제 왼쪽 주먹이 이완되어 부드럽고 편안함을 느낄 수 있다.
- 이번에는 오른쪽 주먹을 꽉 쥐고 5초간 긴장을 느낀다. 그리고 주먹을 서서히 편다. 다시 오른쪽 주먹을 꽉 쥐고 5초간 긴장을 느낀다. 그리고 주먹을 서서히 편다. 이제 오른쪽 주먹이 이완돼서 부드럽고 편안함을 느낀다.
- 이번에는 두 눈에 힘을 주고 꽉 감고 5초간 긴장을 느낀다. 그리고 천천히 두 눈의 힘을 뺀다. 다시 두 눈에 힘을 주고 꽉 감고 5초간 긴장을 느낀다. 그리고 천천히 두 눈의 힘을 뺀다. 이제 눈 주위가 이완돼서 부드럽고 편안함을 느낄 수 있다.
- 윗니와 아랫니를 붙이고 이를 꽉 물고 5초간 긴장을 느낀다. 그리고 천천히 이에 준 힘을 뺀다. 다시 윗니와 아랫니를 붙이고 이를 꽉 물고 5초간 긴장을 느낀다. 그리고 천천히 이에 준 힘을 뺀다. 입 주위가 이완돼서 부드럽고 편안함

을 느낄 수 있다.

- 얼굴 전체에 힘을 주고 5초간 긴장을 느낀다. 그리고 천천히 얼굴에 힘을 뺀다. 다시 얼굴 전체에 힘을 주고 5초간 긴장을 느낀다. 그리고 천천히 얼굴에 힘을 뺀다. 이제 얼굴 전체가 이완돼서 부드럽고 편안함을 느낄 수 있다.

- 턱이 가슴에 닿도록 힘있게 푹 숙이고 5초간 긴장을 느낀다. 그리고 천천히 턱을 편안하게 올린다. 다시 턱이 가슴에 닿도록 힘있게 푹 숙이고 5초간 긴장을 느낀다. 그리고 천천히 턱을 편안하게 올린다. 목 주위가 이완돼서 부드럽고 편안함을 느낄 수 있다.

- 양 어깨를 귀에 닿도록 힘있게 치켜 올리고 5초간 긴장을 느낀다. 그리고 천천히 어깨를 편안하게 한다. 다시 양 어깨를 귀에 닿도록 힘있게 치켜 올리고 5초간 긴장을 느낀다. 그리고 천천히 어깨를 편안하게 한다. 어깨가 이완돼서 부드럽고 편안함을 느낄 수 있다.

- 숨을 깊게 들이마셔서 배를 가능한 불룩하게 내밀고 5초간 긴장을 느낀다. 그리고 천천히 숨을 내 쉬면서 배를 편안하게 한다. 다시 숨을 깊게 들이 마셔서 배를 가능한 불룩하게 내밀고 5초간 긴장을 느낀다. 그리고 천천히 숨을 내 쉬면서 배를 편안하게 한다. 배 근육이 이완돼서 부드럽고 편안함을 느낄 수 있다.

- 허벅지에 힘을 잔뜩 주고 5초간 긴장을 느낀 후 천천히 힘을 뺀다. 다시 허벅지에 힘을 잔뜩 주고 5초간 긴장을 느낀 후 천천히 힘을 뺀다. 허벅지 근육이 이완돼서 부드럽고 편안함을 느낄 수 있다.

- 엉덩이에 힘을 줘서 단단하게 만들고 5초간 긴장을 느낀 후 천천히 힘을 뺀다. 다시 엉덩이에 힘을 줘서 단단하게 만들고 5초간 긴장을 느낀 후 천천히 힘을 뺀다. 엉덩이 근육이 이완돼서 부드럽고 편안함을 느낄 수 있다.

- 종아리에 잔뜩 힘을 주고 5초간 긴장을 느낀 후 천천히 힘을 뺀다. 다시 종아리에 잔뜩 힘을 주고 5초간 긴장을 느낀 후 천천히 힘을 뺀다. 종아리 근육이 이완돼서 부드럽고 편안함을 느낄 수 있다.

- 다리를 쭉 펴고 발가락 끝을 머리 쪽으로 힘 있게 당기고 5초간 긴장을 느낀다. 그리고 천천히 다리를 편안하게 한다. 다시 다리를 쭉 펴고 발가락 끝을 머리 쪽으로 힘 있게 당기고 5초간 긴장을 느낀다. 그리고 천천히 다리를 편안하게 한다. 다리 근육이 이완돼서 부드럽고 편안함을 느낄 수 있다.

- 이제 몸과 마음의 긴장이 모두 사라지고 온 몸이 부드럽고 편안함을 느낀다. 자, 다시 숨을 깊게 들이마신다. 하나, 둘, 셋. 넷. 깊게 내쉰다. 하나, 둘, 셋. 넷. 다시 한 번 숨을 깊게 들이마신다. 하나, 둘, 셋. 넷. 깊게 내쉰다. 하나, 둘, 셋. 넷. 이제 몸과 마음이 아주 편안하다. 편안한 상태를 유지하면서 천천히 눈을 뜬다. 그리고 천천히 몸을 움직이며 일어난다.

- 종합하면, 아래의 순서로 근육에 힘을 줬다가 힘을 빼며 긴장을 푼다.

그림 5-2 점진적 근육이완법

5) 빠른 근육이완법

이번에는 좀 더 간단하고 빠르게 할 수 있는 근육이완법을 소개한다.

- 옷이나 벨트를 느슨하게 하고 안경, 시계, 반지 등을 벗는다.
- 팔을 양 옆에 놓고 가능한 편한 자세로 눕는다. 서서히 두 눈을 감는다.
- 눈살을 최대한 찌푸리고 눈을 꼭 감는다. 이마에 힘을 준다(10초), 그리고 눈과 이마에 힘을 뺀다(10초)
- 어금니를 악물고 턱에 힘을 준다(10초). 그리고 악물었던 어금니에 힘을 빼고

턱을 아래로 떨군다.

- 오른쪽 손을 꽉 쥐고 최대한 팔을 긴장시킨다(10초)
- 긴장했던 팔에서부터 손까지 최대한 힘을 뺀다(10초)
- 왼쪽 손과 왼쪽 팔을 긴장시킨 후(10초), 팔에서부터 손까지 최대한 이완시킨다(10초)
- 목을 뒤고 젖히고 양 어깨를 움츠리며 긴장시킨 후(10초) 목을 수그리고 어깨를 제자리로 이완시킨다(10초)
- 배꼽 주위에 팽팽한 느낌이 들도록 힘을 준 후(10초) 천천히 힘을 뺀다(10초)
- 다리를 가슴까지 올렸다가(10초) 천천히 내린다(10초)
- 발가락에 최대한 힘을 주었다가(10) 천천히 힘을 뺀다(10초)

6) 자기대화법

- 스스로에게 다음과 같은 말을 하면서 심리적 안정을 찾도록 노력해 본다
- 많은 생존자들이 공통적으로 스트레스 반응을 경험한다는 사실을 스스로에게 상기시켜라.
- '큰 일을 겪었으니 이런 반응들은 다 자연스러운 것이야.'
- '다른 사람들도 이런 경험을 하겠지. 나 혼자만의 문제가 아니야.'
- '내가 나약해서 일어난 일이 아니야. 그 누구의 잘못도 아니지.'
- '하나씩 해보자. 지금은 나한테 시간을 주자. 너무 무리하지 말자.'
- '시간이 지나면 조금씩 나아질 거야.'

스스로에게 긍정적인 말을 많이 하면 심리적 안정에 회복에 도움이 된다.

- '나는 이걸 이겨낼 수 있어.'
- '이제 안 좋은 일은 다 지나갔어. 나는 안전해.'
- '내 주위에는 나를 진심으로 걱정해 주는 사람들이 많아.'

- '나는 원래의 나를 찾을 거야.'
- '나는 할 수 있어. 이겨낼 수 있어.'

7) 착지연습[1]

착지 연습은 생존자가 침습이나 플래시백과 같은 영향에서 스스로 벗어나는 능력을 도와주는 방법이다. 시각, 청각, 신체감각 등을 이용해 지금 여기를 인식함으로써 안 좋은 기억에 빠지거나, 멍해지거나, 현실감이 없어지는 것을 감소시킬 수 있다. 기본 전제는 트라우마 관련 자료에 내적으로 몰입하고 집중된 상태에서 감각을 통해서 현재의 외부 상황과 연결하면 빠져나올 수 있다는 점을 교육하는 것이다. 치료자는 생존자가 시간과 장소에 돌아오게 하고 자신의 신체를 안전하고 통제할 수 있도록 하며, 치료자 및 진료실 등 안전요소와 연결시켜 주는 역할을 한다.

- 편안한 자세로 앉는다.
- 편안하게 심호흡을 하고, 주위를 둘러본 후 보이는 다섯 가지를 말하도록 한다.
- 눈을 감고, 몸의 느낌에 다시 집중을 해본 후, 무엇이 들리는지 다섯 가지 소리를 이야기하도록 한다.
- 다시 눈을 감고, 몸의 느낌에 한 번 집중을 해보도록 한다. 몸에서 무엇이 느껴지는지 알아차려보고, 무언가 감각이 느껴지는 부위가 있으면 이야기하도록 한다.
- 양 손을 의자 팔걸이에 올려본다. 그 느낌에 집중하여 무엇이 느껴지는지 이야기하도록 한다.
- 한 쪽 팔꿈치를 다른 쪽 무릎에 대는 동작을 5번 반복하고 몸에서 일어나는 감각의 느낌을 말하도록 한다.

---

1) 위의 내용과 예시는 한양대학교 산학협력단(2015)의 〈트라우마 회복을 위한 안정화 프로그램 개발〉 최종보고서에서 직접 인용 및 발췌함.

8) 봉쇄연습[2)]

봉쇄연습은 Omaha(2004)의 Affect Management Skill Training(AMST) 프로토콜에서 비롯된 것으로, 안정화 단계에서 치료자가 가르쳐야 될 가장 기본적이고 중요한 기술 중의 하나이며, 심상을 통해서 생존자들이 힘들어 하는 침습적인 기억, 이미지, 불편한 생리 반응을 효과적으로 조절할 수 있는 간단한 방법이다. 봉쇄 기술은 용기와 같은 이미지를 상상해서 현재 외상생존자가 경험하는 불편한 요소들을 담아 통제하는 능력을 도모하는 것이다. 불편한 증상들을 형상화하여 통제하는 것이 생존자로 하여금 큰 안도감을 주는데 불편해 하던 자료가 봉쇄되며 더 이상 두려움, 수치감, 죄책감 등 그 자료와 관련된 감정 경험이 줄기 때문이다. 불편한 외상 관련 자료가 봉쇄되면 관련된 긍정적 신체감각, 감정 등을 강화시키며 필요하면 봉쇄된 자료를 처리하는 심상작업을 추가할 수 있다.

- 봉쇄연습은 불편한 감정이나 생각때문에 압도당하고 고통스러워하는 경우, 이 불편한 것들을 나중에 다룰 수 있도록 봉쇄하는(담아넣는) 기술임을 안내한다.

- 생존자가 자신의 불편한 생각, 감정, 감각이나 이미지 등 모든 불편한 것들을 충분히 담을 수 있는 강한 봉쇄(담아넣는) 이미지를 정하고 떠올리도록 한다.

- 생존자가 봉쇄하고(담아넣고) 싶은 생각이나 감정을 정하고, 그 감정의 어느 정도를 봉쇄하고(담아넣고) 싶은지 말하도록 한다.

- 생존자가 눈을 감고, 봉쇄(담아넣는) 이미지를 떠올리게 한다. 그리고 앞서 떠올린 봉쇄하고 싶은 생각과 감정을 이미지에 넣고 봉인하는 것을 상상하도록 한다.

---

2) 위의 내용과 예시는 한양대학교 산학협력단(2015)의 〈트라우마 회복을 위한 안정화 프로그램 개발〉 최종보고서에서 직접 인용 및 발췌함.

<예시>

- *"눈을 감으시고, 아까 말씀하신 봉쇄(담아넣는) 이미지, 그 용기, 두꺼운 강철 문으로 된 타원형의 타임캡슐을 떠올려보세요. 지금 그 타임캡슐의 뚜껑이 열려있습니다. 그리고 그 안으로 불편한 감정을 용기 안으로 넣어보세요. 연기나 액체같은 것을 떠올리셔도 됩니다."*

- *"이제 뚜껑을 덮고 입구를 봉합니다. 필요하다면 용접하거나 접착해서 꽉 닫으셔도 됩니다. 거기에 '내 치유를 위해 필요할 때만 열림'이라는 표지판을 설치하도록 할게요. 심호흡하시고요. 그 감정의 몇 퍼센트가 담겨졌나요? 기분이 어떠세요?"*

9) 버리기 연습[3]

버리기(disposal)도 앞에서 인용한 AMST의 치료 모듈 중 마지막 단계이며 처리자원을 개발하여 불편한 감정을 처리하고 이로 야기되는 긍정적 감각이나 감정을 계측기를 이용하여 증진시키는 심상을 이용한 기법이다. 봉쇄연습과 마찬가지로 버리고 싶은 감정의 퍼센트를 정하는데, 이 때 100% 보다는 1−5% 정도 남겨두는 것이 필요하며, 이는 부정적인 감정도 어느 정도는 정상적인 것임을 주지시키려는 의도이다.

- 생존자가 감소시키고 싶은 불편한 감정을 떠올려보고, 말하도록 한다.

- 생존자가 감정의 몇 퍼센트를 버리고 싶은지 이야기하도록 한다. 단, 모든 감정을 버리는 것은 권장하지 않는다는 것을 알린다.

---

3) 위의 내용과 예시는 한양대학교 산학협력단(2015)의 〈트라우마 회복을 위한 안정화 프로그램 개발〉 최종보고서에서 직접 인용 및 발췌함.

- 생존자가 감정을 버리도록 해주는 이미지를 스스로 정하고, 감정을 버리는 상상을 하도록 한다.

- 감정을 버리는 상상을 한 후, 새롭게 체험한 감각이나 감정을 몸에 채워 넣는 상상을 하도록 한다.

<예시>

- *"짜증나는 감정을 버리도록 해주는 이미지를 정하겠습니다. 과도한 감정을 배출하는 것입니다. 싱크대나 높은 건물의 쓰레기 처리대일 수도 있습니다. 수세식 화장실 변기나 밑도끝도 없는 구멍이나 블랙홀을 생각하는 분도 있습니다. 본인에게 잘 맞는 어떤 이미지가 떠오릅니까?"*

- *"네. 그래요. 잘 하셨어요. 이제 한 번 해 볼게요. 눈 감으시고요. 버리고 싶은 불편한 감정, 짜증나는 불편한 감정을 떠올리시고 버리는 분쇄기 이미지를 떠올리세요. 분쇄기 뚜껑을 열고 짜증나는 감정을 다 넣으세요. 짜증나는 감정이 모두 분쇄되는 소리를 듣습니다. 떨어집니다. 버리고 싶은 만큼 다 버리세요. 충분히 천천히 하셔도 됩니다. 목표했던 만큼 90%를 다 버리시면 알려주세요.*

- *"방금 전에 하신 것처럼, 부정적 감정이 감소되면 종종 몸에 새로운 감각이나 감정을 느낍니다. 방금 느끼셨던 것처럼 가벼워지고 편안한 느낌이요. 방금 느낀 그 감정들을 측정할 수 있는 도구가 있다면 어떤 것이 적당할까요? 예를 들어 100도까지 잴 수 있는 온도계나 100kg까지 측정할 수 있는 저울 등이 있다면 떠오르는 것이 있으세요? 그 측정기계로 현재 가벼워지고 편안해진 느낌이 얼마나 되는지 말해보세요."*

- "눈을 감으시고, 측정기계를 다시 떠올려보세요. 현재의 수치에서 점점 더 올려볼게요. 천천히 올려봅니다. 1점씩 천천히 올리면서, 가벼운 편안한 느낌으로 온 몸을 채워갑니다. 충분히 올릴 수 있는 만큼 올리시고, 다 되면 저에게 이야기해주세요. 지금 어떤 느낌이었나요?"

10) 거리두기[4]

거리두기는 트라우마 치료자들이 오래 전부터 사용해 왔던 시각적인 은유적 기법 중의 하나이며 EMDR 치료 과정 중 외상적 기억이 압도하는 것을 줄이기 위해 시공간적으로 외상 기억으로 거리를 두는 개입방법이다.

- 생존자가 지속적으로 불편함을 느끼는 기억이나 이미지를 떠올린 후, 그 기억을 축소시키고 감소시켜보도록 한다.

<예시>

- "지금 계속 떠오르는 이미지가 있으시지요. 그 이미지가 정지된 화면이라고 생각해보세요. 그 이미지를 칼라에서 흑백으로 만들어보고, 최대한 작게 만들어봅시다. 이제 그 사진을 좀 멀리서 본다고 생각해보세요. 오래된 빛 바랜 사진으로 생각해볼 수도 있습니다. 이제 그 사진을 처리한다고 생각해봅시다. 땅에 묻건, 잘게 자르거나, 라이터로 태워볼 수도 있습니다. 눈을 감고, 본인이 직접 그 조그마한 사진을 태워버린다고 상상을 해보세요. 지금 몸에서 느껴지는 느낌이 어떠세요?"

---

4) 위의 내용과 예시는 한양대학교 산학협력단(2015)의 〈트라우마 회복을 위한 안정화 프로그램 개발〉 최종보고서에서 직접 인용 및 발췌함.

11) 정서 자유기법[5]

정서 자유기법(Emotional freedom therapy, EFT)은 1999년 심리학자인 게리 크레이그에 의해 개발되었으며(Craig, 2009), 신체적, 인지적 요소를 이용한 단기 노출치료이다. 신체의 여러 부위를 자극하며 현재 느끼는 신체적 불편함을 스스로 조절하게 하는 기법이다.

- 생존자가 현재 불편하게 느껴지는 감각을 수치화하여 말하도록 한다.

- 생존자가 왼손을 들어, 오른손의 두 손가락으로 왼손의 중간 지점을 치도록 한다. 그러면서 "비록 내가 지금 사고 이후에 두통이 심하지만, 나는 내 자신을 있는 그대로 받아들입니다"고 반복적으로 이야기하도록 한다.

- 눈썹 안쪽부터 손가락으로 가볍게 두드리며 완화하고자 하는 감각에 집중하며 내려간다.

- 생존자가 심호흡을 크게 한 후, 다시 불편하게 느껴졌던 감각이 현재에 어떠한지 점수를 매겨보도록 한다. 그러면서 "비록 내가 아직도 두통이 있지만, 나는 내 자신을 있는 그대로 받아들입니다."라고 이야기하도록 한다.

- 이 과정을 2~3번 반복하도록 한다.

---

5) 위의 내용과 예시는 한양대학교 산학협력단(2015)의 〈트라우마 회복을 위한 안정화 프로그램 개발〉 최종보고서에서 직접 인용 및 발췌함.

12) 자원 강화[6]

자원개발 및 주입(Resource Development and Installation, RDI)의 단축 버전으로 원래 RDI는 EMDR의 안정화 기법 중의 하나로 긍정적 자원의 개발을 통해 생존자를 안정시키고 외상후 발생한 여러 스트레스 대처에 도움되는 효율감을 증진시키는 방법이다.

- 생존자가 최근 겪은 상황들을 생각해보았을 때, 스스로 어떤 자질이나 능력, 강점을 갖고 있었다면 더 잘 대처할 수 있었을지 떠올려보도록 한다.

- 그 강점을 발휘할 수 있었던 과거의 기억을 떠올리며, 몸에 느껴지는 신체 감각과 느낌을 보고하도록 한다.

13) 타임라인[7]

타임라인 기법은 주로 복합외상, 즉 아동기 학대나 가정 폭력 같은 장기적이고 반복되는 트라우마에 노출된 생존자들의 긍정적 자원 개발을 위해 만들어진 기법이다. 부정적인 기억은 제외하고 긍정적인 기억을 찾아서 긍정적 기분 점수(0 - 10), 장면, 신체감각 등을 정해 강화하도록 한다.

---

6) 위의 내용과 예시는 한양대학교 산학협력단(2015)의 〈트라우마 회복을 위한 안정화 프로그램 개발〉 최종보고서에서 직접 인용 및 발췌함.
7) 위의 내용과 예시는 한양대학교 산학협력단(2015)의 〈트라우마 회복을 위한 안정화 프로그램 개발〉 최종보고서에서 직접 인용 및 발췌함.

- 생존자가 과거의 긍정적인 기억을 찾아서 그 긍정적인 경험을 강화하도록 한다. 현재까지 생존자가 살아오면서, 가장 좋았던 경험, 기억을 떠올리도록 한다.

- 과거의 기억을 떠올리며 현재 느껴지는 긍정적인 감정을 점수로 평가하도록 한다. 당시의 기억을 떠올리며 느껴지는 신체감각과 감정 등을 떠올리도록 한다.

14) 심상시연치료[8]

심상시연치료는 Krakow 등(1995)이 개발한 악몽 치료 기법이며, 현재까지 전체적인 PTSD의 치료 효과는 부족한 것으로 알려져 있으나, 악몽의 단일 증상에 대해서는 효과의 준거가 있는 것으로 알려진 치료이다. 생존자가 악몽으로 인한 불편함을 줄일 수 있도록 악몽의 내용을 긍정적인 내용으로 바꾸어보는 것이다.

15) 빛줄기 기법[9]

빛줄기 기법은 생존자가 불편한 신체 감각의 모양, 크기, 소리 등을 구체적으로 상상하고, 치유의 빛이 이러한 감각을 치유한다고 상상하는 기법이다. 이 기법은 불편한 감각이 점진적으로 감소하고 희미해지는 것을 확인하도록 함으로써 신체에 대한 통제감과 자신감을 길러준다.

---

8) 위의 내용과 예시는 한양대학교 산학협력단(2015)의 〈트라우마 회복을 위한 안정화 프로그램 개발〉 최종보고서에서 직접 인용 및 발췌함.
9) 위의 내용과 예시는 한양대학교 산학협력단(2015)의 〈트라우마 회복을 위한 안정화 프로그램 개발〉 최종보고서와 국가정신건강포털 마음프로그램 어플리케이션, 재난 정신건강지원 정보콘텐츠 및 플랫폼 개발 연구(보건복지부 정신건강기술개발사업)에서 직접 인용 및 발췌함.

<예시>

• *"치유의 빛이 불편한 신체감각을 둘러싸고 진동하면서, 그 감각의 모양, 크기, 소리 등이 어떻게 변화하는지 살펴보세요."*

16) 나비포옹법[10]

나비포옹법은 갑자기 긴장이 되어 가슴이 두근대거나, 괴로운 장면이 떠오를 때 그것이 빨리 지나가게끔 자신의 몸을 좌우로 두드려주고, '토닥토닥' 하면서 스스로를 안심시켜주는 방법이다. 두 팔을 가슴 위에서 교차시킨 상태에서 양측 팔뚝에 양 손을 두고 나비가 날갯짓하듯이 좌우를 번갈아 살짝 10~15번 정도 두드리면 된다.

17) 심리교육[11]

심리교육은 생존자에게 개입과 치료에 대한 정보를 주는 과정이다. 전반적으로 심리적 안정화 기법을 수행할 때, 방법이나 계획을 간략하게 설명하며, 생존자가 자신의 상태에 대하여 궁금한 점을 질문하도록 한다. 심리교육을 제공할 때, 생존자가 현재 경험하는 상태는 재난을 경험한 후 나타날 수 있는 정상적인 반응임을 안내하는 것, 시간이 흐를수록 나아질 수 있다는 것을 안내하는 것이 중요하다.

---

10) 위의 내용과 예시는 한양대학교 산학협력단(2015)의 〈트라우마 회복을 위한 안정화 프로그램 개발〉 최종보고서와 국가정신건강포털 마음프로그램 어플리케이션, 재난 정신건강지원 정보콘텐츠 및 플랫폼 개발 연구(보건복지부 정신건강기술개발사업)에서 직접 인용 및 발췌함.
11) 위의 내용과 예시는 한양대학교 산학협력단(2015)의 〈트라우마 회복을 위한 안정화 프로그램 개발〉 최종보고서에서 직접 인용 및 발췌함.

06 특별한 관심이 필요한 생존자에 대한 대응법

　　재난, 테러나 폭력 사태로 인한 영향은 다양한 연령 집단과 경제적 집단, 다양한 문화적, 인종적, 민족적 집단, 외국인 집단, 다양한 직업에 속한 집단, 그리고 응급 구조와 재난 복구에 힘을 쏟는 집단 등에 영향을 미칠 수 있다. 생존, 안전, 보호, 사랑하는 사람과의 연결, 사건에 관한 정확한 정보 등이 사건의 영향을 받은 모든 집단에게 제공되어야 한다. 그러나 특정 집단에게는 더욱 세심한 주의와 손길이 필요할 수도 있다. 상담자는 지역사회의 다양한 집단을 이해하고 존중하고, 각각에 대하여 반응할 수 있을 때 가장 효율적으로 자신의 임무를 수행할 수 있다. 특별한 관심이 필요한 집단은 다음과 같다.

- 연령 집단(예: 아동, 청소년, 노인)
- 사건에 막대하게 영향을 받은 생존자, 유가족
- 문화적, 민족적, 인종적 집단

- 심각한 정신 질환이나 만성 정신 질환을 앓고 있는 환자 집단
- 사회 봉사, 형사 사법, 응급 구조 집단

앞서 살펴보았듯이, 재난 발생 시 특별한 도움을 필요로 하는 생존자들은 고령자, 아동뿐만 아니라, 장애인, 정신질환이나 신체질환의 내력을 지니고 있는 사람들, 외국인 등을 들 수 있다. 일본 후생노동성의 연구(2011)에서는 재난 시에 특별한 배려가 필요한 대상으로 고령자, 장애인, 외국인, 영유아, 임산부 등을 명시하고 있다. 또한, 특정한 속성이 아닌 '필요한 정보를 신속하고 정확하게 파악하여 재난으로부터 스스로를 지키기 위해 안전한 장소로 피난하는 등의 재난 시의 일련의 행동을 취하는 데 도움이 필요한 사람'이라고도 언급되었듯이, 개인의 재난 대응력을 고려하는 것이 바람직하다. 이러한 정의를 고려한다면, 젊은 여성, 가족 및 이웃과의 네트워크에서 낙오된 사람, 재난 구조자, 행정 담당자, 경제적 빈곤에 처한 사람, 필요한 정보를 스스로 수집하는 것이 어려운 사람, 스스로 기민하게 행동하는 것이 어려운 사람 등이 해당될 것이다. 또한, 재난 시 특별한 관심이 필요한 생존자들을 파악하는 것은 중요하지만, 개인정보의 취급에 관련된 문제로서 평상시에 이러한 사람들을 실제로 파악하는 것이 어렵고, 재난 시 신속하게 대응하는 것이 가능한지에 대한 우려도 있다. 사전에 서비스 제공자가 해당 리스트를 관리하여 재난 시 활용할 수 있도록 준비해두는 것이 요구된다.

재난 시 특별한 관심이 필요한 생존자들에게는 특별한 배려나 개입이 필요하지만, 실질적으로 세심하게 대응하지 못하는 일이 많다. 그러므로 간과하고 넘어가는 일이 없도록 방재 계획 내에 각각에 대한 구체적인 대응을 명기하여 둘 필요가 있다. 고령자, 장애인, 임산부 등 재난 시 특별한 관심이 필요한 생존자들에게는 조기부터 각자의 수요에 대응하여 구체적인 케어나 개입이 필요하다(예: 밀착 간호,

인지장애에 대한 치료와 개입 등). 한편 고령자를 지나치게 약자 취급하는 것은 생존자의 자립심에 좋지 않은 영향을 줄 수 있으므로, 최소한의 도움에 그치도록 신경 쓸 필요가 있다. 또한, 부모에 대한 심리교육을 실시하기 전에, 어머니들을 위해 차분하게 수유할 수 있는 공간이나 목욕시설 등을 준비하는 등의 구체적인 지원도 필요할 것이다.

6장에서는 미국의 재난심리지원을 통하여 생존자의 연령별, 집단별 구체적인 개입방법에 대하여 살펴보고, 일본의 후쿠오카현과 미야기현, 일본적십자사에서 개발한 재난 매뉴얼의 내용을 보다 구체적으로 소개한다. 미국과 일본의 매뉴얼에 따르면, 생존자 집단의 특성별로 나누어 개입을 제공하는 특성을 지니고 있다. 본 장에서는 생존자 집단별로 각각 다르게 제공되는 대응법을 살펴보고자 한다.

가 연령별 반응과 개입

각각의 연령 집단은 트라우마, 피해자화(victimization), 가족의 갑작스런 사망이 주는 스트레스에 취약할 수 있다. [표 6-1]에 나타난 반응은 사건 직후에 나타날 수도 있으며 일부는 몇 달이 지나서야 나타날 수도 있다. 또한, [표 6-1]은 연령 집단에 따른 행동적, 신체적, 정서적 반응과 도움이 될 수 있는 개입에 대하여 다루고 있다.

표 6-1 트라우마에 대한 연령별 반응과 개입

※ 1~5세

행동 반응	• 무기력하고 수동적인 행동 • 야뇨증 혹은 손가락 빨기 단계로 돌아감 • 어둠을 무서워함 • 혼자 자는 것을 무서워 함 • 잦은 울음
신체 반응	• 식욕 감퇴 • 복통 • 구토(구역질) • 수면 장애, 악몽 • 언어 장애 • 틱 증상
정서 반응	• 불안 • 전반적인 공포 • 짜증 • 갑작스런 분노 • 슬픔 • 단절
개입 방법	• 안심시킬 수 있는 말을 하고 신체적 안정을 제공 • 오해에 대하여 반복적으로 설명 • 규칙적인 취침 시간 설정 • 느끼는 감정이 무엇인지 알아차릴 수 있도록 도움 • 부모와 아동 간의 불필요한 헤어짐 자제 • 일시적으로 부모의 침실에서 잘 수 있도록 허가 • 트라우마를 상기시키는 자극에 대하여 이해하기 쉽게 설명 • 상실에 대한 감정을 표현하도록 장려(죽음, 애완동물, 장난감). • 언론 노출에 대한 통제 • 놀이를 통하여 감정을 표현하도록 장려

※ 6~11세

행동 반응	• 학업 성적 하락
	• 등교 거부
	• 학교나 가정에서 공격적인 행동
	• 과잉(과다) 행동이나 우스꽝스러운 행동
	• 흐느껴 울거나 부모에게 매달리는 것과 같이 어린 아동처럼 행동
	• 부모의 관심을 동생보다 더 받으려는 경쟁심 상승
	• 트라우마를 야기한 상황에 관한 놀이, 재연
신체 반응	• 식욕 변화
	• 두통
	• 복통
	• 수면 장애, 악몽
	• 신체적 고통의 호소
정서 반응	• 두려움
	• 친구들, 이전에 했던 놀이에 대한 단절
	• 트라우마를 상기시키는 자극을 보는 것만으로도 두려워함
	• 분노의 폭발
	• 범죄, 범죄자, 안전, 죽음과 같은 생각에 사로잡힘
	• 자책감
	• 죄책감
개입 방법	• 주의와 관심 있게 살펴봄
	• 일시적으로 학교와 가정에서의 의무에서 벗어날 수 있도록 허락
	• 반항 행동에 대한 부드럽지만 엄중한 제한
	• 체계적이지만 어렵지 않은 집안일이나 재활 활동을 하도록 제시
	• 자신의 생각이나 느낌을 말로 표현하거나 행동으로 표현하도록 장려
	• 트라우마 사건에 대하여 아동이 이야기하는 것을 귀 기울여 들음
	• 아동이 잘못 알고 있는 사항이나 왜곡을 명확하게 설명
	• 트라우마를 상기시키는 자극에 대하여 파악하고 이해하는데 도움

	• 친구들의 지지, 감정을 표현할 수 있는 활동, 트라우마와 범죄에 관한 교육, 예방과 발생 시 대처 방법, 위기에 놓인 아동에 대한 파악과 관련한 학교 프로그램 개발

※ 12~18세

행동 반응	• 학업 성적 하락 • 가정이나 학교에서의 반항 • 자신의 책임을 성실하게 해내지 못함 • 에너지 레벨이 극심하게 변동하거나 감소, 무관심 • 일탈 행동 • 사회적 단절 • 사회적 관계의 갑작스런 변화 • 음주 혹은 알코올 사용
신체 반응	• 식욕의 변화 • 두통 • 위장 장애 • 피부 발진 • 원인을 알 수 없는 통증 호소 • 수면 장애
정서 반응	• 친구들과의 사회 활동, 취미, 오락에 대한 흥미 저하 • 슬픔 혹은 우울 • 불안, 안전에 대한 두려움 • 권위에 대한 반항 • 무능감 및 무기력감 • 죄책감, 자책감, 의식적임 • 복수에 대한 갈망
개입 방법	• 주의와 관심 있게 살펴봄

	• 일시적으로 학교와 가정에서의 의무에서 벗어날 수 있도록 허락 • 트라우마 경험에 대하여 친구들, 믿을 수 있는 어른들과 토론할 수 있도록 장려 • 감정에 대한 토론 중 부모의 고집 자제 • 무모한 행동 욕구에 대한 조언 • 사건에 자신의 행동과 감정을 연결 짓도록 함 • 신체적 활동을 하도록 장려 • 사회적 활동, 운동, 클럽 활동을 다시 할 수 있도록 장려 • 지역사회 활동, 학교 행사 등에 참여하도록 장려 • 친구들의 지지나 보고, 위기 청소년 도움 집단, 핫라인 서비스, 청소년 상담 회관, 위기에 있는 청소년들 파악과 관련한 학교 프로그램 개발

※ 중장년

행동 반응	• 수면 장애 • 표현에 대한 회피 • 지나친 활동성 • 사랑하는 사람에 대한 보호 • 잦은 울음 • 갑작스런 분노 • 가족 구성원과 불화가 잦아짐 • 과각성 • 고립, 단절, 차단 • 음주나 마약의 사용 증가
신체 반응	• 구토(구역질) • 두통 • 피로, 탈진

	• 위장 장애 • 식욕 변화 • 신체적 호소 • 만성 질환의 악화
정서 반응	• 충격, 지남력 혼동, 무감각 • 우울, 슬픔 • 비탄 • 과민, 분노 • 불안, 두려움 • 절망 • 죄책감, 자기회의 • 기분 변화(조울)
개입 방법	• 보호, 감독, 의사소통 • 응급처치 서비스를 제공받을 수 있다는 것을 인지시킴 • 자신의 경험과 상실감에 대하여 이야기 할 수 있는 기회 제공 및 경청하기 • 구조와 복구 활동에 대한 정보 업데이트와 질문에 관련한 자원 제공 • 우선 순위 선정과 문제 해결에 도움 • 가족 내의 의사소통과 효과적인 기능화를 위하여 도움 • 트라우마에 대한 스트레스 반응과 대처 방법, 아동의 반응, 가정을 위한 조언과 같은 정보를 제공 • 법률 절차, 응급처치 구조대가 하는 역할 등을 설명 • 피해에 관한 법률 정보 제공 • 자문이 필요한 경우를 평가, 자문 의뢰 • 자문/의뢰 자원에 대한 정보 제공

※ 노년

행동 반응	• 단절 혹은 고립 • 집에서 떠나지 않으려고 함 • 운동능력 제한 • 거주 이전에 대한 문제 발생
신체 반응	• 만성 질환의 악화 • 수면 장애 • 기억 장애 • 신체적 증상 • 저체온 혹은 고체온의 가능성 증가 • 신체적, 감각적 능력 저하 및 더딘 회복
정서 반응	• 우울 • 상실에 대한 절망 • 무관심, 냉담 • 혼란, 지남력 혼동 • 의심 • 불안, 분노 • 보호 시설로 보내지는 것에 대한 불안 • 익숙하지 않은 환경에 대한 불안 • "지원금" 등을 받는 것에 대한 수치심
개입 방법	• 반복적이고 지속적으로 안심시킴 • 현 상황에 대한 정보 제공 • 신체적 요구(물, 음식, 안락)들이 충족될 수 있음을 확인시킴 • 특정 문제가 누락되지 않도록 다양한 시각으로 평가 • 가족 그리고 지지 시스템과 연결될 수 있도록 도움 • 의료적, 경제적인 지지를 받을 수 있도록 도움 • 트라우마 경험, 상실, 그리고 감정 표현에 대하여 논의할 수 있도록 장려 • 피해에 관한 법률 정보 제공

다음의 내용에서는 성인들을 위한 정보, 그리고 아동과 청소년을 위한 즉각적이고 장기적인 개입과 관련된 정보가 제공된다. "즉각적"이라는 시간은 일반적으로 사고 후 몇 주 이내의 시간을 가리키고, "장기적"은 수개월, 수년 후를 의미한다. 많은 장기적 개입이 특수화된 현직에서의 연수를 거쳐야 하기 때문에 이번 챕터는 대략적인 방향을 제시하는 데 초점을 두고 있으며, 추가적인 전문가 연수 또는 훈련 프로그램의 개발과 실행은 추후 연구를 필요로 한다.

고령자들을 상대로 하는 정신건강개입을 위한 접근법 역시 다음 부분에서 다루어지고 있으며, 다문화 상황에서 고려되어져야 하는 내용도 다루어지고 있다. 또한, 사망신고, 형사사건처리절차 등 정신건강에 영향을 미치는 요인들과, 장례, 의식, 지역 전통의 보존을 통한 지역사회의 지원의 중요성 또한 논의되어 있으며, 다양한 연령대 별로 트라우마에 대한 반응과 개입 선택권을 보여주는 구체적인 정보가 포함되어 있다.

1) 성인을 위한 정신건강개입
가) 성인을 위한 즉각적인 정신건강개입

다음의 부분은 재난 및 희생을 동반한 사건 이후 성인을 대상으로 즉각적인 개입 시에 고려해야 할 여덟 가지 사항을 다루고 있다.

① 위기개입

② 정보 브리핑

③ 재난생존자 및 관련 희생자 지원

④ 지역사회 봉사활동

⑤ 심리적 디브리핑(Debriefing)

⑥ 심리교육

⑦ 정신건강상담

이러한 개입들은 인지 능력이 충분한 성인, 청소년, 노인(고령자)을 대상으로 실시될 수 있다. 다음의 내용은 개입의 적절한 시기, 제공하는 사람, 그리고 가장 효과적으로 시행할 방법에 대한 지침을 포함하고 있다.

① 위기개입

위기개입의 목표는 생존자들이 당면한 상황에 어느 정도의 통제감을 되찾고, 합리적인 문제 해결 능력을 재건하는 것이다. 위기개입의 일반적인 네 가지 요소는 다음과 같다. a) 심리적, 신체적 안정감을 촉진 b) 문제의 심각성에 따른 우선과제 선정과 해결책 파악 c) 심리적 기능과 반응 양식 평가 d) 정상화, 심리교육 및 실질적 도움제공이다.

a) 심리적 안정감 촉진

"마실 것 좀 드릴까요?"

"이곳에서 편안함과 안전함을 느끼나요?"

생존자 및 희생자들은 위협과 위험으로부터 보호받는다고 느껴야 한다. 선택권이 주어졌을 때, 많은 이들이 그들의 상황에 어느 정도의 통제력을 행사하기 때문에 무기력함을 덜 느끼게 되고, 이것은 초기 대응을 시작하는 데에 중요한 역할을 한다.

b) 문제의 심각성에 따른 우선과제 선정과 해결책 파악

"현재 직면한 문제나 도전(어려운 점)에 대해 설명해주세요."

"누가 당신을 도와줄 수 있나요?"

해결 가능한 문제를 우선과제로 선정하고 성공적으로 다루는 것은 통제감 회복에 긍정적 영향을 미친다. 친구, 가족, 의료인, 혹은 지역사회의 자원 등 기존의 지원 가능한 네트워크를 파악할 수 있게 도움을 주는 것도 중요하며, 필요한 경우 파악된 지원 네트워크를 사용할 수 있도록 도와줄 수 있어야 한다.

c) 심리적 기능과 반응 양식 평가

"어떻게 지내세요? 어떻게 해결하고, 대처하고 계시나요?"

"과거에도 힘든 사건에 어떻게 대처한 경험이 있으신가요?"

관찰, 질문, 생존자의 문제와 인명 및 물질적 손실 규모를 검토하고, 검사 결과에 따라 서비스 관련자가 생존자가 현재의 문제를 직접 다루거나, 또는 위탁을 의뢰할 수도 있다. 또한 개인이 가진 심리사회적 자원을 사용할 수 있도록 돕거나, 사회적 지원 프로그램에 참여하도록 도울 수도 있으며, 또한 의학 혹은 정신건강전문가로부터의 상담을 구할 수도 있다.

재난 경험에 대한 논의는 그 사람의 상황과 대처 유형에 맞게 각별하고 조심스럽게 이루어져야 한다. 예를 들어, 심각한 심리적 고통을 경험하는 생존자에게는 재난에 대해 아주 상세하게 이야기 하거나, 관련된 감정을 표현하는 것은 심리상태를 더 불안정하게 만들 수도 있다. 이러한 생존자에게는 안심을 시켜주고 편안한 분위기를 마련하여, 재난과 관련된 충격을 이해할 수 있는 상황으로 이끈다. 생존자의 심리적 안정감이 마련되고, 내담자 역시 준비되었다고 생각할 때 문제 해결단계로 진행할 수 있다. 상대적으로 통제감이나 현실감을 회복한 경우에는 생존자들이 트라우마 경험에 대한 표현할 수 있도록 도와주고, 현실에 기반을 두어 이를 받아들일 수 있도록 인도하는 것이 중요하다. 그러나 이 경우에도 기억의 회복이나 회상이 어떻게 생존자의 심리적 상태에 어떻게 기여하는지 또는 상태를 더욱 악화시키는지를 항상 점검하여야 한다. 이러한 점검은 개입으로 인해 발생할 수 있는 이차적인 피해를 미연에 방지할 수 있다.

d) 정상화, 심리교육, 실질적 도움 제공

심리적 반응의 안정과 정상화는 적절한 개입을 통하여 이루어진다. 생존자가 정신건강인력이 제공하는 서비스 및 개입이 자신의 필요에 맞고 각별하게 계획되어진 것이라고 느끼는 것이 중요하다. 재난심리요원들은 개개인의 경험과 방식에 유의하여 자연스럽지 못하거나 틀에 짜여진 것처럼 미리 준비된 것 같은 대응을 하지 않도록 조심해야 한다. 심리교육은 개인의 필요에 부합할 수 있도록 적절히 개별화되어야 하고, 책자나 다른 추가적인 정보의 형태로 제공되어야 한다. 또한 적절한 심리치료 및 개입이 성과를 볼 수 있도록 육아 방법을 마련하거나 전화 및 이메일 등 다양한 소통 수단을 마련하는 등 현실적인 도움을 주는 것도 간과되어서는 안 된다.

재난심리요원들은 모든 생존자들에게 접근 방식을 적용하는 획일화된 서비스를 제공해선 안 되며, 개개인 희생자들의 경험 및 고통, 반응양식들의 다양성을 인정하고 차별화되고 개별화된 서비스를 제공하는 것이 중요하다. 또한, 생존자들이 가진 문화적 다양성에 적절히 반응하기 위해서는 유연성과 세심함, 관용의 중요성이 더욱 강조된다. 특히, 생존자들에게 "위해를 끼쳐서는 안 된다"는 윤리적 도덕적 원칙을 중시 여기고, 생존자 및 가족들을 존중과 관용, 사랑으로 대하고, 생존자들의 분노 및 상실에서 비롯된 저항을 서비스를 원하지 않는 것으로 오해하거나, 잘못 인식하지 않도록 유의하여야 한다.

② 정보 브리핑(Informational Briefing)

대규모 참사의 경우, 생겨나는 소문과 오보는 재난생존자의 정신건강에 특히나 부정적인 영향을 줄 수 있다. 그러므로 재난생존자들에게는 정확하고, 믿을만한 정보가 자주, 명확하게, 인도적인 방식으로 적절한 언어를 통하여 제공되어야 한다.

생존자들은 그들이 사랑하는 사람들의 위치와 안녕, 구조와 회복의 진행과정, 재난의 영향과 이로 인한 인명 피해, 현재 위협과 위험의 정도, 추후에 일어날 일에 관한 정보를 찾는다. 사후 처리 및 구조 작업에 대한 절차적 정보와 최신 정보를 받는 것은 생존자들이 무기력함을 느낄 때에 통제감을 촉진시킬 수 있다. 따라서 정보 브리핑은 정부 관료, 법률 집행 대리인, 또는 검시관 사무실의 대변인 등에 의한 공식적인 절차를 통하여, 생존자와 가족들의 질문에 대응하여 최신의 정확한 정보를 전달할 수 있도록 제공되어야 한다(Sitterle & Gurwitch, 1999).

재난심리요원들은 일반적으로 정보 브리핑을 직접 진행하지는 않지만, 책임이 있는 사람들에게 상담 및 훈련을 제공할 수도 있다. 재난심리요원들은 생존자들과 가족들에게 얼마나 잦은 브리핑이 어떻게 전달되어야 하는지에 대해 관료들에게 전달할 수 있다. 또한 다문화 생존자의 경우, 재난심리요원들은 정보와 정부 관료 및 문화적 집단 지도자들에게 연락을 취할 수도 있다. 재난심리요원들은 적절한 단어 선택 혹은 용어, 민감한 정보의 세부 정도, 생존자들이 격한 감정 표현을 할 때의 반응, 연민과 애도의 말을 전하기 위한 적절한 언어사용 및 표현에 있어서도 의견을 제언할 수 있다.

③ 재난생존자 지원

재난생존자 서비스는 효과적인 대응의 중심적 요소이며, 다음은 재난생존자 지원과 관련된 가장 기본적인 고려사항이다.

• 생존자의 권리를 보호하고 옹호
• 대응 과정과 대응에서의 다양한 관계자들의 역할에 대한 정보를 이해하기 쉬운 언어로 제공

- 사후처리 및 서비스 관련 비용, 지역사회 자원의 활용, 국가의 피해 지원 프로그램과 다른 적절한 보상으로의 접근에 대한 도움
- 정신건강지원 접근과 특정한 필요에 적절히 대응하기 위한 절차의 간소화

누구도 재난으로 이미 발생한 손실과 트라우마를 되돌릴 수 없지만, 생존자들의 권리와 필요를 세심하고 즉각적으로 파악하고, 재난심리지원 및 정신건강지원 프로그램을 제공한다면 고통스러운 결과를 어느 정도 완화시킬 수 있다. 대규모 재난 사건 이후 많은 생존자들이 "숙지할 필요가 있는 필수 사항"이 있다면, 이러한 정보를 효과적이고 접근이 용이한 전파 시스템이 반드시 필요할 수 있다. 정신건강 전문가들과 재난심리요원들 사이의 능동적이고, 유효하고, 상호 작동하는 협력 관계는 광범위한 생존자와 가족의 필요를 충족시킬 수 있도록 돕는다. 상호 원조, 상호 훈련, 그리고 상호 심리지원 역시 고려될 수 있다.

④ 지역사회 봉사활동
지역사회 봉사활동 역시 재난과 관련한 포괄적인 정신건강지원의 필수 요소이다. 많은 생존자들은 상황에 대한 인지능력 저하로 인해 사후 초반 몇 주간에 정신건강지원을 적극적으로 구하지 않을 수도 있다. 하지만 훈련된 자원봉사 인력들이 생존자들과 세심하게 접촉을 시작할 때에 그들은 정신건강지원, 재난 피해 서비스, 현실적인 도움, 재난 피해관리 절차에 대한 정보에 접근하게 된다. 특히, 문화, 경제, 언어, 교통, 장애, 연령 등과 관련된 장벽이 있을 때는, 봉사활동이 특정 주민과 위험에 처한 생존자들에게 소중한 연결고리가 될 수 있다. 지역사회 봉사활동은 다음과 같은 것들을 포함할 수 있다.

- 생존자들이 모여 있는 현장에서 힘이 되고 도움이 되는 접촉 개시

- 다양한 언어를 구사하는 심리요원이 24시간 직통 전화, 대중 매체, 인터넷 등으로 생존자들과 연락 취함
- 종교 단체, 학교, 고용주, 복지관, 그 외 다른 단체를 통하여서 생존자들이 익숙한 환경에 회의나 지휘소 마련
- 심리 교육, 의료 서비스와 인적 서비스 제공자들, 경찰과 소방 공무원, 다른 지역 자원봉사자들에게 자연스러운 위탁 및 연계

자원봉사자들은 기존의 신뢰할 수 있는 지역사회단체 및 지도자들과 연계망을 형성함으로써 신뢰성을 높일 수 있다. 숙련된 자원봉사자들은 생존자들을 올바르게 대응해야 한다는 원칙을 준수한다. 간단한 개념이지만, 지역사회 봉사활동처럼 폭넓은 기술을 요구하는 상황에서 반드시 기억해야 할 중요한 원칙이다. 자원봉사자들은 아직 서비스를 받지 않고 있는 또는 서비스 대기 중인 재난생존자들과 대화를 하는 데에 능숙하면서도, 주의 깊은 관찰과 접근이 요구된다. 능숙하고 신속한 관계 형성, 신뢰성과 믿음을 쌓는 것은 필수 조건이며, 적절한 판단능력과 내외적 관계형성에 능해야 할 필요가 있다. 다문화 상황의 경우, 봉사자들이 그들이 재난생존자 집단과 같은 문화적/민족적 집단에서 파견되는 것이 이상적이지만, 특히 재난 발생 후 초기 몇 주 동안은 현실적으로 가능하지 않을 수도 있다. 봉사자들은 재난으로 인해 영향을 받은 문화적 집단의 가치와 관행들에 대한 지식이 있어야 하며, 이러한 문화적 특성을 존중해주어야 한다.

⑤ 심리적 디브리핑

다양한 기관이 재난 이후 트라우마에 대해 "심리적 디브리핑"을 실시하고 있다. 하지만 이러한 기법은, 훈련된 전문 인력에 의해서 적절히 개입되었을 때에만 참가자들 대부분의 디브리핑 방법을 잘 받아들이고 도움이 된다는 점을 명심하고,

지역사회 지도자들이나 서비스 관리자들은 개입에 사용되는 디브리핑 기법 및 치료법에 대해 잘 알아야만 제공되는 서비스들이 진정으로 생존자들에게 도움이 될 수 있다. 최근 몇 년간, 많은 정신건강전문가들이 "디브리핑"이라는 용어와 치료법이, 무분별하게 사용되는 점에 대한 우려를 표했으며, 2001년에는 초기 개입 기법을 검토하기 위하여 모인 국제적인 전문가들의 패널들은 이렇게 말하였다:

> "재난 관련 정신건강개입에 "디브리핑"이라는 용어를 사용하는 것은 오해의 소지가 있다. 이 독자적인 용어가 더 이상 대규모 재난과 참사에 따른 초기 정신건강개입을 설명하지 않도록 권고한다. 구체적으로, "디브리핑"이란, 운영상의 보고를 의미해야 하며, 심리적 디브리핑, 즉 위기상황 스트레스를 복기하는 활동에는 전문 지식 및 전문 자격이 충분히 고려되어져야 한다."

위에서 사용되었듯이, "운영상의 보고"는 심리학적 혹은 감정적 진행 요소가 포함되지 않은 규칙적인 정보 공유를 의미한다. '디브리핑'이라는 용어의 무분별한 사용에 대한 우려에는 재난 후 즉각적인 충격 상황에서 이루어지는 개입의 질과 타당성에 관한 우려가 존재한다. 구체적인 디브리핑 기술에 대한 전문가들의 견해는 저마다 다르지만, 개인차를 고려해 개입 기술을 조정하고 개별화하며 매우 정밀하게 접근해야 할 필요가 있다는 데에는 의견이 일치하며, 모든 인구와 다양한 재난 형태에 적용될 수 있는 하나의 접근방법은 있을 수 없다는 것에는 일반적으로 동의한다.

가장 흔히 사용되는 디브리핑 기술은 본래 직업적으로 반복적으로 트라우마에 노출되고 누적된 스트레스의 위험이 있는 긴급 상황의 자원봉사자들을 위해 개발된 위기상황 스트레스 경험보고(Critical Incident Stress Debriefing: CISD) 모델이다(Mitchell, 1983; Mitchell & Everly, 1993). 위기상황 스트레스 관리(Critical

Incident Stress. Management: CISM) 접근의 한 부분으로 시행될 목적이었던 CISD 모델은 긴급 상황의 자원봉사자들과는 다른 필요를 가지고 있는 다양한 집단들을 위해 변화되었다. 또한 심리적 디브리핑 접근 방식들은 긴급 상황의 자원봉사자들, 직원 단체, 재난 상황에 노출된 생존자들, 지역사회 주민, 심각한 영향을 받은 다양한 공동체 집단을 포함한 다양한 집단을 위해 변형되고 활용되어 왔다. 어떤 접근방식은 "디브리핑" 기법으로 불리기에 부족한 접근법일 수 있다는 점을 주의하여, 실제로 가장 적절히 적용 가능한 기법을 선택하고, 전문가에 의해 수행되도록 하는 것이 중요하다.

집단 개입에서 시기와 목표를 고려할 때, 개개인의 트라우마 사건에 대한 노출 수준과 반응을 세심하게 고려해야 한다. 예를 들어, 재난의 여파로 인해 아직 쇼크 상태 혹은 동요된 상태에 있는 사람들에게 "정서적 처리"를 강하게 요구하는 개입 기술은 지양되어야 한다(Watson, 2004). 또한, 정신건강 제공자들은 실제로 개입이 전할 수 있는 것보다 더 큰 "약속"을 하지 않도록 주의해야 한다. 디브리핑 및 관련된 심리접근법이 재난생존자 접촉의 초기 방법과 사회적 지원, 예비 검사나 심리교육에 유용한 정보를 제공할 수는 있지만, 현존하는 디브리핑 기술 하나로 추후 발생할 수 있는 정신건강 필요를 "예방"할 수 있는지에 대한 근거는 없다. 게다가, 많은 전문가들이 트라우마 직후의 여파에서 감정적인 작용을 요하는 디브리핑에 의무적으로 참여하는 것은 사실 스트레스를 더 높일 수 있다고 우려한다(Watson, 2004).

디브리핑과 관련된 개인 및 집단 개입을 실행하는 것은 대단한 기술과 주의가 필요하고, 특정한 훈련 없이 행해져서는 안 된다. 그저 한 가지 디브리핑 모델의 단계를 알고 따라하는 것은 절대 충분하지 않고, 훈련된 협력자들이 재난생존자 개인 및 집단의 필요를 평가하고 그들의 활동이 기억하고, 잊고, 시련을 이겨내고, 손실을 받아들이는 등의 정상적인 심리적 감정적 행위를 방해하지 않도록 계획되어야 한다(Raphael & Wilson, 2000).

재난생존자들이 비난과 상처에 크게 취약한 시점에서는 어떠한 심리적 개입보다도, 생존자에게 위해를 끼치지 않아야 한다는 점을 최우선적인 윤리강령으로 생각하는 것이 중요하다. 개인 및 집단 개입 기법의 타당성에 대해 확신이 서지 않을 때는 차선책을 찾아보거나, 현재 활용 가능한 정보를 기준으로 다양한 전문가 의견을 구하는 것 역시 재난 이후 정신건강개입의 성공적인 토대를 마련할 수 있다.

살펴보기 **CISD와 CISM는 무엇인가?**

CISD(Critical Incident Stress Debriefing: CISD)는 심리적 경험보고 (Psychology Debriefing)로, 외상사건 발생 직후 수일 내 제공되는 집단 심리 적응급처치 중 하나이다. 경험보고(Debriefing)는 군사가 전쟁터에서 돌아와 그 날의 상황을 간단하게 보고할 때 사용되는 용어에서 출발하였다(Maslach & Jackson, 1981). 전쟁은 외상을 일으키는 대표적인 사건 중 하나로 알려져 있는데, 경험보고는 외상사건이 발생된 직후에 경험한 일에 대한 생각, 감정을 나눔으로써 외상사건에 대한 고통과 충격을 경감시키는 방법으로 활용되었다. 군대에서 사용된 경험보고가 심리적 경험보고로 불리게 된 사건의 첫 출발은 1980년대 미국에서 구조대원의 외상성 스트레스에 대한 관심에서부터 시작되었다. Mitchell(1983)은 교통사고를 당한 구조대원의 문제 원인을 확인하던 중에, 교통사고의 주 원인이 지속적으로 노출된 외상사건으로 인한 스트레스라는 것을 알게 되었다. 이후, Mitchell(1983)은 직업상 외상에 노출되어 있는 구조대원의 외상성 스트레스를 예방하기 위한 심리적 경험보고로 CISD(Critical Incident Stress Debriefing)를 개발하게 되었다(Mitchell, 1986). CISD의 목적은 동일한 외상사건을 경험한 구성원들이 집단 나눔을 통해 외상사건을 목격함으로써 경험되는 비정상적인 반응이 정상적인 반응이라는 것을 타당화하고, 동료간 사회적 지지를 통하여 외상사건으로 인한 스트레스 반응을 줄이는 데 중점을 두고 있다(Richards, 2001).

 CISD 개입은 7단계로, 처음에 소개(introduction)로 시작하여 외상사건에 대한 사실(fact)과 외상사건으로 인한 생각(thought)과 정서적 반응(reactions), 외상사건 경험에 대한 증상(symptoms)과 교육(education), 마지막으로 다른 외상사건에 투입되기 위한 재진입(re-entry)으로 구성된다(Mitchell & Everly, 1995).

[CISD 개요]

	주제	내용
1단계	소개(Introduction)	CISD 절차와 목적을 설명
2단계	사실(Facts)	외상 사건에서 발생된 일의 기술
3단계	생각(Thought)	외상 사건 당시의 생각과 정서 탐색
4단계	반응(Reaction)	외상 사건에서 경험한 다양한 감정의 표출
5단계	증상(Symptoms)	외상 사건 이후 경험한 신체적, 감정적, 행동적 증상 보고
6단계	교육(Teaching)	외상 사건에서의 정상화 반응, 타당화 및 스트레스 관리에 대한 심리교육
7단계	재입장(Re-entry)	CISD 과정에서 다룬 내용 요약 및 질의 응답 스트레스 관리하는 기법에 대한 정보 제공

CISM(Critical Incident Stress Management:CISM)은 1990년대 CISD를 포함한 다각적 개입방법으로 체계화되고 정비되면서 발전되었다. CISM은 재난 초기에서부터 사후 연계에 이르는 전체 단계 속에서 외상성 스트레스를 다루는 데 필요한 요소들을 총망라하여 종합적으로 설계된 단계화된 집단 심리적응급 처치이다(Everly & Mitchell., 2000). CISM 모델의 출현은 CISD를 단독으로 사용하면서 발생되는 문제점들을 보완해 나가는 교두보 역할을 하였다. 특히, CISM은 CISD가 외상 후 스트레스 장애를 예방하기 위한 집단 심리적응급처치로 활용되는 데 발생되는 한계점을 보완하여, 재난 발생 이전에서부터 이후의

과정에서 필요한 요소들을 체계적으로 다루었다는 점이 특징적이다.

[CISM 개요]

	주제		내용
1단계	재난 사전 대비		스트레스 관리 교육
2단계	재난 발생 직후	소규모집단	진정시키기(defusing)
3단계		대규모집단	동원(demobilization), 위기관리 브리핑(Crisis Management Briefing)
4단계		소규모집단	CISD
5단계	재난 발생 이후	개별	개인 위기 중재
6단계		개별/집단	종교적, 영적 중재
7단계	추후관리		고위험군 대상자 정신건강 전문가에게 의뢰

출처: 명소연, 이동훈. (2021). 외상사건 경험 이후 심리적응급처치로서의 CISD와 CISM 집단 경험보고에 대한 탐색적 고찰. 교육치료연구, 13, 429-458.

⑥ 심리교육

심리 교육은 생존자, 가족, 의료인, 사회복지사, 기타 지역사회 서비스 제공자들에게 자주 사용되는 정신건강 대응방법 중의 하나이다. 트라우마 반응, 슬픔과 사별, 효과적인 대처 전략, 전문적인 상담을 필요로 하는 시기에 대한 정보가 제공될 수 있고, 아동과 성인에게 나타나는 흔한 신체적, 감정적, 인지적, 행동적 트라우마 반응을 설명하는 책자 혹은 간단한 유인물이 여러 가지 언어로 배포될 수 있다. 자료들은 실제 사건과 현장 상황에 적합하게 구성되어야 하고, 연령대와 역할에 적절한 내용을 포함하며, 문화적인 관련성을 포함하는 내용으로 구성되어야 한다. 또한 많은 사람들에게 정보가 전달되기 위해서 대중 매체도 활용될 수 있다.

생존자들이 심리교육을 통해 재난 후에 경험할 수 있는 상실감과 분노와 같은 감정이 비정상적인 것이 아니라, 재난 이후 나타나는 정상적인 반응이라는 것을 알게 되면, 안심을 얻게 될 수 있다. 또한 많은 사람들이 생존자의 반응과 상황을 이해하고, 받아 들이고, 함께 극복하고자 노력할 수 있다. 하지만 어떤 생존자들은 자신의 고통이 정상화되는 것을 최소화시키고 묵살하기 위해 교육을 제공하는 것으로 오해할 수 있으므로, 심리교육은 정신건강전문가의 교육적인 견해와 자료를 각 생존자 개인의 관심사와 유형에 맞추어 제공하는 방식으로 수행될 필요가 있다.

부모와 보호자들은 대규모의 희생을 경험한 이후 트라우마의 회복을 돕는 최선의 방법을 알고자 할 수 있을 것이다. 이 경우 학교, 종교 단체, 지역사회단체들을 통해 부모를 위한 교육적인 자리가 만들어질 수도 있으며, 아동의 상태에 관련해 부모들이 가질 수 있는 공통적인 질문사항이나 현실적인 행동 지침을 주로 교육할 수 있다.

⑦ 정신건강상담

재난 상황에서는 정신건강 전문 인력이 아닌, 긴급 서비스 제공 인력과 법률 집행 관리자들이 생존자들을 위한 정신건강개입여부 및 서비스 종류를 결정할 수도 있다. 또한, 정부 관료들도 중요한 결정을 하고, 정보를 제공하며, 매체를 통해 생존자들과 가족들에게 직접적으로 발언을 하기도 한다. 이러한 경우, 정신건강전문가들이 정신건강 문제에 대해 책임 있는 지도자들에게 조언하기 위하여 의사 결정 팀에 합류할 수 있다. 피해 관련 사후처리 책임자들은 최적의 스케줄링, 정신건강지원, 구조대원과 복구자들의 휴가 등의 사안, 신원 확인을 위해 가족에게 요청하는 개인 정보와 DNA샘플을 받는 민감한 절차, 아동이 재난 현장에 동반하는 것에 대한 결정, 고인을 기리는 의례와 추모 행위, 비극적인 상황에 대한 전통적 의식 및 접근방법, 초기 생존자 및 정신건강인력이 자신의 일상생활로 복귀할 때에 관리 역할이나 지원 방법 등에 대해 정신건강상담을 요청할 수 있으며, 이러한 경우 정신건강상담은 의도하지 않은 트라우마 및 불필요한 스트레스를 감소시킬 수 있다

(Pynoos & Nader, 1988). 또한 재난 상황 시에 요구되는 과중하고 지속적인 역할을 효과적으로 감당하기 위해, 재난심리요원을 위한 정신건강 프로그램 역시 고려되어야 할 점이다. 재난으로 인한 트라우마로 심각한 수준의 심리적 반응을 보이는 생존자들은 종교 집단의 구성원, 현지 학교의 학생이거나 노인 복지관에서 서비스를 받는 대상자, 지역사회 정신건강 시설의 소비자, 혹은 문화적으로 식별된 기관의 일원일 수도 있다. 정신건강에 관여하는 전문 인력, 서비스 제공자, 종교인, 교사 및 봉사자들은 어떻게 자신의 위치에서 생존자들의 트라우마 회복에 기여할 수 있는지에 대해 정신건강상담자들을 통해 지원받고 교육받을 수 있다. 또한 영향을 받은 사업 기관, 혹은 정부 기관은 재난 관련 대응 부서 및 직원들과 경영자들을 위한 체계적인 정신건강지원과 복구 지원 프로그램을 개발하기도 한다(Young et al., 1998).

나) 성인을 위한 장기적인 정신건강개입

(1) 목표 및 우선순위

활용 가능한 자원보다 재난생존자의 수요가 더 많을 경우, 정신건강 대응 관리자는 실현 가능한 목표, 우선순위, 장기적 정신건강지원 제공의 목표를 정해야 한다. 따라서 관리자는 프로그램 및 정신건강 전문 인력이 스트레스를 받지 않도록 주의하여야 한다. 응급 심리 치료 및 위기개입과 같은 즉각적 개입은 심리적 지지가 필요한 생존자의 특성이나 회복 상태를 고려하여, 적절하게 수정되고 개선되어야 한다. 또한 어떤 생존자와 유가족들의 경우 사건과 관련한 공고, 지역 행사, 혹은 법률 절차로 인하여 재난에 대한 반응이나 트라우마와 관련된 증상이 늦게 나타날 수도 있으며, 이러한 경우 심리적 도움을 받기 전에 의료적 지원이 우선되어야 할 수 있다.

대형 재난 발생 시 즉각적 개입 이후, 심층적인 상담이나 심리 치료가 요구되는 경우에는 외상 후 스트레스 장애, 우울, 불안, 외상성 사별에 대한 치료에 대해 충분한 훈련이 되어 있는 정신건강전문가가 심리지원을 제공해야 한다. 또한 재난 후 발생할 수 있는 범죄 피해에 대한 도움, 지원의 손길이 닿지 않는 곳에 대한 도움, 심리 교육, 지역사회 차원의 개입도 실시되어야 하며, 가장 중요한 점은 정신건강지원 제공자는 서비스를 제공받는 개인 및 집단의 특성과 회복 과정의 단계에 따라 개입 서비스를 적절하게 구성해야 한다는 점이다.

장기적 정신건강개입을 위한 활동

• 정신건강 그리고 범죄 피해 도움 서비스가 필요한 개인, 집단을 파악한다.

• 체계적인 검사를 통하여 우선순위의 환자들부터 집중적인 정신건강지원을 제공한다.

• 다양한 수준의 정신건강지원을 제공한다. 봉사활동, 자문, 위기개입, 개인 혹은 집단 상담

• 다양한 수준의 서비스를 제공한다. 재난생존자를 위한 보상금 및 지원제도 안내, 행정 및 사법 절차에 대한 정보, 현실적인 도움, 문제 파악 및 해결

• 지역사회의 의식, 추모의식, 다양한 행사를 위한 심리지원 및 자문을 제공한다.

• 적절한 수준의 심리 교육을 사건에 영향을 받은 생존자, 집단, 건강 및 사회 서비스 제공자 모두에게 제공한다.

다음 부분에서는 재난 피해 관련 서비스, 상담 개입, 지원 집단에 대하여 간략하게 논의할 것이다. 이 부분에서 추후의 연구 및 상담에 대한 정보를 얻을 수 있을 것이다.

① 재난 피해 관련 서비스

재난으로 인하여 피해를 입었을 경우에 생존자는 피해 보상금을 받을 수 있으며, 피해 보상금의 자격, 금액 등은 지역사회가 정한 기준에 따라 다를 수 있다. 이러한 보상금은 의료 및 심리치료 비용, 장례비용, 임금 및 손해비용 등을 포함한다. 또한 위기상황에서의 개입 비용, 응급 수송 비용, 임시 거주지, 상담, 변호 비용도 청구 가능하다. 재난심리요원들은 재난 피해 관련 서비스 제공자와 긴밀하게 의사소통함으로써 사용 가능한 자원들에 대하여 더 잘 알 수 있다.

일반적으로 생존자나 유가족들의 행정 및 사법절차에 대한 이해를 돕고, 이러한 과정에 참여하도록 하게 하는 것은 생존자가 트라우마에 얼마나 영향을 받았는지에 대한 아주 중요한 부분이 될 수 있다. 재난심리요원은 재난 피해 시 집행 절차에 대한 모든 정보를 제공함으로써 생존자의 권리를 보호하는 노력을 기울여야 한다. 생존자나 유가족은 공판 절차를 참관할 수 있으며, 피해 결과에 대한 진술을 할 수도 있어야 한다. 또한 생존자와 관련 희생자들이 법률 절차에 대한 설명, 현재 진행되는 절차에 대한 소식 및 정신적 도움을 받을 자격이 있다는 것에 대한 국민적 인식이 필요하다. 재난심리요원은 재난 관련 집행 절차를 겪는 것이 정신건강에 어떠한 영향을 미치는지 알아야 하기 때문에, 관련 절차가 진행되는 동안 정신건강 지원을 제공하는 것에 대하여 훈련되어 있어야 한다. 다음은 법적 절차에 익숙하지 않은 정신건강전문가를 위하여 범죄 집행 절차에 대한 내용을 간략하게 소개한다.

- 재난이나 테러 발생 이후, 수사를 통하여 충분한 증거를 확보한 다음, 이에 따라 용의자가 검거된다.
- 용의자가 미성년자일 경우, 용의자의 신상 정보는 밝혀지지 않을 수 있다. 최초 수사가 종결 된 뒤, 검사가 사건을 기소한다. 이 시점부터 사건은 검사가 다루게 된다.

- 용의자를 발견하지 못하였거나 용의자의 구속 수사가 불가능 경우, 유가족과 피해자는 범죄 집행 절차가 제대로 진행되지 않는다고 느낄 수 있으며, 더 나아가 그들이 겪은 부당함에 대한 정의가 존재하지 않는다고 생각할 수도 있다.

- 사건 현장에서 수집된 물품 중 일부는 사건의 기소에 중요한 증거가 될 수 있기 때문에 판결이 날 때까지 공개되지 않을 수도 있다.

- 증거로 채택되지 않은 다른 물품들, 예를 들어 소지품, 옷 등은 유가족들에게 반환될 것이다.

- 사랑하는 사람의 유품을 재판에서 처음으로 보게 되는 것은 심리적으로 괴로움을 초래한다.

- 검사와 범죄 피해 관련 대응 및 정신건강 제공자는 유가족이 고인의 유품을 재판에서 처음 볼 때를 위하여 대비하도록 해야 할 것이다. 1988년도에 발생한 팬암 항공 103편 폭탄테러 사고 희생자들의 유품은, 13년 뒤 사건이 종료 되고 나서야 유가족들에게 돌아갔다. 각각의 유품은 잘 정돈되고 포장되어 스코틀랜드의 로커비 형사들에 의하여 직접 전달되었다.

- 검사는 증거들이 용의자를 기소하기에 충분한지 확인하기 위하여 예비 청문회나 대 배심을 열 수도 있다. 이후 청문회가 열리고 용의자가 기소된다. 이 시점부터 용의자는 '피고'로 불리게 되며, 피고가 유죄인지 무죄인지 결정나게 된다.

이러한 절차는 생존자와 유가족에게 상당한 심리적 스트레스가 될 수 있다. 그러나 현재 무슨 일이 일어나고 있는지 알고, 앞으로 발생할 일에 대하여 어떻게 반응할 것인지 예측할 수 있으며, 또한 사회적 도움을 어떻게 받을지에 대하여 계획할 수 있다면, 생존자와 유가족의 통제감이 높아질 수 있다.

- 공판이 진행되기 전에 많은 준비가 필요할 수도 있다. 공판이나 판결은 몇

번이나 연기가 될 수 있으며, 이럴 때에는 유가족들이 미리 계획을 세워놓거나 직장에서 휴가를 얻는 것이 어렵게 될 수도 있다.

- 이러한 공판의 지연이나 연기는 진술하는 것에 대한 생존자들의 두려움을 증폭시킬 수 있다. 만약 사건이 매스컴의 관심을 끌고 있는 경우에는 매스컴의 눈을 피하기 위하여 공판이 동떨어진 장소에서 열릴 수도 있다. 이럴 경우에는 생존자나 유가족들의 참석이 더 어려울 수 있다. 그러나 그들의 재판과 관련한 새로운 소식, 연기, 선고 및 감형 협상 등에 대한 정확한 정보를 얻을 권리가 있다.

- 공판, 재판, 항소는 사건이 발생한 몇 년 동안 진행될 수 있다. 몇몇 생존자는 판사나 배심원 앞에서 피해 결과 진술을 해야 할 수도 있다.

법률 집행 과정을 지켜보면서 필연적으로 생존자나 유가족들은 다시금 고통스러운 정서를 경험할 것이지만, 정신건강상담사는 비극적인 사건을 더 잘 이해하고 받아들일 수 있도록 내담자를 인도해야 할 것이다. 이러한 절차는 상당히 긴 시간을 요구하기 때문에, 재난 및 범죄피해와 관련된 정신건강지원은 이러한 기간에 맞춰 오랜 기간 동안 제공되어야 한다. 트라우마로 인한 고통으로부터 '훈습(working through)' 혹은 재활하는 것은 종종 오랜 시간 동안 여러 단계에 걸쳐 진행될 것이다.

② 상담 및 심리치료 기법

재난 상황에 직접적으로 노출된 생존자, 사랑하는 사람의 죽음을 겪은 사람이나 심각한 부상을 입은 사람들은 집중적인 상담이 필요할 것이다(North et al., 1999; Green, 1993). 더불어, 재난 발생 전 정신 질환, 약물 남용 문제, 혹은 외상 후 스트레스 장애를 겪었거나 현재 겪고 있는 사람의 경우 장기적인 어려움을 겪을 가능성이 더 크다(Halligan & Yehuda, 2000; North et al., 1999; Breslau et al., 1998). 일부 생존자들은 높은 수준의 불안과 스트레스를 지속적으로 겪을 것이며, 일상생활에 영향을 미치는 증상들을 경험할 수도 있다.

외상 후 스트레스 장애를 겪었거나 이러한 증상을 겪기 시작하는 생존자들은 자신의 사고, 감정, 행동에서 트라우마를 지속적으로 경험하고, 재난 상황을 상기시키는 것들을 피하는 것을 기준으로 삶을 살아가게 되어, 결과적으로 자신이 사는 세계가 안전하지 않다는 전반적인 감각을 가지게 된다(van der Kolk, McFarlane, & van der Hart, 1996).

장기적 관점의 치료 목적은 다음과 같다:

- 감정을 안정적으로 유지하며, 스트레스를 조절한다.
- 재난과 관련된 현실에 맞서고 견딜 수 있도록 한다.
- 재난과 관련된 감정들을 표출한다.
- 재난 이후 트라우마 증상 및 반응을 이해하고 이에 따라 대처한다.
- 트라우마와 관련한 의미를 찾아 발전시킨다.
- 재난 이후 경험한 상실 역시 삶의 일부라고 받아들인다.
- 과거의 삶에서 나아가 새로운 삶을 재건한다.

일반적인 치료 방법들은 취약해진 생존자가 괴로운 현실 상황과 이후에 나타나게 될 강렬한 감정들을 얼마나 잘 다룰 수 있는지 파악하는 것에서부터 시작한다. 치료 과정은 때때로 더딜 수 있지만, 생존자가 잘 적응하고 견뎌 낼 수 있는 속도로 진행되어야 한다. 상담자와 생존자의 치료 관계는 이 과정에서 가장 중요한 부분이라고 할 수 있다. 생존자는 상담자가 진심으로 참여하고 트라우마가 개인에게 미치는 중요성을 함께 인내할 수 있을 것이라는 충분한 믿음이 있을 때, 트라우마 경험과 죽음, 자기 회의, 두려움, 고통과 맞닥뜨리는 것에서 심리적 진전을 보일 것이다. 치료자는 생존자의 트라우마 사건과 관련된 공포, 비극, 강렬한 감정에 대하여 들어주고 굳건히 지지해 줄 수 있어야 한다(Raphael & Wilson, 1993; Herman, 1992).

트라우마를 경험한 생존자나 사랑하는 사람을 잃은 유가족들이 재난 및 테러 사건을 뒤로 하고, 새로운 삶을 재건하는 '훈습(working through)' 과정은 일반적으로 긴 시간이 소요된다. 미국의 오클라호마시티 폭탄 테러의 생존자들의 경우 평균 5년이 소요되었다(Office for Victims of Crime, 2000).

상담은 특정 치료 방법을 선택하거나 이들을 복합적으로 사용할 수 있다. 일반적으로 외상 후 스트레스 장애나 외상성 사별에 대한 치료 방법으로는 인지행동치료(Ehlers & Clark, 2000; Young et al., 1998; Foa, Rothbaum, & Molnar, 1995); 단계 중심 치료(van der Kolk et al., 1996; Herman, 1992); 사별에 대한 상담(Raphael et al., 2001; Rando, 1993; Worden, 1982); 안구운동 민감 소실 재처리 과정(Shapiro, 1995); 정신역동 치료(Marmar, Weiss, & Pynoos, 1995; Lindy, 1996; Horowitz, 1986); 약물치료(Friedman, 2000; Davidson and van der Kolk, 1996) 등이 있다. 이러한 치료 방법들은 다양한 수준의 과학적 근거를 통하여 효능이 입증되었다.

정신건강전문가들은 내담자가 특정 치료 방법을 수용할 수 있는지, 이러한 치료 방법이 도움이 될 수 있는지를 바탕으로 적절한 치료 방법을 선택하여야 한다. 트라우마 및 사별에 관한 상담 치료 방법들은 공통적인 부분도 많지만 각각의 차이점도 가지고 있다. 기본적으로 모든 치료 방법은 생존자의 트라우마 반응을 안정화시키는 것을 최우선 목표로 삼고 있고, 약물 치료는 증상을 완화시킴으로써 생존자가 생활을 훨씬 더 정상적으로 할 수 있게 하여 심리 치료에 효과적으로 참여하도록 도울 수 있다.

인지행동치료는 불안에 대처하는 방법, 스트레스를 주는 요인들에 대처하는 방법, 비합리적이고 부적응적인 사고를 변화시킬 수 있는 대처전략을 마련하는데 집중한다. 인지행동치료는 내담자를 재난 사건과 관련한 내용에 반복적으로 노출시키면서 심리적 고통을 주는 요소들을 스스로 처리할 수 있도록 인지적 대응방법을 훈련한다.

정신역동치료는 상담자와 내담자 사이의 치료 관계를 발전시킨 후, 안정적인 환경에서 재난에 대해 이야기하는 것을 통하여 증상을 완화시키는 것을 목표로 한다. 정신역동치료는 트라우마와 관련된 주요 사안들의 연결고리, 생존자의 취약점, 생존자의 사건 발생 전의 삶, 평소의 대처 행동 방법 등을 자세히 살펴본다. 또한 사별에 대한 상담은 일정한 순서나 단계를 거치면서 진행되며, 성공적인 '훈습'을 통하여 치료과정을 마칠 수 있다고 본다.

각각의 치료 방법은 오랜 시간 여러 단계에 걸쳐 회복 과정이 진행된다. 따라서 생존자가 치료 이후 재난을 떠오르게 하는 환경 혹은 심리적 회복을 어렵게 하는 상황을 마주하게 되면, 추가적인 도움과 치료 과정이 필요할 수도 있다.

재난심리요원들은 이러한 방법들을 사용하여 위기개입을 할 수 있겠지만, 위기개입의 경우 일반적인 심리치료에서는 나타나지 않는 다양한 특수성이 있다는 점을 고려하여야 한다. 일반적 심리치료 기법을 위기개입 기법으로 활용하기 위해서는, 특정한 훈련이나 감독이 필수적이며, 정신건강 전문 자격이 요구된다.

③ 집단 치료

집단 치료는 특히 많은 사람들이 희생된 재난에서 살아남은 생존자들에게 적절한 치료 방법이 될 수 있다. 집단 치료를 통해 개인이 느끼는 생각과 감정, 트라우마 증상들은 비정상적인 것이 아니며, 다른 사람들도 경험하고 있는 것임을 알게 될 수 있다. 또한 집단을 통해 사회적 지지를 얻게 됨에 따라 심리적 정상화와 안정감을 확보할 수 있다. 또한, 자신을 이해하는 사람들 앞에서 재난과 관련된 자신의 "트라우마에 대한 이야기"를 하는 것은 매우 강력한 치료법이 될 수 있으며, 더불어 집단에서 스트레스 조절방법이나 문제 해결 방법에 대해 함께 모색해보는 것은 생존자에게 용기와 의욕을 불어넣을 수 있다.

자신이 경험하고 있는 문제로 인하여 스스로가 고립되어있다고 느끼는 생존자의 경우, 지원 집단을 통해 자신의 경험을 공유하고 지지받는 경험을 하게 됨에 따라 더 많은 사회적 연결고리를 얻을 수 있다. 또한 집단 치료를 통해 서비스나 재정 자원 및 다른 종류의 도움과 관련한 정보를 나눌 수도 있을 것이다. 부모 집단, 아이들 집단, 특정 지역 집단, 특정 직업 집단, 특정한 사건을 공유하는 사람들(예: 부모의 사별을 경험한 사람들, 재난으로 인한 트라우마로 인하여 직장을 잃은 사람들, 손주를 키우게 된 조부모들)을 기준으로 집단 구성을 고려할 수도 있다. 집단은 연령, 성별, 혹은 문화적 배경에 따라 구성될 수 있으며, 집단 치료 회기는 구조화된 형식을 지닌 형태로 제공될 수도 있고, 각자의 트라우마 경험 및 회복 과정에서의 고충에 대한 공유, 심리 교육 등으로 구성될 수 있다.

하지만, 강렬한 집단적 역동이 발생할 수 있는 점, 집단 구성원이 복잡한 트라우마 반응과 비탄 반응을 보이는 점 때문에, 집단 치료는 경험이 많은 정신건강전문가와 이상적인 조력자가 함께 이끄는 것이 좋다. 대부분의 경우 집단 치료는 치료 시작 시점에 수립한 목표를 기준으로 제한된 기간 동안 진행된다. 집단구성원들이 이들의 모임을 지속적으로 계속 유지하고 싶어 할 경우, 재난심리요원과 정신건강전문가들은 제한되어 있는 프로그램 자원과 지역사회의 요구를 고려하여, 그 집단의 모임을 지속하는 것이 최선의 방법인지 결정해야 한다. 집단이 상담자의 지휘 아래에서 벗어나 조금 더 자립적 혹은 사회적 지지 모델로 변환하고 싶어 할 경우, 조력자 및 담당자는 이러한 변환을 도와주지만 자신의 공식적인 역할은 종료되었음을 인식해야 한다.

2) 아동·청소년을 위한 정신건강개입
가) 아동·청소년의 대상별 개입

(1) 아동의 반응에 따른 개입

재난을 경험하면 누구나 동요하는 모습을 보이지만, 아동은 특히 이러한 영향을 받기 쉽다. 하지만 대다수 아동은 적절한 지원이 제공된다면 충분히 회복할 수 있는 힘을 가지고 있다. 아동에게 심리지원을 하려고 할 때에 중요한 것은 주위 어른의 안정이 아동의 심리적 안정의 기반이 된다는 점이다. 그러므로 아동에게만 회복을 위한 지원을 할 것이 아니라, 아동 주변의 어른들에 대한 배려도 잊어서는 안된다. 또한, 아동마다 개인차가 존재한다는 점을 유의할 필요가 있다(일본적십자사, 2008).

아동의 경우 상황을 이해하는 힘이나 자신의 감정, 사고를 표현하는 힘이 충분히 발달하지 못했기 때문에, 불안이나 공포, 스트레스를 어른과는 다른 형태로 나타내는 경우가 있다. 특히 몸 상태가 악화되거나 행동의 변화로 나타나기 쉽다(미야기현 정신보건복지센터, 2014). 미야기현의 매뉴얼과 일본적십자사 매뉴얼에서는 피해를 경험한 아동에게서 나타나기 쉬운 반응과 대처법을 다음과 같이 제시하고 있다.

자원봉사자는 평소의 그 아동의 상태를 모르기 때문에, 부모나 그 아동을 잘 알고 있는 사람한테 아동의 상태를 물어볼 필요가 있다. 그리고 아동이 주위 환경과 관계를 맺는 방식이나, 지내는 방식에도 주의를 기울인다. 다른 아동에 비해 이상한 점은 없는지, 연령에 맞는 태도인지, 어떤 놀이를 하는지 등을 본다.

(가) 피해 아동 및 청소년에게 나타나기 쉬운 반응
- 유아 퇴행(오줌 싸기, 손가락 물기, 평소에는 할 수 있는 것을 못하게 되는 등)

- 어리광이 심해진다.

- 부모에게서 떨어지지 않는다, 혼자 있게 되는 걸 무서워한다, 소리에 민감해 진다

- 무서운 꿈을 꾼다, 밤에 잘 운다

- 고집을 부린다, 투덜거린다

- 반항적이게 된다, 난폭해진다

- 재난 체험을 놀이로서 되풀이한다(지진 놀이 등)

- 표정의 변화가 거의 없다, 멍한 모습을 보인다

- 신체적 건강 상태가 안 좋아진다(불면, 두통, 복통, 구토, 알레르기 증상 같 은 지병의 악화 등)

- 들러붙기

- 혼자가 되는 것을 극도로 싫어함

- 퇴행(연령대에 맞지 않은 행동을 하기 시작한다)

이들 반응은 대부분의 경우 아동이 안정을 느끼게 되면 서서히 잦아든다. 아동이 안정을 되찾기 위해서는 일상생활을 함께 하는 보호자에게 아동과 접하는 방법을 이해시키는 것이 중요하다. 또한, 아동은 보호자의 불안을 민감하게 감지해내기 때문에, 보호자가 침착성을 되찾을 수 있도록 하는 지원도 필요하다.

- 유아(미취학아동)

부모－자녀 간에 충분히 소통할 수 없는 상황에 놓이면 보호자에 대한 의존도가 높은 유아에게는 쉽게 정서적인 문제가 발생한다. 이런 경우 유아는 스트레스로 인한 불안을 말로 표현하는 경우는 드물며, 다음과 같은 행동(증상)에 호소하는 경우가 많다.

※ 유아의 행동특성

- 약간의 일로 울거나 반대로 울지 않고 무기력함

- 소음과 진동에 과민하게 반응

- 좀처럼 잠들지 않음

- 특정 물건이나 장소를 극도로 무서워함

- 부모에게서 떨어지려 하지 않음

- 손가락을 빨거나 실금함

- 밤에 울음을 그치지 않음

- 취학 아동

※ 취학아동의 행동 특성

- 내적인 체험을 말로 표현하는 것이 서투른 아동은 불안이나 분노를 다른 형태로 표현하는 일이 많다.

- 흔히 볼 수 있는 행동(증상)으로 퇴행(유아퇴행), 보호자를 떠나지 못하는 분리 불안(붙어서 떨어지려 하지 않음, 혼자 있을 수 없음), 불안, 은둔, 난폭한 행동, 어둠에 대한 두려움, 불면, 신체 증상(틱, 설사, 변비, 복통 등) 등이 있다.

- 부적절한 반응이 밖에서는 나타나지 않고, 「얌전하고 좋은 아이」로 보이더라도 추후 문제를 나타내는 경우도 있다.

(나) 보호자의 역할

함께 있는 시간을 늘린다. 포옹이나 아픈 곳을 문질러 주는 등, 스킨십도 필요하다.

가능한 범위에서 재난 이전의 생활 리듬을 유지한다.

아동이 말하는 것을 부정하지 말고 느긋하게 들어준다. 아동의 감정을 충분히 이해한 뒤, 안심할 수 있는 말을 해준다. 단, 말하고 싶어 하지 않을 경우에는 무리하게 캐물을 필요는 없다.

재난 체험을 놀이로서 반복하는 것은 아동이 진정되어 가는 프로세스이다. 위험하지 않은 한, 무리해서 그만두게 하지 말아야 한다.

재난이 발생하면, TV나 신문, 인터넷에서는 재난 관련 영상이나 기사가 수없이 흘러 나온다. 그 영상 등이 아동의 불안이나 공포감을 자극하는 경우가 있으므로, 시청을 삼가는 등의 주의가 필요하다.

(다) 개입 방법

재난을 경험한 이후, 정신의학적인 문제가 장기간에 걸쳐 일어나는 아동도 있다. 재난이 발생하고 나서 1개월 정도(재난에 따라 해당 기간과 시기는 달라질 수 있음)의 기간 사이에, 아동이 적절한 심리지원을 받게 되면 정신의학적인 문제가 일어나는 것을 일정 부분 예방할 수 있다고 여겨지고 있다. 이 시기에 아동에게 스트레스 요인으로 작용하는 것은, 재난으로 인한 충격 그 자체뿐만 아니라, 재난 후의 자유롭지 못한 생활환경에서 유발되는 요소가 있다.

개입의 목적

• 피해를 입은 아동이나 가족이 조금이라도 안전하게 지낼 수 있도록 하고, 조금이라도 안심할 수 있도록 한다.

• 심리요원은 혼란스러워 하는 아동이나 가족과 관계를 맺고, 마음을 안정시키며, 주위의 사람들과 관계를 맺을 수 있도록 한다.

• 피해를 입은 아동이나 가족이 적절한 행동을 취할 수 있도록 조언을 제공하고, 조금이라도 자신감을 되찾을 수 있도록 한다.

• 피해를 입은 아동을 가족, 친구, 근처 이웃, 학교나 유치원이나 보육원 등 익숙한 생활환경으로 돌려보낸다.

- 재난으로 인해 발생하는 심리적인 영향에 관한 정확한 정보를 제공하고, 피해를 입은 아동이나 가족이 대응하기 쉽도록 한다.
- 전문적인 케어가 필요한 아동을 발견하고, 케어를 받을 수 있도록 소개한다.

아동 대상 심리지원을 행할 때의 원칙

- 장소의 상황이나 분위기를 잘 관찰하고, 개입해야 할지 말아야 할지를 생각한다.
- 갑작스럽게 말을 걸면 무서워하거나 두려움을 표현하는 아동도 있으므로, 일단 아동에게 지금 하고 있는 행동에 대해서 이해하게 한다(예컨대, 상대가 어린 아동이라면 장난감을 보여주는 행동 등).
- 말을 걸 때의 거리감이나 눈높이나 목소리 크기에 주의하고, 아동이 덜 긴장하게끔 한다.
- 가능한 이해하기 쉬운 짧은 말로 이야기한다.
- 아동은 스트레스의 대응방법을 주위의 다른 아동이나 어른한테서 배우는 경우가 많다. 그러니 일단 아동의 부모나 주위 어른을 지원하는 것이 필요하다. 부모에게도 심리지원을 제공함으로써, 부모가 아동에게 충분한 정서적 버팀목을 제공할 수 있도록 한다.
- 만약 피해를 입은 아동이나 가족이 무언가 부탁을 한다면, 가능한 기다리게 하지 말고 곧바로 대응한다. 곧바로 대응해 줌으로써 신뢰감이나 안심감을 확보할 수 있다.
- 피해를 입은 아동이나 가족이 이야기한 것 중 가장 신경 쓰이는 것을 확실히 경청하고, 지나치게 이야기를 확대시키지 않는 것을 원칙으로 생각한다.
- 안전하지 않은데도 위로하기 위해 '안전하단다.'라고 말하거나, 전혀 알 수 없는 상황에서 '괜찮아'라고 안이하게 보증하는 것은 원칙적으로 피한다.
- 재난 직후에 일어나는 대부분의 정서적 반응은 이상한 것이 아니라, '지금은 특수한 상황이므로 이러한 반응을 나타내는 것은 이상한 것이 아니다.'라고

강조하며, 아동의 반응을 안이하게 질병으로서 취급하지 않도록 한다.

- 습관적인 행동을 계속할 수 있도록 한다.

  갑자기 일상에서는 일어나기 힘든 체험을 한 아동한테는, 평소대로 생활할 수 있는 것이 안심감을 만드는 첫걸음이 된다. 예를 들면, 양치, 세수, 인사하기, 학교 가기, 공부하기 등 강제적이지 않고 나이에 맞는 습관적인 행동을 할 수 있도록 지원한다.

- 가능한 한 아동의 요구에 응한다.

  평소보다도 어리광을 부리는 것을 허락한다. 아동은 어리광을 부리면서 괴로운 체험을 극복하려고 하는 것이다. 어리광부리거나 나이에 맞지 않는 요구를 할 때, 아동은 참으면서 슬픔이나 괴로움을 극복하려고 하는 것이다.

- 대화한다.

  적절한 정보를 전달하는 것은 아동한테도 중요하다. 만약 아동이 이야기를 꺼낸다면, 어떤 것이든 귀를 기울여 준다. 사태에 관련된 이야기든, 전혀 관계없는 이야기라고 생각되는 것이든 아동들한테 있어서 대화를 하는 것은 무척이나 중요한 작업이다. 이야기를 들어줌으로써 아동의 정서와 사고, 관심사, 상태에 대처하는 방법 등을 알 수 있다.

아동 연령별 개입

※ 유아 대상 개입

유아의 경우, 본인과 어머니를 비롯해 온 가족의 불안을 해소할 수 있도록 노력한다. 심리적 안정을 도모할 수 있도록 환경을 갖추는 것이 중요하다.

- 이러한 연령대의 아동이 가장 두려워하는 것은, '아무도 자신을 지켜주지 않는 것'이다. 포옹과 같은 신체접촉이 중요하다.
- 자녀와 대화하거나 놀거나 함께 보내는 시간을 늘린다. 놀이터 및 놀이기구(장난감, 그림책, 인형, 공 등)의 확보도 중요하다.
- 아동이 평소와 다른 행동을 취하더라도, 대부분 일시적이다. 주위 사람들은 이성적인 대응을 할 수 있도록 노력해야 한다.

- 3~5세의 아동에게 '여진'을 설명하더라도 아동은 좀처럼 이해하지 못하는 경우가 많다. 여러 번 반복 설명해주는 것이 중요하다.

※ 취학 아동 대상 개입

- 아동이 안정감을 가질 수 있도록 배려한다. 애정을 말과 행동으로 나타내는 것이 중요하다.
- 아동과 제대로 마주 보면서 접촉을 늘리고 자신의 감정을 표현할 수 있도록 배려한다. 함께 있는 시간을 늘리고 함께 잠을 자는 것도 때로는 필요하다.
- 자녀가 활동할 수 있는 장소를 확보한다. 자발적인 놀이를 통해 불안과 두려움을 극복 해 나가는 것이 많으므로, 「지진 놀이」 등은 억지로 그만두도록 하지 않고 지켜 아동이 건설적인 방향으로 눈을 돌리게 한다. 뒷정리를 돕도록 하여 아동이 성취감을 느끼도록 하는 것도 중요하다.
- "무서웠다.", "슬펐다." 등 언어적 표현뿐만 아니라, 편지와 일기, 그리기 놀이 등의 표현 방법을 활용하는 것도 효과적이나, 개별적인 배려가 필요하다. 지진의 그림을 그리고 있는 경우 재난 상황에서 어떻게 자신을 지켜낼 수 있는지, 혹은 어떻게 살게 될지 생각해보는 그림으로 유도하는 것이 중요하다.
- 퇴행 반응을 보일 때, 부모가 그 행동을 엄격히 금지하면 퇴행은 오히려 악화하는 경우가 있다. 반대로, 퇴행 반응을 단순히 용인한다면 아동은 퇴행을 극복하기 어려울 수 있다. 이런 경우는 아동과 서로 이야기하여 어른과 아동 모두 이해할 수 있는 해결 방법을 함께 생각하는 것이 좋다. 이 경우에도 아동 관점에서 대처해야 한다.

나) 아동 · 청소년을 위한 즉각적인 정신건강개입

(1) 목표 및 우선순위

재난심리요원은 학교, 병원 혹은 구조 센터, 도움 센터 등에서 아동, 청소년, 가족들을 처음으로 대면하게 되지만, 이러한 장소는 다양한 기능을 수행하기 때문에 혼란스럽고 시끄러운 경우가 많다. 따라서 진지하거나 사적인 이야기를 나누기에는 적합하지 않다. 많은 사상자가 발생한 끔찍한 재난의 여파로 인해 부모와 보호자는 본인의 요구뿐만 아니라 자녀의 요구를 만족시키려고 할 것이며, 자녀의 안녕을 위하여 정신건강상담을 원할 수도 있다.

부모와 보호자는 아이들의 행동에 관하여 궁금한 점이 있을 수 있으며, 아이들에게 사건에 대하여 어떻게 설명해야 하는지, 사고로 인하여 부모님이 돌아가신 경우 어떻게 아이들을 도와야 하는지, 아이들이 사건 장면을 반복해서 방영하고 있는 TV를 보지 못하도록 TV시청을 제한해야 하는지, 또한 아이들이 장례식에 참석할지, 혹은 먼 친척집에 보내야 하는지, 장례식에서 어른들이 우는 것을 보아도 되는지에 관한 질문을 할 것이다. 따라서 부모와 보호자를 위한 심리교육은 조기 정신건강 대응의 중요한 요소라고 할 수 있다.

재난 발생 직후에는 병원 장면에서 심리지원을 요구하는 경우는 그다지 없다. 이 시기에는 정신의학적인 문제가 악화되는 것을 예방하는 것이 중요하므로, 대피소나 피해가 발생한 현장으로 나가서 지원을 전개할 필요가 있다.

심리 교육 및 다양한 즉각적 정신건강개입의 목표는 재난 이후 트라우마를 경험하거나, 부모님과 사별한 아이들이, 다음과 같은 도움을 받을 수 있도록 하는 것이다.

- 자신의 환경이 안전하다고 느낄 수 있도록 한다.
- 아이가 발생한 재난 사건에 대하여 이해하고 받아들일 수 있도록 한다.
- 자신의 반응을 적절하게 파악하고 표현할 수 있도록 한다.
- 슬픔을 표현하고 트라우마로 인한 스트레스에 효과적으로 대처할 수 있도록 돕는다.
- 연령에 적합한 역할과 행동을 다시 수행할 수 있도록 한다(Pynoos & Nader, 1993; Vernberg & Vogel, 1993).

마지막 두 개의 목표는 단기 개입으로는 성취하기 힘들지만, 회복 단계에서 정신건강개입을 진행하는데 중요한 기초가 될 것이다. 다음 부분에서는 심리적 응급처치, 놀이터, 재난 구조 센터에서의 활동, 학교 개입 등과 같은 다양한 개입에 대하여 다룰 것이며, 마지막 부분에서 아이들과 청소년을 위한 개입에 대한 제안이 제시된 표를 제공한다.

(2) 현장에서 행하는 지원

① 피해를 입은 아동이나 가족과 관계를 맺는다.

a) 혼란스러워 하는 아동에 대한 대응

아동이 혼자라면 아동을 알고 있는 사람을 찾는다. 그리고 아동이 혼란스러워하는 상황에 대해 정보를 수집한다. 만약 아동이 부모와 함께 있다면, 부모가 아동에게 적절하게 신경쓸 수 있도록 지원한다. 부모도 함께 혼란스러워하고 있을 경우에는 부모를 안정시키는 것이 중요하다. 이 때, 부모가 자신감을 잃지 않도록 해야 한다.

b) 혼란스러워 하고 있는 아동을 안정시키는 구체적인 방법

- 우선 아동과 가까이에 있고, 신경써줄 수 있음을 이해하게 한다. '안녕, 나는 ~라고 해. 보건사를 하고 있단다.'라고 말하며, 소속 기관명이 들어간 명찰 등을 보여준다.
- '이름은 뭐니?', '괜찮니?' 등 간단히 대답할 수 있는 질문을 한다.
- 대화가 가능하다면 대화를 지속한다.
- '마음이 괴로워지면, 혼란스러워져서 어떻게 해야 할지 모르게 되지.', '혼란스러워도 시간이 지나면 조금씩 괜찮아질 거야.', '천천히 심호흡하면 편해질지도 모르겠네. 한번 해 볼까?'라고 말하고, 가능할 것 같다면 함께 해 본다.

- 만약 아동이 혼란에 빠지게 된 상황이 명확해지면, 해결책을 세울 수 있는 정보를 제공한다.
- 대화가 불가능한 경우에는, 곁에 있어 주면서 대화할 수 있을 때까지 기다린다. 장시간 대화가 불가능할 것으로 보이거나, 매우 흥분해 있을 경우, 위험한 행동을 보이는 경우에는 정신보건 전문가에게 소개한다.

② 피해를 입은 아동과 가족의 정보를 수집한다

심리지원이 필요한 아동과 가족에 관해, '지원한 아동의 기록'이라는 인쇄물에 기록해 가는 형식으로 정보를 모아 간다. 단, 충격적이고 괴로웠던 사건에 관해서 자세히 캐물을 경우, 생존자가 그 때의 상황을 생생하게 떠올려서 고통을 줄 수 있는 가능성이 있으므로 주의해야 한다.

③ 현실적인 문제를 해결한다

심리지원이 필요한 아동과 가족이 '어떻게든 될 거야.', '스스로도 할 수 있겠지.'라는 식으로 생각하는 경험을 갖는 것은 매우 중요하다. 달성 가능할 것 같은 목표를 설정하고, 목표 달성을 위해 필요한 정보를 제공하고, 구체적으로 행동하는 방법을 가르치고, 실제로 함께 따라다니며 실행하게끔 한다.

④ 추후 심리지원에 관한 정보 제공

재난이 발생한 후의 아동의 심리적 반응에 관한 설명 및 대처법과, 어느 곳에서 지원을 받을 수 있는지에 관해 기재된 팸플릿을 건네주며 설명한다. 팸플릿이 있으면 추후 증상이 발생했을 때에 당황하지 않고 필요한 대처법을 취할 수 있게 된다.

⑤ 소개와 인수인계

소개는 다음과 같은 상황에 실행한다.

· 심각한 수준의 정신의학적 증상이 있는 경우

· 자상이나 다른 사람을 해할 우려가 있는 경우

· 원래부터 발달장애나 정신장애 등의 문제를 안고 있으며, 현재도 호전되지 않고 있는 경우

· 재난으로 인해 큰 상처를 입거나, 폐쇄 공간에 갇히는 등, 무척이나 두려운 체험을 한 경우

· 소중한 사람을 잃거나, 비참한 장면을 목격한 경우

· 재난 후 장기간에 걸쳐(대략 4주 이상의 기간) 정신의학적인 증상이 계속되고 있는 경우

[소개 시 주의사항]
· 수집한 정보를 문서로 정리하여 소개처에 건네준다.
· 소개가 필요한 아동과 가족에게 소개처의 정보를 알려 주고, 소개하는 이유와 어떠한 케어를 받을 수 있는지를 설명한다.

⑥ 재난 이후 아동의 마음 문제에 관한 홍보활동

아동의 심리적인 문제 예방과 문제가 일어났을 때 조기에 지원을 받을 수 있도록 하는 목적으로, 재난 후에 자주 발견되는 아동의 마음 반응에 관한 설명 및 대처법과, 어디에서 지원을 받을 수 있는지에 대해 기재된 팸플릿(부록)을 구호 스태프나 생존자에게 배부한다.

⑦ 아동의 생활환경을 조사하기

대피소에서 아동이 살고 있는 경우에는 어떤 생활환경인지를 조사하고, 아동에게 더욱 적절한 환경을 제공할 수 없는지 궁리한다. 아동의 생활환경을 조사할 때는 아래의 사항을 고려하는 것이 필요할 수 있다.

※ 아동을 위한 놀이장소를 확보할 수 있는가?

아동이 놀 수 있는 장소를 만든다. 어느 정도 어른의 눈길이 미치고, 안전하며, 구호활동에 방해가 되지 않는 곳이 좋다. 아동이 주간에 해당 장소에서 큰 소리를 내며 노는 것을 주변 사람들에게 양해 받도록 한다. 가능하다면 장난감을 제공한다. 만약 장난감이 없는 경우에는 손장난, 끝말잇기, 종이접기, 실뜨기 등을 생각할 수 있을 것이다. 가능하다면 종종 어른이 들어가 상태를 보거나 놀이를 제안하도록 주위 어른에게 조언한다. 사춘기 아동에게 어린 아동을 돌보아 주는 역할을 부탁하는 것도 유용하다.

※ 수면을 취할 수 있는 상황인가?

가족이 함께 모여 안심하고 잠들 필요가 있다. 주위의 시선을 조금이라도 차단할 수 있다면 보다 쉽게 안심할 수 있다.

※ 화장실에 쉽게 갈 수 있는 상황인가?

아동이 부끄러워하거나 무서워하지 않고 화장실에 갈 수 있는 환경을 마련하는 것이 필요하다.

※ 아동이 필요로 하는 물건이 충분한가?

물티슈, 공책, 색종이, 연필, 색연필, 크레용, 비눗방울놀이, 풍선 등

※ 트라우마를 떠올리게 하는 자극으로부터 몸을 지킬 수 있는가?

생존자가 TV나 라디오 방송 등을 시청할 수 있을 경우, 특히 아동과 사춘기 청소년은 그런 보도를 너무 많이 보거나 듣게 되면 괴로워하는 경우가 있다. 부모에게는 아동이 재난 보도를 너무 많이 보거나 듣지 않도록 주의해야 한다. 또한 기자나 그 외 매스컴, 구경꾼들로부터 아동을 보호해야 한다.

※ 아동이 주위 사람들과 좋은 관계를 맺고 있는가?

주위 사람들과 좋은 관계를 가지는 것이 가능하다면, 회복이 순조로워진다. 가족, 친척, 친구와 연락을 취하는 것은 중요하지만, 지금 가까이에 있는 사람들과 관계를 맺는 것도 중요하다. 가능하다면 원래 있는 보육원, 유치원, 학교 등의 집단생활로 빨리 돌아갈 수 있도록 한다. 단, 본래의 생활로 돌려보낸다고 해도, 모두들 지쳐 있을 것이기에 지나치게 노력하지 말고 느긋한 스케줄로 생활하는 것을 명심하게 해야 한다. 또한, 재난 발생 이전부터 집단생활에 적응하지 못했던 아동(예: 등교 거부 아동)을 집단으로 돌려보낼 때에는 주의가 필요하다.

⑧ 소중한 사람을 잃은 아동의 버팀목이 되어주기

소중한 가족을 잃었을 때, 아동에게 일어나는 반응은 가지각색이다. 가족을 사별한 후 곧바로 비탄을 느끼는 경우도 있고, 가족을 잃은 뒤 몇 주가 지나도 그 가족은 살아 있고 돌아올 거라고 믿는 경우도 있다. 유아의 경우에는 '죽음은 일시적인 것이며, 죽은 사람은 다시 돌아온다.'고 생각하는 경우도 자주 있다. 5세~9세 정도의 아동은 대부분 죽은 사람과는 더 이상 만날 수 없게 된다는 걸 알지만, 죽음이 자기 자신이나 아는 사람에게 일어날 수 있는 것임은 믿지 못할 수 있다. 이러한 아동의 반응은 정상적인 것이지만, 소중한 사람의 죽음을 받아들이지 못하는 것이 과도하게 오랫동안 지속되거나, 슬픔을 느끼거나 표현하는 것을 극단적으로 회피하게 되는 것은 추후에 더욱 큰 심리적인 문제로 이어지는 경우가 있다.

아동이 장례식에 가는 것을 싫어하지 않는다면 가게 해도 상관없지만, 싫어할 경우에는 무리하게 강요하지 않는 편이 좋다. 아동이 참석할 수 없는 경우에는 다른 기회를 마련하여 향이나 초를 피우며 기도를 올리거나, 사진 정리 등 간단한 의식을 행하는 것은 유용하다. 고인에 대한 추억을 서로 얘기할 기회가 있다면, 그 사람과의 긍정적이고 즐거웠던 기억을 아동과 공유하는 것이 가능할 수 있다. 아동은 소중한 사람을 잃은 슬픔이나 분노를 표현할 수 있으나, 이러한 표현은 가능한 수용하여야 한다.

상당한 시간이 흐른 뒤에 아동이 고인에 대한 감정을 표현하는 경우도 있다. 보호자나 주변 사람은 그 아동이 감정을 표현해도 좋다고 생각할 수 있게 한다. 소중한 가족을 잃은 아동에게는 [부록 6-2]에 나타나있는 변화가 더욱 일어나기 쉬우므로 잘 읽어 주어야 한다([부록 6-2] 참조). 소중한 가족을 사별한 아동을 지원하기 위해서는 아동의 보호자를 지원하는 것이 중요하다. 보호자도 가족을 잃은 슬픔과 쇼크로 인해 혼란스러워 올바른 판단이나 충분한 양육이 불가능한 경우가 있다. 그러므로 보호자가 일상생활 기능을 유지할 수 있도록 지원하고, 아동에게 일어날 수 있는 변화에 관해 정보를 제공함으로써 보호자가 적절한 판단을 할 수 있도록 돕는 것이 중요하다. 또한, 아동이 아래와 같은 상태라면 전문가에게 소개하는 것을 권유해야 한다.

※ 사별을 경험한 아동의 반응

- 수면과 섭식의 어려움, 주변에 흥미가 없음, 심하게 두려워함 등과 같은 증상의 정도가 강렬하거나 또는 장기간에 걸쳐 지속됨
- 반복해서 죽은 사람의 흉내를 냄
- 죽은 사람과 함께 지내고 싶다고 반복적으로 표현함

부모를 사별한 아동의 경우, 지금은 괜찮은 것처럼 보이더라도 추후에 심리적인 문제가 나타나는 경우가 있다. 따라서 아동이 전문가와 관계를 맺도록 연계하거나, 최소한 심리요원이 장기간 보조해 주는 것이 바람직하다.

예시 6-1 아동 지원 사례 기록지

- 날짜 / 지원한 아동의 이름

- 지원한 장소 / 연령 / 남·여 / 지원한 심리요원의 이름

- 지원을 개시하게 된 경위: 해당되는 것에 O를 표시하시오.

행동	신체	감정	사고
날뛴다	두통	슬프다·외롭다	침습적으로 불쾌한 이미지를 경험한다
폭력·공격적 행동	복통	불안·공포	소중한 사람의 죽음을 받아들이지 못한다
자해행동	수면의 곤란	짜증	악몽
말이 없다	음식 섭취의 곤란	아무 것도 할 마음이 생기지 않는다	결정을 내리기 어렵다
긴장	심한 피로	아무 것도 느끼지 못한다	자책한다
유아 퇴행	배설 문제	멍해진다	과도하게 비관적인 사고를 나타낸다
기타	기타	기타	기타

- 지금 아동과 함께 생활하고 있는 사람에 O를 표시하시오.

  아버지·어머니·형·누나·남동생·여동생·할아버지·할머니·기타

- 아래 서술된 것 중 생존자가 해당되는 것에 O를 표시하시오.

과거의 장애 등 트라우마 · 과거의 정신의학적 문제	O
재난으로 부상을 입음 · 재난으로 생명의 위협을 겪음 · 비참한 광경을 목격함	
소중한 사람(가족이나 친구)의 사망 · 행방불명	
집이 파괴됨 · 집으로 돌아가는 것이 곤란함	
지병이 있다 · 필요한 약을 구할 수 없다	
과거의 부적응(등교 거부나 가정환경의 문제나 발달에 있어서 치우침 등)	
그 외에 신경 쓰이는 것이 있다	

예시 6-2 피해를 입은 아동의 가족이 참고해야 할 사항

성인이라도 심리적인 스트레스나 환경의 변화로 인해, 마음이나 몸의 상태가 좋지 않아지는 경우가 있으나, 특히 아동의 경우는 신체 증상이나 평소에는 볼 수 없는 행동의 형태로 나타나는 경우가 많이 있다. 이러한 신체나 정서의 변화는 결코 놀랄 만한 반응이 아니다.

정상적인 반응이며, 대부분의 변화는 시간이 지나면서 회복되어 간다.

[아동에게 나타나기 쉬운 스트레스 반응]

행동 반응

- 유아 퇴행(오줌 싸기, 손가락 물기 등 본래 말로 표현할 수 있는 내용을 말로 표현할 수 없게 됨)
- 어리광이 심해진다.
- 고집을 부리고 투덜댄다.
- 지금까지는 할 수 있었던 것을 못하게 된다(먹여줬으면 한다. 혼자서 화장실에 가지 못한다).
- 부모가 안 보이면 울며 소리친다.
- 안절부절 못하며 침착성을 상실한다.
- 반항적이거나 난폭해진다.
- 말을 하지 않게 된다. 다른 사람이 말을 거는 것을 싫어한다.
- 놀이나 공부에 집중하지 못하게 된다.

신체 반응	정서 반응
• 식욕이 없어진다, 또는 과식한다. • 잠을 잘 못 잔다, 몇 번이나 잠을 깬다. • 악몽을 꾼다, 밤에 자지 못하고 운다. • 어두운 곳에서 자는 것을 싫어한다. • 몇 번이나 화장실에 간다, 자다가 오줌을 싼다. • 구토나 복통, 설사, 현기증, 두통, 숨	• 짜증이 난다, 기분이 나쁘다. • 지나치게 솔직해진다. • 혼자가 되는 것, 모르는 장소, 어두운 곳이나 좁은 곳을 무서워한다. • 조그만 자극(작은 소리, 부르는 소리 등)에도 깜짝 놀란다. • 갑자기 흥분하거나, 패닉 상태에 빠진다.

쉬기 힘든 등의 증상을 호소한다.	• 현실에 없는 것을 말하기 시작한다.
• 천식이나 아토피 등 알레르기 증상이 심해진다.	• 침울하거나 표정의 변화가 거의 없다.

※ 일상생활에서 지켜야 할 사항

· 가능한 아동을 혼자 두지 말고, 가족이 함께 있는 시간을 늘린다.

· 가능한 식사나 수면 등의 생활 리듬을 무너뜨리지 않도록 해야 한다.

· 아동이 말하는 것이 말이 안 된다고 생각되어도 부정하지 말고 들어 준다. 단, 말하고 싶지 않을 때에는 무리하게 캐묻지 않도록 한다.

· 행동에 변화가 있어도, 무턱대고 꾸짖지 않고, 받아들이는 모습을 보인다.

· 주변의 변화에 지나치게 신경을 쓰는 아동의 경우, 아동의 부담이 너무 커지지 않도록 조심한다.

· 안아 주거나, 아픈 곳이 있으면 문질러 주는 등 스킨십을 늘린다.

· 무서웠던 것이나, 슬펐던 것을 천천히 들어 주며, 다음과 같은 말을 해준다. 이러한 말들은 몇 번이고 계속 해도 좋다.

"네가 이걸 하지 못한다고 해서 부끄러운 게 아니란다."

"걱정되는 것이 있다면 뭐든지 말하렴."

"너는 괜찮아. 아빠나 엄마가 지켜줄 테니까."

부모의 이러한 대응은 적어도 재난 이후 2~3개월부터 반년 동안, 혹은 그 이후에도 계속 반복하는 것이 좋다. 또한 평상시에도 이러한 태도는 아동을 양육하는 데 필요한 바람직한 태도이다. 증상이 장기화되거나, 신경 쓰이는 증상이 있다면 우선 가족이 심리요원에게 문의하여 의료 기관, 보건소·보건 센터 등에 상담한다.

a) 아동을 위한 심리적 응급처치

재난 사건에 직접적으로 관련되어 있었거나 목격한 아동 및 청소년들은 즉각적인 심리지원이 필요할 수 있다. 만약 아이가 혼란에 빠졌거나 충격 받는 등, 이상행동을 취한다면, 보호를 제공할 수 있는 성인이 아이와 일대일로 함께 있어야 하며 아동 정신건강전문가에게 상담을 의뢰하여야 한다. 즉각적 개입은 신체적 안락, 휴식, 현재 발생한 상황, 앞으로 일어날 상황에 대한 반복적이고 구체적인 설명, 현재 자신이 안전하고 안심해도 좋다는 것을 반복적으로 확인시키는 것, 그림을 그리거나 갖고 놀 수 있는 재료를 제공하는 것, 의견을 말할 수 있는 기회를 제공하는 것 등을 포함한다(Pynoos & Nader, 1993). 또한 더불어 트라우마를 경험한 아이에게 간식, 담요, 친숙한 놀이 활동, 적절한 환경을 제공하면 안정을 취할 수도 있다(James, 1989).

※ 놀이터

아이들이 모이는 놀이터는 가족 및 가까운 이웃들이 모일 수 있는 장소에 마련되어 있다. 놀이터에서는 다양한 연령과 관심사를 가진 아이들이 조용한 놀이, 혹은 일정한 형식의 놀이, 혹은 활발한 놀이 등을 할 수 있다. 또한 놀이터에서는 훈련된 반려동물을 이용한 치료 또한 가능하다. 일정한 형식의 놀이 및 장소를 마련해 줌으로써 아이들은 자신의 에너지를 쏟아낼 수 있으며 트라우마를 잠시 잊을 수 있다. 더불어 부모들에게는 잠시나마 휴식의 기회를 제공할 수 있다. 아이들의 놀이가 '강제적인 치료'를 포함해서는 안 되지만, 아동 정신건강전문가들은 아이가 놀이터에서 놀 때 자신의 감정 및 경험에 대하여 이야기 하도록 하거나 자신 혹은 부모에 대한 오해를 바로 잡는 등의 개입을 제공할 수 있다.

b) 재난 구조 센터에서의 활동

일부 청소년들은 재난 상황에서 구조나 타인을 돕는 일이 가치 있다고 여길 수도 있다. 이러한 청소년들은 의미 있고 실체적인 일에 참여함으로써 자기효능감이 상승할 수 있고, 현재 상황에 대한 통제감을 더 크게 느낄 수 있다. 청소년들은 식사와 음료를 나눠주거나, 짐을 옮기거나, 아이를 돌보거나, 구조 센터에서 도움을 제공하는 일을 할 수 있다. 그러나 청소년들이 추가적인 트라우마를 겪을 수 있는 일에 참여하지 않도록 하는 것이 매우 중요하며, 전문가는 이러한 청소년들의 활동을 감독하고, 점검하며, 청소년들의 활동에 따라 정신건강개입을 조절하여야 한다.

다) 아동·청소년을 위한 장기적인 정신건강개입

(1) 목표 및 우선 사항

많은 희생자를 낸 재난 사고를 목격하여 직접적으로 겪거나, 사랑하는 사람을 잃은 아이 및 청소년은 심각한 심리적 문제를 겪을 수 있으며, 회복이 더딜 수 있다. 또한 기존에 있었던 적응 및 학습 장애가 악화될 수도 있다. 일반적인 발달 단계는 각각의 예측 가능한 도전 과제들이 있으나, 트라우마를 경험한 아동과 청소년은 발달 단계의 과제를 해결할 능력을 제대로 발휘하지 못할 수 있기 때문에 치료 과정에서 가족, 학교 및 사회적 안전망 모두가 중요한 역할을 수행하여야 한다.

아동과 청소년을 위한 장기적 정신건강개입 및 치료는 다음의 다섯 가지 목적을 갖는다.

- 각 아동의 고유한 트라우마 경험을 이해한다.
- 트라우마를 상기시키는 것에 대한 대처 방법을 함께 만들어간다.

- 슬픔 및 외상성 사별에 대한 상호 작용에 대하여 이야기한다.
- 학업 성적의 하락과 같은 트라우마 이후 나타나는 역경에 대하여 개입한다.
- 발달 과정에서 놓친 기회, 트라우마와 관련한 귀인양식(내부귀인) 및 세계관을 파악하고 정상적으로 생활할 수 있도록 돕는다(Pynoos et al., 1998).

다음에는 단기 상담기법과 서포트 집단의 역할이 논의될 것이다. 다각도로 접근하는 치료 방법은 아이의 안녕을 위한 '안전망'을 섬세하게 구축하는 것을 포함하며, 마지막에 제공되어 있는 추천 도서와 참고 문헌 목록이 정신건강전문가에게 추가적인 도움을 줄 수 있을 것이다. 하지만, 무엇보다도 각각의 정신건강개입에 충분한 수련이 잘 되어있는 것이 가장 중요하다.

(2) 상담 및 심리치료 기법

트라우마를 경험하거나 부모와 사별한 아동 및 청소년이 내재되어있는 두려움, 환상, 왜곡된 자각(인식), 죄책감, 수치, 자책감 등에 대하여 이해하기 위해서는, 일대일 상담을 통한 안정감, 친밀한 관계, 신뢰를 구축할 필요성이 있다. 시간이 흐름에 따라, 아동은 재난 사건에서 겪었던 극심한 두려움, 공포, 무기력감을 느끼고, 이러한 감정을 파악하고 이해함에 따라 개인적인 대처방법을 발전시킬 수 있다. 이러한 대처방법을 통해, 힘들고 고통스러운 기억에 더 잘 대처할 수 있을 것이다. 아동 상담자들은 미술 치료, 놀이 치료, 치료 게임, 심리극 등을 통하여 아동을 지지하며 위협적이지 않은 방법들을 사용하여야 한다.

(3) 집단 개입 및 지지 집단

아동과 청소년들은 집단 활동이나 지지를 통하여 서로 도움을 얻는다. 학교의 학급, 종교적 집단, 당일 캠프, 청년회, 어린이집 등과 같은 환경이 정신건강개입에 도움이 될 수 있다. 집단 개입은 추모 의식이나 재난 상황과 관련된 내용의 교육,

이에 대한 일반적인 반응, 감정, 대처 방안에 대한 토의 같은 것들을 포함할 수 있다. 이러한 집단 개입을 통하여 위기에 처한 아동 및 청소년을 파악하고 부모에게 연락할 수도 있으며, 재난에 직접적으로 노출되어 트라우마를 경험한 아동 및 청소년들에게 지속적인 집단 치료를 제공할 수도 있다. 일반적으로 위기를 경험하고 있는 아동, 청소년에게는 집단 치료가 훨씬 효과적이다. 트라우마를 경험한 아동 및 청소년들을 대상으로 실시되는 집단치료는 6~10주 동안 이루어지는 것이 일반적이며, 아동 및 청소년들은 집단에서 또래 관계 문제들을 해결할 기회를 얻을 수 있을 것이다(Pynoos & Nader, 1993).

라) 아동·청소년을 위한 학교기반 개입

(1) 학교 개입

학교는 아이들과 청소년들의 삶에 핵심적인 부분이라고 할 수 있다. 학교는 아이들에게 친숙한 환경이자, 다시 일상으로 돌아가기에 좋은 환경을 제공하며, 집단의 경험을 공유하거나 집단상담의 개입도 사용 가능하기 때문에 학교 환경은 사건에 영향을 받은 아이와 그 가족들을 위한 심리지원을 제공하는데 가장 효과적이고 효율적인 장소라고 할 수 있다(Pynoos et al., 1998).

심리지원은 교장, 교사들, 직원들에게도 제공되어야 한다. 교사들과 직원들 또한 그들 자신의 트라우마와 상실에 대한 반응을 경험하고 있을 수 있으며 안전하지 않은 학교 환경으로 돌아가는 것에 대한 불안을 느낄 수도 있다. 또한 사건이 자신과 가족에게 미치는 영향에 대하여 도움이 필요할 수도 있다.

학교 개입은 다양한 방면에서 이루어져야 한다(Flynn & Nelson, 1998). 부모, 직원, 학생들에게 최신 정보와 심리지원을 제공할 수 있는 핫라인을 설치할 수도 있고, 또한 예약하지 않아도 방문이 가능한 병원, 학생 스스로의 필요에 의하거나 부모나 교사의 제안으로 잠깐 들렸다 갈 수 있는 센터 등을 마련할 수도 있다.

부모나 보호자를 위하여 정보와 심리교육을 제공하는 모임을 구성할 수도 있다. 사건을 직접적으로 겪거나, 부모님을 잃거나, 심각한 반응을 보이는 학생들을 위하여 조금 더 특별한 집단을 구성할 수도 있다.

살펴보기 미국의 학교 기반 위기대응(Crisis response Team: CRT)(이동훈 등, 2017)

학교 기반 CRT란, 재난을 포함한 학교 위기 사건이 발생했을 때 제한 기간동안에 전문적인 팀을 파견함으로써 교사 및 전 직원이 학생들을 안정화시킬 수 있도록 돕는 역할을 하는 팀을 일컫는다(Kawano, 2008). CRT 조직은 지역사회의 사건지휘체계(ICS)와 긴밀히 협력한다.

[CRT의 조직 체계]

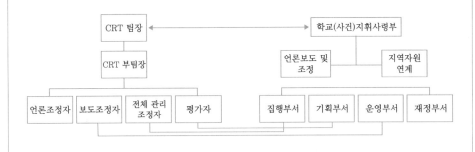

[CRT의 위기대응단계]

위기 전 단계	학교의 위기개입은 위기발생 이전부터 위기대응계획을 세우는 것이 중요하다. 위기 전 단계에서는 학교-지역사회 단위로 위기 계획을 수립하고, 각 단위에서의 CRT 팀 훈련을 정기적으로 시행한다. 안전 향상을 위한 계획을 세우고, 위기대응팀을 지역과 구, 학교 수준에서 구성하고 위기대응팀에 대한 훈련을 실시한다. 또한 모든 학교 직원들을 대상으로 구성된 위기대응팀과 위기대응절차를 숙지하고 나아가 학부모에게도 위기대응팀과 지역자원에 대한 정보를 제공한다.
위기발생 단계	위기상황에서 발생한 신체적, 정서적 피해를 완화시키기 위

	한 단계로, 위험 상황으로부터 학생들을 보호하고, 위기노출을 최소화하며, 안전을 보장하는 것이 주된 활동이다 (Gerler, 2013).
위기직후 단계	위기발생 단계에서 학생들의 신체적, 물리적 안전 확보를 하고 난 후에, 의료적 개입을 통해 부상자를 위한 응급처치를 진해하고, 그렇지 않은 학생들은 따로 분류하여 각 상태에 따라 치료를 제공한다(Brock et al., 2001).
위기 후 단계	위기 발생 후 장기적 단계에서는 기념일과 의식절차를 통해 애도를 공유하고 서로 간 지지하는 자리를 갖는다.

출처: 이동훈, 정보영, 강은진, 명소연. (2017). 미국의 학교기반 위기대응팀에 대한 고찰과 시사점. 비교교육연구, 27(1), 1-28.

(2) 교실 개입

교실 개입은 재난 사건이 발생 후 최대한 빨리 실시하도록 한다. 개입의 효과를 높이기 위하여 교사들과 아동 정신건강전문가들이 서로 협력하여야 하며, 아이들의 연령에 맞춘 교실 개입의 목적은 다음과 같다

- 재난 상황과 관련한 사실의 인지적 이해를 돕는 것과 더불어, 아이들이 가지고 있는 오해를 바로잡는다.
- 아이들이 자신들의 생각이나 감정에 대하여 이야기 할 수 있는 장을 마련한다.
- 위험한 위치에 처해 있는 학생들이나 직원을 파악한다.
- 학생 및 직원들이 정상적인 일상으로 돌아갈 수 있도록 한다(Gillis, 1993; Klingman, 1993).

개입방법은 집단 토의, 자유 및 주제 그림 그리기, 문장 완성, 스토리텔링 (story-telling)과 같은 방법들을 선택할 수 있고(Young et al., 1998; Vernberg &

Vogel, 1993), 교실 개입은 교실을 기준으로 재난 사건 및 트라우마에 대한 노출 정도를 다루고, 두려움이나 불안을 다시금 일으키게 하는 잠재적인 문제들을 최소화시켜야 한다. 정신건강전문가들은 사건을 직접적으로 경험하지 않은 아이들이 외상 후 스트레스 반응의 기준이 될 수 있는 자료 등에 노출되지 않도록 하여야 한다. 심리지원은 언제나 해를 끼치지 않는 것을 최우선적인 원칙으로 고려하여야 한다.

나 특별한 도움을 필요로 하는 생존자 집단에 대한 개입

1) 다문화, 다인종 집단

인구 다양성이 높아지고 세계의 다른 곳에서의 방문객의 유입이 지속됨에 따라 재난생존자를 위한 서비스 개입 시, 생존자들의 문화적, 인종적, 민족적 요인을 다양하게 고려하여야 한다. 한국에서 체류하고 있었던 타문화권 생존자들의 치료를 위해서도 역시 그들의 문화적, 민족적, 인종적 배경을 고려해야 한다. 다문화 집단에서의 적응 수준에 따라 낮은 연령의 생존자의 경우 이중문화적 혹은 지배적인 문화적 견해를 가질 수 있고, 나이가 많은 재난생존자들은 출생지의 방식을 고수할 수도 있다. 또한, 농촌과 도시, 다양한 지역들, 교육적 그리고 사회경제적인 수준, 다양한 연령대, 종교적 혹은 비종교적인 단체 등 사이의 문화적 차이점과 같은 모든 요인들이 재난생존자의 정신건강개입, 치유, 회복에 중요한 영향을 미칠 수 있기 때문에, 정신건강지원, 형사 사법 절차, 긴급 의료 서비스, 검사 절차 등은 문화적으로 세심한 설명, 그리고 조심스러운 접근을 필요로 한다. 정신건강 대응인력은 한국어를 구사하지 못하는 생존자들, 트라우마에 대해 색다른 의미와 경험을 부여하는 생존자들, 문화 특정적 방식으로 감정과 증상을 표현하는 생존자들, 그리고 "정신건강", "회복",

적절한 심리학적 개입에 대해 다른 개념을 가지고 있는 생존자들을 대상으로 부상자 분류와 즉각적인 개입을 차별화하여야 한다.

다른 문화적 관습을 가지고 있는 단체들은 가족을 각기 다른 방식으로 규정하며, 죽음과 장례의 고유한 전통과 의식 절차가 있다. 재난심리요원들이 타문화 집단의 재난생존자들에게 적절한 서비스를 제공하기 위해서는 문화적으로 능숙해져야 한다. 문화 전문가, 영향을 받은 문화적 집단의 지역사회 지도자, 고령자, 해당 지역의 사회 복지사들은 가치 있는 통찰력, 훈련, 그리고 정신건강전문가들을 위한 조언을 제공할 수 있다. 재난심리요원, 프로그램 관리자, 감독관, 관련 전문가 집단은 문화적 민감성에 대한 역량을 갖추는 것이 중요하다. 이러한 역량은 다음을 포함한다.

- 다양성을 가치 있게 여기고, 차이점을 존중하고, 문화적 집단에 적합한 서비스 전달 모델(service delivery model)을 개발하고 적용하도록 노력하는 것
- 의사소통 유형, 사회적 관계 및 대화상의 예절, 문제 해결 방식의 차이점을 인정하는 것
- 적절한 언어로 서비스와 정보를 제공하는 것
- 문화적으로 다른 행복의 의미와 트라우마 사건으로부터의 회복의 의미를 이해하고 존중하는 것
- 문화적으로 용인 가능한 치료법 선택
- 치유 의식(healing ritual)을 비롯한 정신건강 관련된 토속 믿음이나 다양한 방법을 포함 하는 것
- 생존자 집단간의 유대감을 강화하고 개인의 문화적 역량을 찾아내는 것
- 재난심리요원에게 문화적 민감성을 위한 훈련과 감독을 광범위하고 지속적으로 제공하는 것(Office for Victims of Crime, 2000; Hernandez &

Isaacs, 1998).

※ **통역이 필요한 경우**

· 친척, 자녀, 친구를 통역관으로 배치하는 것을 피한다.

· 정신건강과 트라우마 치료에 대한 훈련을 받은 통역관을 기용한다.

· 통역관이 생존자와 관계(rapport)를 형성할 기회를 허락한다.

· 충분한 시간을 허락하라. 순차적인 통역을 한다(생존자가 말한 이후, 통역관
  이 이야기된 내용을 통역한다. 그 이후 정신건강 제공자가 얘기하고, 다시
  통역관이 통역한다).

· 통역관 역시 개인의 가치와 문화가 다를 수 있다는 점을 인지한다. 이러한
  차이점은 오해의 소지를 남기기 때문이다.

· 가능하다면, 통역관도 문화적 민감성에 대한 훈련을 받아야 한다.

· 통역관의 반응을 기록하고, 분석한다(Paniagua, 1998; Westermeyer,
  1995).

※ **문화적 민감성을 고려한 접근**

· 존중, 호의, 비판적 행동을 삼가하고 정중함을 전달한다.

· 당사자 혹은 가족과 이야기를 하려면 허락을 받는다.

· 정신건강 종사자의 역할을 문화적 관련 용어로 설명한다.

· 문화에 따른 행동의 차이를 인정한다.

· 구체적인 필요에 응답한다.

1989년 미국 캘리포니아 스톡턴에서 있었던 총기난사 사건 이후 사용된 다음
의 개입에 대한 설명은 문화적 민감성을 고려한 접근을 보여준다.

"종교적이거나 의학적인 관습을 비롯한 문화적인 신념과 관례를 인식하고, 학교장은 캄보디아인과 베트남인 승려, 베트남인 가톨릭 신부, 그리고 개신교 목사를 포함한 현지의 성직자들을 초대하여 학교와 교정을 위해 축복 의식(blessing ceremony)를 행하도록 하였다. 이것은 아이들과 자기 자신을 죽인 나쁜 사람의 영혼과 다른 나쁜 아이들의 영혼이 남아있는 아이들의 영혼을 붙잡아서 죽음으로 데려 갈 수도 있다는 두려움을 쫓는 행위를 포함하였다. 아이들은 무서울 때 사용할 수 있는 구호를 배웠으며, 아이들과 어른들은 소문과 근거 없는 두려움을 떨쳐버릴 사실적인 정보를 제공받았다(Dubrow & Nader, 1999)."

희망과 의미, 통제력의 상실은 트라우마의 일반적인 양상이다. 새롭게 희망을 갖고, 의미를 재건하고, 통제력을 회복하는 것은 트라우마와 상실로부터의 회복을 위해 필수적이다(Herman, 1992). 전문가들은 대부분의 사람들이 비극적인 트라우마 사건 이후 의미를 찾고, 구조화를 하는 경향이 있는 것으로 보고하고 있다. 따라서 생존자들이 고통스러운 사건에서 의미를 찾아 새로운 삶의 의미를 부여하는 것을 도울 필요가 있다. 지역사회에 대한 서비스와 지원은 지역사회 생존자들을 위한 필수적 요소이다. 지역사회 차원에서 인적 접촉, 호의, 경청, 존중함을 전달하는 것은 문화적 차이를 초월하고, 생존자들이 그들의 경험과 손실을 극복하는 데 있어 중요한 역할을 한다.

상담자는 재난에 영향을 받은 다양한 문화적 집단에 대하여 세심하고 주의 깊게 반응하여야 한다. 사랑하는 사람의 죽음, 지역사회가 겪은 트라우마, 재난이나 테러는 문화적으로 얽혀있다. 죽음과 관련한 의식, 시신을 다루는 적절한 방법, 장례식, 매장, 추모식, 그리고 사후세계에 대한 믿음은 문화적, 지역적으로 깊게 관련되어 있다. 다른 문화권에서 온 가정의 경우, 가족의 심각한 부상으로 인하여 갑작스럽게 서구 문화권의 의료 체계와 맞닥뜨리게 될 것이다. 그들의 모국어가 영어가 아닐 경우에 상황은 더 어렵게 느껴질 것이다. 상담자의 여건이 허락된다면 그들의 주 언어로 정보, 공지, 서비스를 제공하는 것이 필요할 수 있다.

정치적 억압을 받았거나 군사 정권(독재)하에서 피해를 받았던 사람들은 제복을 입은 경찰의 존재 자체에 스트레스 반응을 나타낼 수 있고 트라우마를 경험할 수도 있을 것이다. 테러나 전쟁을 겪은 역사를 가진 집단의 경우 현재의 재난 상황을 이전의 트라우마와 관련된 경험에 비추어 이해할 것이다. 가난, 불평등, 소외, 혹은 높은 범죄율의 환경에 처했던 생존자의 경우 재난의 영향을 더욱 크게 받을 수 있을 것이다. 상담자는 각 집단의 문화적 규범이나 관례, 전통, 정신건강과 트라우마에 대한 집단 내 구성원들의 일반적인 의견; 집단의 역사나 정치적 사안에 대하여 알아야 한다. 지역에서 존중 받는 단체, 서비스 제공자, 기관과 협업을 함으로써 상담자는 더 많은 사람을 위하여 일할 수 있을 것이다.

다음과 같이 행동하여 지역사회의 문화를 존중하여 접근한다.

• 지역사회의 문화에서 공손한 행동을 한다(예: 인사, 신체적 거리, '가족' 구성원의 범위가 어디까지인지 알아둘 것).
• 자신의 역할을 문화적으로 통용 가능한 용어로 설명한다.
• 유대 관계를 형성하기 위하여 시간을 투자한다.
• 정보와 서비스를 적절한 언어로 제공한다.
• 문화적 관습(의식)에 대하여 잘 모를 때에는 물어본다.
• 다양성을 가치 있게 여기고 차이를 존중한다.
• 특수 집단에 대한 적절한 접근 방법을 모색하고 적용한다.

일본 정신신경의료연구센터의 재난 지역 정신보건 의료 활동 지침서에는 다문화적인 대응에 따르면 다음과 같다. 국제화에 따라 모국어로 하지 않는 거주자의 수가 늘고 있으며, 일부는 일시적인 이주자이거나, 학업이나 취업을 위한 체류자일 수 있다. 이들은 모두 언어 이해에 곤란함이 있다는 점에서, '피해 약자'로 간주될 수 있다. 일반적으로 이들은 정보를 충분히 전달받지 못할 수 있고, 이차적인 불안에 빠지기 쉽다. 또한, 필요한 의료나 원조를 받는 것이 어려운 경우가 많다. 대응에 임하는 심리요원은 언어나 생활습관이 다른 해외에서 피해를 입었을 경우에 어떤 곤란한 경우에 빠지는가를 상정하여, 다른 문화권에서 온 생존자들에게 적절한 정보나 원조를 제공할 필요가 있다. 특히 언어 문제에 관해서는 관계기관과 연계하여 신속히 각국 언어에 의한 정보 제공을 하는 것이 바람직하다.

또한 문화에 따라 재난 시의 반응 양식이 다른 경우가 있다. 자신이 속한 문화권과 상이한 대응방식으로 인해 피해를 입었을 때, 집단 행동이나 대피소 생활에 갈등이 생길 수 있는데, 정신보건의료담당자가 이러한 점을 이해하면서 조정에 임할 필요가 있다. 해당 주민의 모국어를 말할 수 있는 자원봉사자 등을 확보하는 것은 유익하지만, 실제로는 필요한 인원수를 갖추는 것은 어렵다. 그 경우에는 지역 외의 전문가에게 의뢰하여 홍보에 다국어로 된 메시지를 게재하거나, 미디어 방송 (재난 정보) 시에 다문화 대응이 필요함을 요청하는 등의 방법이 있다. 다국어 정보제공은 내용적으로는 불충분해지기 쉬우나, 모국어로 정보가 제공되는 것 자체가 해당 주민에게 안심을 안겨 줄 수 있다.

단, 영주권을 가진 외국인의 경우에는 어학 실력이 거의 완성되어 있어 의사소통상의 문제는 없다. 과거에는 재난 시의 집단 심리 속에서 외국인에게 가해를 하는 경우가 발생한 적이 있으나, '한신·아와지 대지진'에서는 대응 활동에 우호적인 협력관계가 관찰된 것을 고려할 때, 외국인을 위한 적절한 정보 제공과 행정처리가 효과적일 수 있다. 정보제공이나 대피소에서의 처우 등을 특별히 다문화 대응에 포함시킬 필요는 없으며, 굳이 그렇게 취급하는 것이 도리어 현장에 혼란을 초래하는 경우도 예상된다.

2) 심각한 수준의 정신질환 양상을 지속적으로 나타내는 생존자 집단

정신 질환 환자가 재난 상황을 겪게 될지라도 필수적인 치료 서비스와 지지 네트워크가 지속적으로 유지될 경우에는 정상적인 활동이 가능하다. 대부분의 환자들은 일반인처럼 위급한 상황에 맞게 행동할 수 있는 능력이 있으며 재난 직후의 상황에서 적절하게 대처할 수 있다. 그러나 이러한 환자들이 재난 사건에 직접적으로 영향을 받아 트라우마 반응을 보일 경우에는 다시 안정적으로 돌아가기 위하여 추가적인 정신건강 지지 서비스, 약물, 혹은 입원 등의 치료가 필요할 수 있다.

기존에 외상 후 스트레스 장애를 갖고 있는 생존자들의 경우 응급 구조와 관련한 자극(예: 사이렌 소리, 헬리콥터, 많은 사상자들의 모습)이 이전의 트라우마 사건과 연합하여 증상이 더욱 악화될 수 있다. 일반 대중이 서비스를 통하여 도움을 받을 수 있는 것처럼 정신 질환을 앓고 있는 생존자나 유가족들을 위한 서비스 또한 도움이 되어야 할 것이다. 상담자는 정신 질환을 가진 사람들이 재난 이후에 제공되는 도움과 서비스에 대하여 어떻게 생각하는지 인지해야 하며, 이러한 도움을 효과적으로 전달하기 위하여 신뢰를 구축하여야 한다.

3) 특별한 관심이 필요한 생존자 집단(유가족, 고령자, 임산부, 재난심리요원 등)

(1) 극심한 영향을 받은 생존자 및 유가족 집단

연구에 따르면, 재난이나 테러, 사람이 다치거나 신체에 손상을 입는 것을 목격하거나, 사랑하는 사람이 살해되는 것을 직접적으로 경험한 사람들은 심각하고 지속적인 행동, 신체, 정서적 반응을 일으킬 가능성이 높은 것으로 나타났다. 그들은 재난 사건 직후 높은 수준의 고통을 겪을 수 있으며, 장차 몇 년 동안 어려운 시기를 겪을 가능성이 있다. 공판, 선고, 항소 등과 같은 형사 집행 절차를 겪는 동안 발생할 수 있는 중요 사건은 다시금 자극이 될 수가 있다.

상담자는 생존자와 유가족에게 현실적인 도움을 제공하고 필요한 정보를 언제든지 얻을 수 있도록 노력하며, 트라우마와 상실을 극복하기 위하여 다양한 방법으로 돕는다. 종교적, 문화적 전통, 의식(제사), 지역사회, 가족, 개인적인 의식, 그리고 상징적 의미를 가지는 행동은 생존자의 극심한 고통을 완화시킬 수 있고, 삶의 의미를 부여하며 지속적으로 삶을 영위할 수 있도록 도울 것이다. 상실과 트라우마에 대처하는 과정의 다양한 시점에서 상담, 지지 집단, 약물 투여, 심리지원, 사회적 활동, 봉사 활동, 예술을 통한 자기표현, 상징적 회복 의식과 같은 활동이나 개입이 도움이 될 것이다.

(2) 고령자

고령자는 갑작스러운 재난으로 여태까지 쌓아 온 모든 것을 잃은 쇼크에 직면하게 되어 더욱 고통스러울 수 있다. 또한, 평소에 혼자서 생활해온 사람들은 고립되는 경우가 많다. 따라서 고령자를 혼자 두지 않고, 커뮤니티와 끊임없이 접촉할 기회를 가질 수 있도록 궁리해 주는 것이 중요하다. 하지만 어디까지나 고령자 자신을 존중하고, 존엄을 지켜줘야 한다는 점을 잊어서는 안 된다. 고령자는 삶의 지혜로 가득 차 있고, 공헌할 수 있는 많은 것을 가지고 있다. 그러한 능력을 발휘할 수 있도록 유도하는 것도 고령자에 대한 중요한 심리지원으로 볼 수 있다(일본적십자사, 2008).

(가) 고령자의 반응 및 증상

노인은 노화에 따른 심신의 증상과 경제 문제를 동시에 안고 있는 경우도 많기 때문에 새로운 환경에 익숙해지기 어렵다. 급격한 환경의 변화와 그에 따른 불안과 동시에 재난에 의한 손실, 미래에 대한 절망감도 같이 경험하게 된다. 이 때문에 심신에 지장이 오기 쉽고, 정신적 치료 요양을 요하는 ASR과 정신착란, 우울증 등이 쉽게 나타난다(후쿠오카 현, 2011).

※ 고령자의 반응

- 쇠약해진 신체로 인해 상처나 질병에 취약함
- 과거를 회상하는 모습이 자주 나타남
- 가족에 대한 의존이 강해지고 행정적·사회적 지원을 거부함
- 밝은 장래를 꿈꾸지 않음
- 상실감이 깊어지기 쉬움
- 수면이나 식욕 등 기본적 욕구의 저하

※ 고령자의 구체적 증상(미야기현 정신보건센터, 2014)

- 신체: 불면, 식욕부진, 지병의 악화, 구토, 현기증, 변비, 설사, 피로감, 심장 고동이 심해짐, 발한, 떨림
- 인지: 건망증, 혼란(일시적인 인지장애를 나타내거나, 인지장애가 진행되어 섬망 상태가 되는 경우도 있음)
- 행동: 쉽게 화를 냄, 정처없이 배회함, 음주와 흡연의 증가, 은둔함, 지원을 거부함
- 정서: 불안, 짜증, 우울, 무기력, 고독감, 초조감, 자책감, 절망감

(나) 고령자에 대한 대응방법

- 혼자 두지 않는다.

다른 사람이 이용할 수 있는 구호나 지원 서비스를 확실히 이용할 수 있도록

한다. 또한, 타인과 교류하는 것은 안심감이나 정보를 얻는 것으로 이어진다. 안심할 수 있는 환경을 확보하기 위해 어디에 있고 싶은지, 누구와 있고 싶은지 등을 물어본다. 기분을 가능한 한 존중해 주는 것이 중요하다.

● 정확한 정보를 전달한다.

발생한 사태나 앞으로 일어날 법한 사실에 근거하여 전달한다. 사태를 파악하고 있다고 느낄 수 있고, 앞으로 일어날 사태에 대비하는 것은 안심감으로 이어진다. 그것을 위해서는 정보가 제대로 전달될 필요가 있다.

● 자신은 도움이 되는 존재라고 느낄 기회를 만든다.

고령자는 과거에 재난을 겪고 살아남은 경험이 있을지도 모른다. 또한, 다양한 능력이나 지혜를 가지고 있다. 얘기를 여쭤보거나, 잘할 수 있는 것을 해주시도록 부탁해 보는 것도 좋다.

● 불안에 대해 안정감을 줄 수 있도록 한다.

생존자와의 신뢰 관계의 구축이 중요하다. 그러기 위해서는 노인의 관점에서 대응해야한다. 이야기를 할 때는 시선을 맞추고 이야기하기 쉬운 분위기를 만들 수 있도록 신경 쓴다.

● 환경의 급격한 변화에 적응하지 못하고 혼란스러워하는 경우가 많으므로 서두르지 않고 천천히 상대의 페이스에 맞게 응대한다.

꾸짖거나 강한 어조로 주의를 주어서는 안 된다. 대피소에서도 재난 이전의 커뮤니티가 가진 형태와 기능을 최대한 유지하는 것이 중요하다.

- 일상생활에서 활동성을 증가시킬 수 있도록 도와야 한다.

멍하게 있는 모습이 눈에 띄는 때는 서로 가볍게 이야기하거나 함께 몸을 움직이는 것이 좋다(체조나 산책 등). 운동은 주변 사람들과의 연대감을 키우는 데 도움이 되며, 동시에 우울한 기분의 개선에도 도움이 된다.

- 프라이버시를 지켜주어야 한다. 대피소 등으로 휴대용 화장실 등을 사용하는 경우 커튼으로도, 혹은 다른 방법을 사용해서 분리해야 한다.

※ 고령자와의 의사소통 기법
- 지금의 상황을 알기 쉽게 반복해서 전달한다.
- '잘 주무시고 계신지', '아픈 곳은 없으신지' 등 심신의 상태를 구체적으로 여쭈어 본다. 고령자들은 지병에 대한 약을 복용하고 있는 분이 많으므로, 수중에 약물을 확보하고 있는지 확인한다.
- 지금 현재 곤란한 점이 없는지, 구체적으로 여쭈어 본다.
- 이름을 부르고, 부지런히 말을 건다.
- 차분하게 이야기에 귀를 기울이고, 심정을 헤아린다.
- 피난 생활에서 활동량이 감소하면, 심신의 기능 저하를 초래한다. 예방을 위해 가능한 한 생활 리듬을 재난 이전과 동일하게 유지함과 동시에 적절하게 몸을 움직이게 한다.
- 고령자가 고립감을 느끼지 않도록 주의한다. 가능한 한 재난 이전의 인간관계를 유지할 수 있도록 배려한다.

(3) 장애인
사회에서 생활하고 있는 장애인 중에는 가족과 살고 있는 사람, 혼자서 생활하는 사람 또는 동료와 공동 생활하는 사람도 있다. 또한 가족과 병원 직원, 보건사로부터 지원을 받으면서 생활하고 있는 사람도 많다. 이러한 경우 장애인들은 재난 때문에 기존의 지원 체제가 작동하지 않게 되면서 불안 상태에 빠지는 일이 많다. 피난처에서의 생활을 위한 이동 및 정보 입수가 어려운 사람이나 정서적으로 불안정해지기 쉬운 사람들도 나타난다(후쿠오카 현, 2011).

혼자서 생활하는 장애인의 경우 혼자서는 약을 꺼낼 수 없고, 치료를 받고 있던 의료 기관을 이용할 수 없는 경우도 있으며, 피난 장소에서 잘 적응하지 못하는 등 질병의 악화나 재발을 일으키기 쉬울 수 있다. 또한, 작업소 등 기존의 생활을 지지하는 장소가 재난 이후 기능을 상실하게 되는 경우가 많으며, 간병인과 떨어지는 것으로 심신의 부담이 증가할 수 있으므로 개개인에 맞는 배려가 필요하다(도쿄도 보건복지국, 2008).

장애인에 대한 대응방법

- 일상생활기능(식사, 배설, 수면, 인간관계 등)의 악화로 정상인보다 어려운 상황에 빠지기 쉽다. 이러한 장애인의 입장이나 심정을 이해한다.
- 장애인의 요구에 맞는 실질적인 지원이 중요하다. 생활 환경의 개선을 도모하는 것이 불안의 경감에 도움이 된다. 다양한 사무 절차의 원조와 정리를 돕기 위한 것이라고 말하면서 커뮤니케이션을 시도하는 것도 중요하다.
- 재난 시의 상황 등에 대해 말하는 것을 망설이는 경우도 있다. 그 마음을 헤아리는 것이 중요하다.

---

(4) 임산부

임신, 출산 후에는 호르몬 균형의 변화와 신체적인 피로가 겹치면서 일반적으로도 우울증에 빠지기 쉽다. 또한 재난에 의한 심신의 스트레스가 가해지면 산모는 심신의 변화를 경험하게 될 수 있다. 후쿠오카 현에서 제안하는 재난 시 임산부에 대한 대응은 다음과 같다.

※ **임산부에 대한 대응방법**

- 「너무 걱정하지 말라」와 같은 대화를 수차례 해준다.
- 육아 물품과 일반 물품 입수의 곤란에서 비롯되는 불안을 최대한 배려한다 (우유, 기저귀, 목욕 등).
- 의료기관이 재개되면 산모와 태아의 건강을 위한 진찰을 권유한다.
- 사생활 보호가 필요하다. 대피소에서는 수유할 때가 되면 커튼 등으로 공간을 분리하는 것도 중요하다.

(5) 인간 서비스, 법률, 응급 구조 제공 인력

응급 구조 그리고 재난 대책본부와 관련한 모든 노동자들은 생존자, 유가족, 그리고 지역사회의 상당한 요구와 맞닥뜨리게 된다. 자신의 역할에 따라 노동자들은 인간이 고통 받는 모습, 죽음, 중상을 겪은 사람들, 유가족들의 요구, 비통함, 지역사회의 분노, 그리고 다른 고난에 대면할 수 있다. 업무에 대한 과잉 관여로 인하여 현장을 떠날 수 없는 상황에서 다양한 스트레스 증상이 나타날 수 있다. 집중하는 데 어려움을 겪거나 생산성이 감소하고, 우울하거나 감정적으로 압도되는 느낌 등의 스트레스 증상이나 과도한 스트레스로 인한 다른 징후들을 경험할 수도 있을 것이다. 이에 재난심리요원을 대상으로 어떻게 개입이 이루어질 수 있는지 다음 장에서 보다 더 자세하게 소개한다.

PART

03

재난심리요원을   위한

개입

07 재난심리요원에 대한 심리적 개입

재난심리요원은 재난 시에 피해 주민들을 돕기 위해 구호 활동에 참여하게 되지만, 재난을 현장에서 직, 간접적으로 경험하게 되는 것으로 인해 생존자와 같은 정신건강문제를 경험할 가능성이 증가하게 된다. 따라서 생존자들을 위한 심리지원에서는 재난심리요원의 정신건강을 유지하기 위한 방법도 중요한 내용으로 다루어져야 한다. 7장에서는 재난심리요원을 대상으로 수행할 수 있는 심리지원을 소개한다.

가 재난심리요원에 대한 심리적 지원

1) 재난심리요원이 처한 상황과 스트레스 요인

가) 재난심리요원이 처한 상황(미야기현 정신보건복지센터, 2014)

- 재난 관련 업무나 장시간 근무에 의해 피로가 축적된다.
- 사명감과 현실의 제약 사이에서 갈등이 생기기 쉽다. 이상적으로 여기는 지원을 하지 못하고, 죄책감이나 무력감을 갖게 될 수 있다.
- 주민들이 분노나 불만(*생존자의 심리적인 반응)을 재난심리요원에게 표현

할 수 있다.

- 재난 현장이나 시체를 목격함으로 인해 트라우마 반응이 일어날 가능성이 있다.
- 재난심리요원 자신이나 가족이 생존자라 하더라도, 자신과 가족을 위한 돌봄이나 지원은 뒷전으로 하고 업무에 종사해야만 하는 경우가 있다.
- 재난심리요원은 생활이 불규칙해지거나 평소의 스트레스 대처법을 실천하는 것이 곤란해지는 것 등에 의해 스트레스가 쌓이기 쉽다. 또한, 재난과 무관한 가족 문제 등을 가지고 있는 경우도 있고, 파견이 장기화될 경우에는 이러한 문제들이 더욱 심화되는 경우도 있다.

나) 재난심리요원의 스트레스 요인(일본 국립정신보건센터, 2003)

(1) 급성기의 업무 형태가 만성화됨에 따른 피로

재난 직후에는 적절한 휴식과 수면을 취하기 어렵다. 원조활동을 할 수 있다고 하더라도, 이러한 업무 형태가 중장기화 될 경우에는 피로 축적 등의 문제가 발생할 수 있다. 또한 급성기에는 일의 전체적인 틀을 고려하지 않고 활동했다 하더라도, 중장기적으로는 각자의 역할 분담을 명확히 할 필요가 있다. 그렇지 않으면 과중한 책임을 떠안게 되어 혼란을 경험하게 됨에 따라, 소진(burn-out)이 발생할 수 있다.

(2) 사명감과 현실적 제약 사이의 갈등

많은 재난심리요원은 생존자 원조라는 순수한 사명감을 갖고 심리지원에 임할 수 있지만, 현실적인 제약이 존재할 수 있다. 가령 소방 활동을 할 때는, 물이 부족하다는 등의 제약이 있을 수 있다. 이러한 경우 이상적이라고 생각하는 원조활동을 할 수 없는 경우가 생겨나며, 심리요원은 사명감과 현실적 제약 사이에서 심리적 갈등을 경험하게 됨에 따라 죄책감이나 무력감이 생기는 경우가 있다.

(3) 생존자와의 직접적인 접촉, 생존자가 심리요원에게 나타내는 강렬한 감정 표현

일반적으로 큰 피해를 입었을 경우에 생존자들은 분노나 죄책감 등의 감정적인 반응을 나타내며, 인적 재난의 경우에는 특히 심각한 분노표현을 나타낼 수 있다. 하지만 직접적으로 책임이 있는 자에게 분노를 표출할 기회는 얻을 수 없거나, 책임소재가 불분명한 경우에는 가까이에 있는 재난심리요원에게 분노를 표출하는 경우가 적지 않다. 재난심리요원이 생존자의 분노를 자신에게 향한 것으로 느낄 때, 큰 스트레스를 경험할 수 있다. 또한 업무의 수행에 제약이 있다고 느낄 때, 더욱 큰 죄책감을 가지거나, 업무에 대한 기피 감정이 생기는 경우가 있다.

(4) 재난 현장 목격에 따른 트라우마 반응

재난심리요원은 일반 주민에 비해 재난의 비참한 광경이나 희생자의 시체 등을 목격할 가능성이 높기 때문에, PTSD 등 트라우마 반응이 생길 가능성이 있다.

(5) 동일 지역에서 온 재난심리요원의 경우, 자신이나 가족이 생존자이거나 또는 여전히 위험에 처해있을 경우

가족, 지인 중에 생존자가 있을 경우, 그에 대한 케어를 희생하고 주민 원조 활동에 임하게 되어 심리적인 긴장·피로감을 가져오게 된다.

(6) 타 지역에서 온 재난심리요원은 파견에 수반되는 생활 불규칙화, 스트레스 대처법의 어려움, 남겨진 가족에 관한 문제 등이 생길 수 있는 점

타 지역에서 온 파견자의 경우, 수면, 식사 등에 부적응이 발생하거나, 일상적으로 행하고 있는 스트레스 대처행동(취미, 운동 등)이 불가능해지기 때문에, 스트레스가 축적되기 쉽다. 특히 파견 기한이 불명확할 경우에는 이러한 스트레스가 더욱 커질 수 있다.

다) 재난심리요원의 세 가지 스트레스 요인(일본적십자사, 2008)

재난 구호 현장에서 재난심리요원은 세 가지 스트레스를 받는다. 따라서 각각의 스트레스에 관하여 대비할 필요가 있다.

※ 위기 스트레스

위기 스트레스란, 생명의 위기를 수반하는 중대한 사태(위기적 체험: crisis)로 초래되는 스트레스를 말한다. 위기적 체험에는 동료의 죽음이나 자기 자신의 부상 등 두려움을 야기하는 체험, 사체나 비참한 광경을 목격하는 것, 구조에 대한 우선순위 결정과 같은 책임이 무거운 결단, 위험한 상황에서의 활동, 임무 실패 등이 있다.

※ 누적 스트레스

누적 스트레스란, 불쾌하고 위험한 환경에서의 구호활동의 어려움, 임무상의 압박감, 생존자에게서 감사를 받지 못하거나 도리어 원망을 받는 등의 경험, 윤리적인 딜레마 등으로 초래되는 스트레스의 축적을 말한다.

※ 기초 스트레스

기초 스트레스란, 구호활동이라는 특수한 상황하의 공동생활에서 수면이나 휴식을 충분히 취할 수 없거나, 팀 내의 인간관계가 잘 풀리지 않거나, 상사의 판단에 납득하지 못함으로써 초래되는 스트레스를 말한다.

라) 스트레스 반응을 좌우하는 세 가지 요인(일본적십자사, 2008)

스트레스 반응은 스트레스의 크고 작음만으로 결정되는 것은 아니며, 스트레스를 경험하는 개인 내적인 특성이나 인간관계, 주위 환경에 의해서도 변화된다.

① 개인 요인

과거에 위기를 극복한 경험을 가지고 있어서 위기를 자신의 성장기회로 생각하는 사람은 스트레스를 쉽게 받지 않는 반면, 자신에 대한 기대가 너무 큰 사람은 쉽게 스트레스를 받는다. 또한, 스트레스 반응과 그 대처법을 알고 있는 것이 스트레스 예방에 도움이 된다.

② 관계 요인

협력적인 가족의 배경을 지니고 있거나, 타인 및 집단에 협조적인 사람은 스트레스에 취약하지 않을 수 있다. 또한 팀 안에서의 인간관계가 양호하고 상호원조가 바탕이 될 경우 스트레스도 줄어든다.

③ 주변 상황

팀에 적절한 리더십과 좋은 커뮤니케이션이 유지되고, 명확한 활동계획이 있으면 스트레스는 감소한다. 단, 생존자와 개인적인 관계가 있는 경우나 취재진 등 타인이 지켜보는 가운데 활동하는 것은 스트레스를 증가시킬 수 있다.

2) 재난심리요원에게 나타나는 스트레스 반응

재난심리요원의 스트레스 반응은 불안이라든지 우울함과 같은 부적절한 증상뿐만이 아니라, 고양감이나 영웅감 등 언뜻 바람직해 보이는 증상도 있어 주의를 요한다. 또한, 임무나 생존자와의 인간관계로 인해 스트레스 반응을 초래하는 경우가 있다.

> ※ '나만이 할 수 있다'는 태도
> 재난심리요원은 자칫 자신이 뭐든 할 수 있을 것만 같은 기분이 되어 구호활동에서 모든 일을 혼자 처리하며 활약하지만, '나만이 할 수 있다'고 믿는 바람에 휴식 없이 계속 일하거나, 책임을 남한테 넘길 수 없게 될 수 있다. 이 상태가 계속되어 스트레스가 누적될 경우 '소진'에 빠지게 된다.

※ 소진(burn-out)

소진이란, 극도로 강한 스트레스를 경험하는 상황에서 스스로의 능력이나 적응력을 모두 소진했을 때에 초래되는 극도의 탈진 상태를 말한다. 일에서 도피하거나, 반대로 일에 몰두할 수 있다. 또한, 음주 행동이 증가하거나, 동료나 생존자를 거칠게 대하며 냉소적인 태도를 취하게 되기도 한다.

※ 생존자에게서 분리되기 어려운 상태

재난심리요원은 생존자한테서 감사를 받고 만족감을 얻지만, 이윽고 생존자가 자립할 수 있게 되어 원조할 필요가 적어지면 생존자로부터 감사를 받지 못하게 될 수 있는데, 이 경우 자신이 거부당하고 부적격자가 된 듯한 느낌에 사로잡히게 될 수 있다.

※ '기존의 일상생활로 돌아갈 수 없는' 상태

재난심리요원은 임무가 끝나 철수할 때에 생존자나 다른 동료를 남기고 돌아가야만 한다는 생각에 좀처럼 끝났다는 느낌을 받지 못할 수 있고, 일상생활에 복귀해서도 자신이 있을 곳을 잃어버린 듯한 소외감을 느낄 수 있다. 또한 자신의 충격적이고 귀중한 경험이 평가받지 못하는 데 실망이나 분노를 느끼거나, 평범하고 일상적인 일을 할 수 없게 되고, 짜증을 나타내는 경우도 있다.

예시 7-1 재난심리요원의 스트레스 증상 자가진단

일본적십자사에서는 다음과 같이 재난심리요원들이 스스로의 문제를 발견하고 도움을 받을 수 있도록 하기 위한 진단 항목을 매뉴얼에 포함시키고 있다.

> (해당하는 항목에 v 체크 하시오) 스트레스 증상에 대해 알고 있는 것이 스트레스 처리에 도움이 된다. 이하의 증상 중 4~5개에 해당한다면 문제없지만, 6~7개 이상에 해당하는 경우에는 주의가 필요하다.

- ☐ 주위에서 냉대받고 있다고 느낀다.
- ☐ 분별없고 무모한 태도를 취한다.
- ☐ 자신이 위대한 것처럼 느껴진다.
- ☐ 휴식이나 수면을 취할 수 없다.
- ☐ 동료나 상사를 신뢰할 수 없다.
- ☐ 상처나 질병에 취약한 상태이다.
- ☐ 사물에 집중할 수 없다.
- ☐ 무엇을 해도 재미가 없다.
- ☐ 쉽게 화가 나고, 남을 비난하고 싶어진다.
- ☐ 불안을 느낀다.
- ☐ 상황판단이나 의사결정을 자주 그르친다.
- ☐ 두통이 있다.
- ☐ 쉽게 잠들 수 없다.
- ☐ 흡연이나 음주가 증가했다.
- ☐ 가만히 있을 수 없다.
- ☐ 기분이 울적하다.
- ☐ 타인과 어울리기 싫다.
- ☐ 문제가 있음을 알지만 구태여 의식하지 않는다.
- ☐ 짜증이 난다.
- ☐ 건망증이 심하다.
- ☐ 발진이 난다.

3) 재난심리요원의 스트레스 대처방법

구호활동으로 초래되는 재난심리요원의 스트레스는 파견 전의 준비단계에서부터 시작되어, 피해 지역에서의 임무 중은 물론, 임무를 종료하고 귀환한 뒤에도 생긴다. 따라서 스트레스 관리도 파견 전, 임무 중, 파견 후 각각의 시기에 맞는 처리가 필요하다. 일본적십자사의 매뉴얼에는 재난심리요원의 스트레스 대처방법을 자기관리와 구호반 등의 팀이나 소속 조직에 의한 지원으로 나누어 설명하고 있다.

가) 스트레스 관리

(1) 파견 전의 준비

구호 파견은 일반적으로 급히 결정되는 경우가 많고, 파견되기까지의 기간도 짧은 것이 보통이다. 따라서 파견이 정해진 뒤 단기간에 구호활동 준비를 함과 동시에 공백 상태가 되는 일상 업무의 대행을 의뢰하거나, 조정하는 것이 필요하다. 또한, 가족과 이별할 준비도 해야 한다.

- 자신의 감정 변화를 있는 그대로 수용하고 표현한다.
- 구호활동을 자신이 성장하는 좋은 기회라고 생각한다.
- 가족 모두가 함께 파견에 대해 준비한다.
- 가능한 긍정적으로, 적극적으로 생각한다.
- 자기 자신이나 가족에게 관용적인 태도를 취한다.

(2) 파견 중의 스트레스 관리

구호활동 중에 받게 되는 다양한 스트레스에 대해서는, 스트레스의 증상을 스스로 파악하고 그에 대한 대비를 할 필요가 있다. 스트레스 관리를 위한 방법은 다음과 같다. 이러한 대처 방법으로 관리할 수 없을 정도로 심리적 부담이 심각한 경우에는, 동료 또는 상사에게 상담하는 것이 중요하다.

- 자신의 감정이 자연스럽고 피할 수 없는 것임을 받아들인다.
- 공포나 스스로도 이상하다고 여겨지는 감정도 남에게 이야기한다.
- 긴장에 대비하고, 안정을 취하는 것을 유념한다.
- 호흡을 천천히 하고 근육의 힘을 뺀다.
- 식사를 잘하고 술이나 담배를 멀리한다.
- 운동을 한다.
- 자기 나름의 스트레스 관리방법을 모색한다.
- 요구되는 임무에 대응할 수 없을 때는 일상 업무를 처리한다.
- 하루하루 자신 주변에서 일어나는 일에 관여한다.
- 새로운 임무나 자유나 독립성을 즐긴다.
- 자신의 성장을 스스로 칭찬한다.
- 동료나 가족의 기분을 이해한다.
- 억측으로 판단하지 않도록 한다.
- 초점을 집중하여 생각한다.
- 복잡한 문제는 요소별로 나누어 생각한다.
- 스트레스 증상에 대비한다.
- 스트레스에 대한 반응은 사람마다 다르다는 것을 이해한다.
- 현실적인 제약을 인식하고, 스스로에게 무리한 일은 지나치게 강요하지 않는다.
- 자신의 바람직한 모습을 스스로 떠올리며 확인한다.

(3) 현장에서 귀환 이후 일상생활 복귀

임무를 종료하고 귀환하는 것은 단지 원래 생활로 돌아갈 뿐인 단순한 사항이 아니다. 구호활동에서 일상생활로 옮겨 가는 것에도 커다란 의식의 변화가 필요하며, 구호활동에 적응하는 것보다 일상생활로 돌아가는 것이 더욱 어려울 수 있다. 이러한 어려움을 의식하지 않고 일상생활로 돌아가고자 하면 가정이나 직장에서 여러 가지 문제를 경험할 수 있거나, '원래 상태로 돌아갈 수 없는' 상태에 빠지게 될 수 있다.

- 임무가 끝났다는 것을 스스로에게 주지시켜야 한다. 보고회에서 활동보고를 하거나, 체험을 기록하고, 체험을 통해 배운 것을 장래 어떻게 활용해나갈 것인가를 생각하는 것도 좋을 것이다.
- 고생한 것은 당신만이 아니다. 당신의 가족이나 동료는 당신이 없는 사이 당신을 걱정하고, 그들 나름의 고생을 했다는 것을 기억해야한다. 서로의 고생을 인정하는 노력이 필요하다. 그러니 당신의 노력이 평가받지 않더라도 화를 내서는 안 된다.
- 일상생활로 돌아갈 때는 구호활동으로 인해 자리를 비운 시간을 되찾겠다는 생각으로 가족이나 친구, 동료의 이야기를 듣고, 인간관계를 회복해 나간다.

(4) 상호원조(버디 시스템: Buddy System)

재난심리요원은 스트레스에서 벗어나기 힘든 상황에 놓여있을 수 있고, 혼자서는 스트레스 증상을 깨닫지 못하는 경우도 많으므로, 동료끼리 서로의 상태를 관찰하고, 도움으로써 앞에서 말한 위험한 스트레스 증상을 조기에 발견하여 대처한다. 또한, 자신이 혼자가 아니라는 것을 이해하는 것은 스트레스에 대한 회복력을 높인다. 이와 같은 과정을 상호원조(버디 시스템)라고 한다.

(5) 리더의 역할

구호반 반장이나 구호팀의 리더는 요원이나 멤버의 안전뿐만 아니라, 스트레스에 대해서도 배려할 책임이 있으며, 필요한 심리지원을 해야만 한다. 이를 위해서는 아래 사항들을 마음에 새겨둘 필요가 있다.

- 집단구성원들에게 스트레스 처리의 좋은 모범이 될 것
- 활동계획이나 역할분담을 명확히 지시할 것
- 멤버에 대해 신경 쓰고 있음을 행동으로 나타낼 것
- 아무리 바빠도 정기적인 휴식을 취할 것
- 디퓨징을 할 것(다음 내용의 참조)

또한, 구호팀 소속의 심리요원이나 자원봉사자에게서 다음과 같은 행동이나 증상이 발견되었을 경우에는 정신건강전문가에게 상담하게 할 필요가 있다.

- 공격적인 행동
- 알코올 및 약물의존
- 감정폭발
- 위험행동
- 우울상태
- 신체증상
- 수면장애

구호반이나 구호팀은 구호활동을 통해 받는 스트레스를 줄이고, 이를 처리하기 위해서 세 종류의 미팅을 할 필요가 있다.

(1) 출동 전의 브리핑

브리핑(Briefing)이란, 출동할 때에 임무 설명과 출동 명령을 받는 것을 말하지만, 여기서는 스트레스 처리법에 대한 정보제공을 심리적 브리핑이라고 한다.

- 목적지나 임무내용을 알고, 어려움이나 위험을 예상함으로써 발생할 수 있는 사태에 대한 마음의 준비를 한다.
- 자신의 역할을 명확히 하고, 자신에게 무엇이 기대되고 있는지를 앎으로써 스스로 큰 기대를 하지 않도록 한다.
- 스트레스 증상이나 그에 대한 자가관리법과 버디 시스템에 대해 이해함으로써 스트레스에 대비한다.

(2) 현장에서의 디퓨징

디퓨징(Defusing)이란, 시한폭탄이나 불발탄의 신관을 제거하는 것이지만, 여기서는 고통스러운 감정에 배출구를 부여함으로써 감정 폭발을 예방하는 것을 말한다. 하루를 마감하며 모두가 모여 그 날에 체험한 것을 대화한다. 이 때, 특정한 개인을 비판하거나 비난해서는 안 된다. 마무리하면서 스트레스 관리에 대한 조언을 나누는 것이 좋을 수 있다.

(3) 임무 완료 시의 디브리핑

디브리핑(Debriefing)이란, 임무를 완료하고 귀환할 때에 멤버가 모여 활동 중에 체험한 사건이나 느낀 점에 관해 이야기를 나누는 것을 말한다. 사회는 리더가

맡지만, 스트레스 증상이 강하고 문제발생의 기미가 보이는 팀원에 대해서는 전문 가의 도움을 얻는 것을 권한다. 디브리핑 참가는 자유지만, 아래의 세 가지 조건을 지켜야만 한다.

비밀유지	내용을 기록하거나, 외부인에게 말하는 것은 금지된다.
체험의 공유	참가자는 자신의 감정이나 분노를 솔직하게 말할 수 있고, 다른 사람들은 이를 비판해서는 안 된다. 임무의 성패나 책임을 추궁하는 것이 아니라, 각자의 반응이나 감정을 공유하고 스트레스의 원인을 생각한다.
교육	스트레스에 의한 반응은 정상적인 반응임을 반복적으로 인식하고, 스트레스에 올바르게 대처하는 방법을 생각한다. 마지막으로 장래에 대해서도 생각해본다.

나 재난심리요원의 자기돌봄

1) 사전에 고려해야 할 점

• 심리적 응급처치를 실시하기 전에 자신이 재난심리요원으로서 얼마나 준비가 되었는지 평가해본다(4장의 예시 "재난심리요원으로서 나의 준비도는?" 참조)

• 적절한 준비와 대비가 되었을 때 재난심리요원으로 참여한다.

2) 재난현장에서 고려해야 할 점

• 생존자의 감정을 경청, 공감하되 지나치게 몰입하지 않아야 한다. 생존자를 돕는 것이 재난심리요원의 역할이지만, 과도한 몰입은 생존자의 심리요원에 대한 의존성을 키울 수 있다. 생존자가 스스로 위기상황에 대처할 수 있도록 용기와 희망을 북돋는 것 또한 재난심리요원의 중요한 역할이다.

- 자신의 한계를 인정해야 한다. 자신에게 주어진 역할에 최선을 다하되 생존자의 모든 문제를 해결할 능력과 책임은 없다는 것을 기억해야 한다.
- 규칙적인 휴식을 취한다.
- 동료, 사랑하는 사람, 가족, 친구 등 신뢰할 수 있는 사람들과 대화를 하며 긴장을 푼다.
- 자신이 해결할 수 없는 문제가 있을 때는 해당 전문가와 의논한다.
- 술, 카페인, 니코틴의 섭취를 줄인다.
- 생존자를 돕기 위해서는 자신의 건강을 잘 관리해야 함을 기억한다.

3) 사후에 고려해야 할 점

- 재난현장의 고통과 괴로움을 잊는 것은 쉽지 않은 일이다. 가능한 무리하지 말고 충분한 휴식을 취하는 것이 좋다.
- 재난현장에서 함께 일한 동료와 이야기한다.
- 재난현장에서 한 실수에 대해 죄책감을 가지지 않도록 한다. 작은 도움이지만 생존자에게 도움이 되었다는 점을 명심해야 한다.
- 재난심리요원들은 극도의 스트레스 사건을 경험한 생존자들과 밀접하게 일하면서 간접적으로 외상경험을 하게 된다. 따라서 일부 재난심리요원은 간접외상 스트레스를 겪을 수 있다. 간접외상 스트레스를 겪게 되면 일차 외상을 경험한 생존자와 유사한 경험을 하게 된다(예: 우울, 두려움, 불안, 불면증, 회피, 약물남용, 악몽, 신체적 고통). 재난 상황에 대한 기억이 계속 떠오르거나 우울, 두려움, 불안, 불면증, 악몽, 신체적 고통 등의 증상이 나타난다면, 주변에 믿을 수 있는 사람에게 도움을 청하는 것이 좋다. 만약 이러한 증상이 1달 이상 지속된다면 전문 의료진 혹은 상담자와 상의해야 한다.

예시 7-2 간접외상 스트레스를 측정하기 위한 척도

이차적 외상 스트레스 척도 (Secondary Traumatic Stress Scale: Bride, et al., 2004; 번역 - 박지영, 2011). 총 점수가 38점 이상이면 간접외상 스트레스를 의심할 수 있다. 반드시 전문 의료진 혹은 상담가와 상의해야 한다(Bride, 2007).

예시 7-2 간접외상 스트레스를 측정하기 위한 척도

다음은 지난 일주일 동안 당신이 경험한 생각과 느낌을 묻는 질문입니다. 해당하는 숫자에 체크(∨)해 주십시오.

	전혀 그렇지 않다	그렇지 않다	보통 이다	그렇다	매우 그렇다
1. 재난 현장에서 내가 한 일을 생각하면 가슴이 쿵쾅거렸다.					
2. 생존자가 겪은 충격을 내가 다시 겪는 것 같았다.					
3. 재난현장과 관련된 일이 떠올라서 당황스러웠다.					
4. 의도하지 않았는데도 생존자 혹은 재난현장과 관련된 일이 생각났다.					
5. 재난현장과 관련된 뒤숭숭한 꿈을 꾸었다.					
6. 미래에 대해 암담함을 느꼈다.					
7. 재난현장을 떠올리게 하는 사람, 장소, 혹은 그 어떤 것이라도 피하고 싶었다.					
8. 잠을 설쳤다.					
9. 뭔가 나쁜 일이 일어날 것 같았다.					
10. 내가 감정적으로 무감각하다고 느					

껐다.					
11. 주변사람들에게 관심이 가지 않았다.					
12. 생존자와 대화 내용 중 일부는 기억 하려 해도 기억 할 수 없었다.					
13. 화를 쉽게 냈다.					

총 합계 점수가 38점 이상이면, 전문가와 상담이 필요

부록

부록 1 재난 직후 관찰이 필요한 생존자의 스크리닝을 위한 체크리스트
(일본 국립신경정신의학센터, National Center of Neurology and Psychiatry: NCNP)

성명	지역			
소속	일시	월 일 오전·오후 시		
	성명			
(휴대)전화번호	연령			
	성별			
	매우	명백히	다소	없음
침착하지 못한 상태다·가만히 있지 못한다				
말하는 것이 정리 되어 있지 않다·혼란스러운 행동을 나타낸다				
멍한 상태다·반응이 없다				
무서워하고 있다·두려워하고 있다				
울고 있다·슬퍼하고 있다				
불안해 보인다·걱정하고 있다				
심장의 고동이 빠르다·숨쉬기가 괴롭다·떨림이 있다				
흥분되어 있다·목소리가 크다				
재난 발생 이후 수면을 취하기 어렵다				

이번 재난 이전에, 큰 사고나 재난 피해를 경험하였다. (　　V　　)
이번 재난으로 인해 가족 중에 소식불명·사망·중상자가 발생했다. (　　　　　)
치료가 중단되어 약이 없는 상태이다(신체 질환을 포함). (　　　　)
특별한 도움을 필요로 하는 대상(고령자, 영유아, 장애자, 병상자, 한국어가 능숙치 못한 자)이다. (　　　　)
가족 중에 특별한 도움을 필요로 하는 대상이 있다. (　　　　)

스크리닝 질문지 <트라우마의 이해와 케어(Yoshiharu Kim; Jiho, 2006)>

스크리닝 질문지

실시일 : 년 월 일

성 명 :

주 소 :

연 령 :   세

성 별 :

비 고 :

【질문】 재난이 발생한 이후에는 일상생활의 변화가 크고, 스트레스를 느끼는 상황이 오랫동안 지속될 수 있습니다. 최근 1개월 동안 다음의 증상을 경험하였는지에 관하여 응답해주십시오.

1. 식욕이 평소와 비교하여 감소하거나, 증가하였습니까?	∨
2. 언제나 쉽게 지치고, 몸이 나른합니까?	
3. 수면은 어떻습니까? 잠들지 못하거나, 도중에 깨는 경우가 많습니까?	
4. 재난에 관한 불쾌한 꿈을 꾸는 경우가 있습니까?	
5. 우울하며 기분이 가라앉기 일쑤입니까?	
6. 짜증이 나거나, 쉽게 화가 나십니까?	
7. 작은 소리나 흔들림에 과민하게 반응하는 경우가 있습니까?	
8. 재난을 떠올리게 하는 장소나 사람, 화제를 피하는 경우가 있습니까?	
9. 떠올리고 싶지 않은데 재난에 관하여 떠올리는 경우가 있습니까?	
10. 이전에는 즐겼던 것을 더 이상 즐기지 못하게 되었습니까?	
11. 무언가의 계기로 재난을 떠올려서 기분이 동요하는 경우가 있습니까?	
12. 재난에 관하여 더 이상 생각하지 않으려고 하거나, 잊도록 노력하고 있습니까?	

【판정기준】

• PTSD 증상: 3, 4, 6, 7, 8, 9, 10, 11, 12 중 5개 이상이 존재하고, 그 중에서 4, 9, 11 중 어느 하나가 반드시 포함되어야 한다.

• 우울 증상: 1, 2, 3, 5, 6, 10 중 4개 이상이 존재하고, 그 중에서 5, 10 중 하나가 반드시 포함되어야 한다.

【비고】 PTSD의 주요 증상 및 우울 증상에 대응하는 문항은 다음과 같다.

• 재경험 증상 : 4, 9, 11

• 회피 증상 : 8, 10, 12

• 과각성 증상 : 3, 6, 7

• 우울 증상 : 1, 2, 3, 5, 6, 10

준비도 평가

[준비도 평가: 나의 준비도는?]
(National Child Traumatic Stress Network와 National Center for PTSD, 2006)
각각의 문항을 읽고 '예' 혹은 '아니오'로 답하면 된다.

문항	예	아니오
감정적으로 불안한(예. 흥분해서 소리지름, 화를 냄, 펑펑 눈물을 흘림) 반응을 보이는 사람과 대화하는 것이 불편하다.		
혼란스럽고 예측할 수 없는 환경에서 일하는 것이 불편하다.		
정신건강과 무관한 활동에 참여하는 것(예. 식수배급, 식사 제공, 청소)이 불편하다.		
지도·감독·슈퍼비전이 거의 없는 환경에서 일하는 것이 불편하다.		
세세한 부분까지 통제 받는 환경에서 일하는 것이 불편하다.		
문화, 인종, 발달수준, 교육수준, 가치관, 신념 등이 다른 사람들과 일하는 것이 불편하다.		
위험한 환경이나 손상에 노출될 위험이 있는 환경에서 일하는 것이 불편하다.		
심리적 지지를 흔쾌히 받아들이지 않는 사람들과 일하는 것이 불편하다.		
다양한 전문가와 함께 일하는 것이 불편하다.		
최근 외과수술이나 의학적 치료를 받은 적이 있다.		
최근 개인적 문제로 인해 스트레스가 많았다.		
지난 6~12개월 이내에 중요한 삶의 변화 또는 상실을 경험했다.		
최근 심한 다이어트를 했다.		

체력이 부족하여 장시간 동안 신체적으로 힘든 상황을 견디는 것이 어렵다.		
(약을 복용하는 경우) 재난 임무 수행 기간 외에 며칠간 더 복용할 수 있는 약을 가지고 있다.		
며칠 또는 몇 주 동안 내가 없으면 가족들이 생활하는데 여러 문제를 겪을 수 있다.		
내가 없는 동안 나의 책임과 의무를 대신할 가족 혹은 친구가 없다.		
해결되지 않는 가족의 문제가 있어 집을 비우기가 힘들다.		
직장 상사(또는 학교 선생)는 내가 심리적 응급처치에 관심을 가지고 참여한다는 사실을 이해하지 못한다.		
재난심리요원으로서 활동하려면 무임금 휴가를 써야 한다.		
쓸 수 있는 휴가나 병가가 없다.		
동료들은 내가 심리적 응급처치에 관심을 가지고 참여한다는 사실을 이해하지 못한다.		

부록 4 자살 위험 수준 평가

자살 위험 수준	자살사고	자살계획	자살수단	자살의도
없음	없음	없음	없음	없음
경미한 수준	있음	없음	없음	없음
중간 수준	있음	있음	있음	없음
심각한 수준	있음	있음	있음	있음

정보 수집 기록지

날짜/장소 _____
생존자 이름 _____
정보수집자 이름 _____

1. 의식상태(맞으면 O, 틀리면 X, 무반응이면 △)

	O	X	△
시간			
날짜			
장소			

2. 말과 언어(해당사항에 V 표시)

☐ 의사소통 거부
☐ 질문을 이해하지 못함
☐ 동문서답
☐ 말의 속도가 느림
☐ 말의 속도가 빠름
☐ 어눌한 말투
☐ 그 외 언어적 특징
(_____)

3. 행동, 정서, 신체, 인지적 특징(해당사항에 V 표시)

행동	정서	신체	인지
☐ 알코올 남용	☐ 슬픔/눈물	☐ 두통	☐ 악몽
☐ 흡연량 증가	☐ 외로움/고독감	☐ 복통	☐ 환각(환청, 환시, 환촉)
☐ 고립	☐ 절망감/무기력감	☐ 그 외 다른 통증	

□ 침묵	□ 불안/초조/안절부절	(_____)	□ 현실부인/도피
□ 타인과의 논쟁	□ 죄책감/수치심	□ 소화불량	□ 피해망상
□ 신체적 싸움	□ 정신적인 무감각	□ 불면증	□ 강박적 사고
□ 과식	□ 감정기복이 심함	□ 과다수면	□ 자기비하
□ 식사거부	□ 제한적인 감정표현	□ 호흡곤란	□ 세상에 대한 원망
□ 연령대에 맞지 않는 행동	□ 그 외 감정	□ 신체부위의 떨림	□ 의사결정능력상실
□ 과도한 움직임	(_____)	□ 깜짝 놀라는 반응	□ 기억력 손상
□ 충동적인 행동		□ 구토	□ 그 외 인지적 특징
□ 공격적인 행동		□ 어지러움증	(_____)
□ 반복적, 목적없는 행동 분리불안		□ 극심한 피로	
□ 그 외 행동적 특징		□ 그 외 신체적 반응	
(_____)		(_____)	

4. 그 외의 다른 특징(해당사항에 V 표시)

□ 과거 다른 재난이나 트라우마 사건 경험
□ 과거 심리적인 문제 경험
□ 과거 알코올이나 마약 문제
□ 이번 재난으로 심각한 부상을 입음
□ 이번 재난으로 학교나 직장을 잃음
□ 경제적 어려움
□ 사랑하는 사람, 가족, 친구의 실종
□ 사랑하는 사람, 가족, 친구의 부상
□ 신체/정신 질환
□ 시력, 청각이 약함
□ 임산부
□ 노인

5. 주변에 도움을 줄 수 있는 사람이 있는가?(해당사항에 V 표시)

☐ 부모, 형제, 자매

☐ 친척

☐ 친구 및 동료

☐ 이웃

☐ 종교단체

☐ 사회/복지 단체

☐ 학교

☐ 전문 상담가

6. 자살, 타살 사고

	자살사고	타살사고
네		
아니오		
심각성 (1=조금심각~5=매우심각)		

7. 필요한 추후서비스로의 연계

☐ 재난 전문 상담가

☐ 의료진

☐ 법조인

☐ 알코올/마약치료사

☐ 종교지도자

☐ 재난상담 전용 전화

☐ 그 외 (_____)

위기상황 평가지

계획	불확실한, 미결정된 계획	자살에 관한 생각	구체적인 자살계획	메모나 유서 작성	자살계획을 적어놓음, 시간 및 장소 확정
방법	미정	약물, 자해	이산화탄소, 가스, 차량 관련 사고	목 매달기, 뛰어내리기	총기
가능성	수단 획득 불가능	수단을 쉽게 획득할 수 있음	준비하기 위하여 약간의 노력이 필요함	당일 수행할 예정	진행 중
시기	미정	몇 주 내로 모호하게 정해짐	몇 주 내 날짜 및 시간 확정	당일 수행할 예정	진행 중
자살 시도 경험	시도 경험 없음	1~2번의 시도	여러 위협이나 시도	자살 시도로 인해 매우 심각한 수준의 위험에 처함	두 번 이상의 심각한 시도
우울 정도	약간 기분이 가라앉음	경미한 우울증	만성적 우울증	극심한 우울증	극심한 우울증 및 무기력감
최근의 상실	특별한 스트레스 없음	하나의 사소한 갈등 혹은 상실	몇 가지 공존 스트레스 요인	주요 상실이나 갈등	몇 가지 유의미한 상실/변화
건강 상태	신체적으로 건강함	일시적인 질환을 경험	장애 및 만성적 건강 문제를 경험	몇 가지 질병이나 부상이 최근에 발생함	최근에 불치병을 진단받음
단절 상태	다른 사람과 소통이 가능하며, 다른	동거인이나 다른 사람과 소통이	근처의 가까운 장소에 소통	홀로 거주, 가까운 곳에 도움을 줄	홀로 거주, 임대 차량 혹은 임대

	사람으로부터 도움을 받을 수 있음	가능함	가능한 사람이 존재함	수 있는 사람이 없음	주거지, 외부와 단절되어 있음
공존 질환	위험요인 없음	1개의 위험요인	1개 이상의 위험요인	다수의 위험 요인들을 장기적으로 경험하고 있음	자살 시도 내력

부록 7 **자살 위험성 평가**

아래의 평가는 상담자가 개인의 자살의 위험을 평가하는 데 이용할 수 있다. 이 평가는 미국 Minnesota Minneapolis의 Hennepin County Crisis Intervention Center에서 사용된 CISPA이다.

주요 위험요인: 아래의 어느 한 가지라도 해당되는 내담자는 자살위험성이 높은 것으로 간주되며, 주의 깊은 치료 개입이 요구된다.

시도:

_____1) 치명적으로 위험한 방법을 사용한 자살 시도(총기, 목을 매기, 높은 곳에서 뛰어내리기 등)

_____2) 심각한 손상을 입히는 수단 혹은 약물을 이용한 자살 시도

_____3) 구조가 불가능한 자살 시도(자살 시도 전 소통 부재, 장소, 시간, 개인의 접근성으로 인하여 발견이 불가능한 경우, 자신의 발견을 적극적으로 막으려는 행동 등)

_____4) 자살시도가 성공하지 못했다는 것에 대해서 후회하는 태도를 나타내고, 지속적으로 시도할 위험성을 보이거나 치료를 거부함

의도: (개인의 직접적인 표현 혹은, 타인의 관찰에 근거한다)

_____1) 즉각적으로 자살을 하고자 하는 의도

_____2) 자살을 위해, 쉽게 접근 가능하며 치명적인 방법을 사용할 의도

_____3) 사망 이후 절차의 준비에 대한 의도(유품 정리, 유서 작성, 자살 메모, 사업이나 보험에 대한 정리 등)

_____4) 자살에 대한 구체적인 의도: 시간, 장소, 기회

_____5) 망설임 없는 자살 의도 혹은 대안을 찾을 수 없음

_____6) 표현된 자살 의도와 상관없이 자신을 죽이는 환상을 봄

_____7) 활성화된 정신증 증상, 특히 정서 장애나 정신분열

_____8) 자살 의도는 있는 것처럼 보이나, 적절한 평가에 협조하려고 하지 않음

2차 위험 요인: 다음 요인들 중 절반에 해당한다면 자살 위험도가 높은 수준에 해당된다.

_____1) 절망 상태

_____2) 최근에 중요한 사람의 사망을 겪음

_____3) 직장을 잃거나, 재정적인 어려움이 생김

_____4) 심각한 상실, 스트레스, 변화의 발생(피해를 당하거나 고소의 가능성, 임신, 중병 등)

_____5) 사회적 단절

_____6) 현재 혹은 과거의 정신 질환

_____7) 현재 혹은 과거에 약물 중독/남용 경험

_____8) 자살 시도 경험

_____9) 가족 구성원의 자살을 겪음(최근 가까운 친구가 자살한 경우도 포함)

_____10) 현재 혹은 과거에 충동 조절이나 반사회적 행동을 조절하는데 어려움을 겪음

_____11) 심각한 우울 증상, 특히 죄책감을 느끼며 스스로 가치 없는 존재

라고 느끼며, 무기력을 경험

_____12) 최근에 별거 혹은 이혼을 겪음

_____13) 변화를 받아들이지 않으려고 함

아동 지원 사례 기록지

- 날짜 / 지원한 아동의 이름

- 지원한 장소 / 연령 / 남·여 / 지원한 심리요원의 이름

- 지원을 개시하게 된 경위: 해당되는 것에 O를 표시하시오.

행동	신체	감정	사고
날뛴다	두통	슬프다 · 외롭다	침습적으로 불쾌한 이미지를 경험한다
폭력 · 공격적 행동	복통	불안 · 공포	소중한 사람의 죽음을 받아들이지 못한다
자해행동	수면의 곤란	짜증	악몽
말이 없다	음식 섭취의 곤란	아무 것도 할 마음이 생기지 않는다	결정을 내리기 어렵다
긴장	심한 피로	아무 것도 느끼지 못한다	자책한다
유아 퇴행	배설 문제	멍해진다	과도하게 비관적인 사고를 나타낸다
기타	기타	기타	기타

- 지금 아동과 함께 생활하고 있는 사람에 O를 표시하시오.

  아버지 · 어머니 · 형 · 누나 · 남동생 · 여동생 · 할아버지 · 할머니 · 기타

- 아래 서술된 것 중 생존자가 해당되는 것에 O를 표시하시오.

과거의 장애 등 트라우마 · 과거의 정신의학적 문제	O
재난으로 부상을 입음 · 재난으로 생명의 위협을 겪음 · 비참한 광경을 목격함	

소중한 사람(가족이나 친구)의 사망·행방불명	
집이 파괴됨·집으로 돌아가는 것이 곤란함	
지병이 있다·필요한 약을 구할 수 없다	
과거의 부적응(등교 거부나 가정환경의 문제나 발달에 있어서 치우침 등)	
그 외에 신경 쓰이는 것이 있다	

피해를 입은 아동의 가족이 참고해야 할 사항

성인이라도 심리적인 스트레스나 환경의 변화로 인해, 마음이나 몸의 상태가 좋지 않아지는 경우가 있으나, 특히 아동의 경우는 신체 증상이나 평소에는 볼 수 없는 행동의 형태로 나타나는 경우가 많이 있다. 이러한 신체나 정서의 변화는 결코 놀랄 만한 반응이 아니다.

정상적인 반응이며, 대부분의 변화는 시간이 지나면서 회복되어 간다.

[아동에게 나타나기 쉬운 스트레스 반응]

행동 반응

- 유아 퇴행(오줌 싸기, 손가락 물기 등 본래 말로 표현할 수 있는 내용을 말로 표현할 수 없게 됨)
- 어리광이 심해진다.
- 고집을 부리고 투덜댄다.
- 지금까지는 할 수 있었던 것을 못하게 된다(먹여줬으면 한다. 혼자서 화장실에 가지 못한다).
- 부모가 안 보이면 울며 소리친다.
- 안절부절 못하며 침착성을 상실한다.
- 반항적이거나 난폭해진다.
- 말을 하지 않게 된다. 다른 사람이 말을 거는 것을 싫어한다.
- 놀이나 공부에 집중하지 못하게 된다.

신체 반응	정서 반응
• 식욕이 없어진다, 또는 과식한다. • 잠을 잘 못 잔다, 몇 번이나 잠을 깬다. • 악몽을 꾼다, 밤에 자지 못하고 운다. • 어두운 곳에서 자는 것을 싫어한다. • 몇 번이나 화장실에 간다, 자다가 오줌을 싼다.	• 짜증이 난다, 기분이 나쁘다. • 지나치게 솔직해진다. • 혼자가 되는 것, 모르는 장소, 어두운 곳이나 좁은 곳을 무서워한다. • 조그만 자극(작은 소리, 부르는 소리 등)에도 깜짝 놀란다. • 갑자기 흥분하거나, 패닉 상태에 빠진

• 구토나 복통, 설사, 현기증, 두통, 숨 쉬기 힘든 등의 증상을 호소한다. • 천식이나 아토피 등 알레르기 증상이 심해진다.	다. • 현실에 없는 것을 말하기 시작한다. • 침울하거나 표정의 변화가 거의 없다.

※ 일상생활에서 지켜야 할 사항

· 가급적 아동을 혼자 두지 말고, 가족이 함께 있는 시간을 늘린다.

· 가급적 식사나 수면 등의 생활 리듬을 무너뜨리지 않도록 해야 한다.

· 아동이 말하는 것이 말이 안 된다고 생각되어도 부정하지 말고 들어 준다. 단, 말하고 싶지 않을 때에는 무리하게 캐묻지 않도록 한다.

· 행동에 변화가 있어도, 무턱대고 꾸짖지 않고, 받아들이는 모습을 보인다.

· 주변의 변화에 지나치게 신경을 쓰는 아동의 경우, 아동의 부담이 너무 커지지 않도록 조심한다.

· 안아 주거나, 아픈 곳이 있으면 문질러 주는 등 스킨십을 늘린다.

· 무서웠던 것이나, 슬펐던 것을 천천히 들어 주며, 다음과 같은 말을 해준다. 이러한 말들은 몇 번이고 계속 해도 좋다.

"네가 이걸 하지 못한다고 해서 부끄러운 게 아니란다."

"걱정되는 것이 있다면 뭐든지 말하렴."

"너는 괜찮아. 아빠나 엄마가 지켜줄 테니까."

재난심리요원의 스트레스 증상 자가진단

일본적십자사에서는 다음과 같이 재난심리요원들이 스스로의 문제를 발견하고 도움을 받을 수 있도록 하기 위한 진단 항목을 매뉴얼에 포함시키고 있다.

(해당하는 항목에 v 체크 하시오) 스트레스 증상에 대해 알고 있는 것이 스트레스 처리에 도움이 된다. 이하의 증상 중 4~5개에 해당한다면 문제없지만, 6~7개 이상에 해당하는 경우에는 주의가 필요하다.

☐ 주위에서 냉대받고 있다고 느낀다.

☐ 분별없고 무모한 태도를 취한다.

☐ 자신이 위대한 것처럼 느껴진다.

☐ 휴식이나 수면을 취할 수 없다.

☐ 동료나 상사를 신뢰할 수 없다.

☐ 상처나 질병에 취약한 상태이다.

☐ 사물에 집중할 수 없다.

☐ 무엇을 해도 재미가 없다.

☐ 쉽게 화가 나고, 남을 비난하고 싶어진다.

☐ 불안을 느낀다.

☐ 상황판단이나 의사결정을 자주 그르친다.

☐ 두통이 있다.

☐ 쉽게 잠들 수 없다.

☐ 흡연이나 음주가 증가했다.

☐ 가만히 있을 수 없다.

☐ 기분이 울적하다.

☐ 타인과 어울리기 싫다.

☐ 문제가 있음을 알지만 구태여 의식하지 않는다.

☐ 짜증이 난다.

☐ 건망증이 심하다.

☐ 발진이 난다.

간접외상 스트레스를 측정하기 위한 척도

다음은 지난 일주일 동안 당신이 경험한 생각과 느낌을 묻는 질문입니다.
해당하는 숫자에 체크(∨)해 주십시오.

	전혀 그렇지 않다	그렇지 않다	보통 이다	그렇다	매우 그렇다
1. 재난 현장에서 내가 한 일을 생각하면 가슴이 쿵쾅거렸다.					
2. 생존자가 겪은 충격을 내가 다시 겪는 것 같았다.					
3. 재난현장과 관련된 일이 떠올라서 당황스러웠다.					
4. 의도하지 않았는데도 생존자 혹은 재난현장과 관련된 일이 생각났다.					
5. 재난현장과 관련된 뒤숭숭한 꿈을 꾸었다.					
6. 미래에 대해 암담함을 느꼈다.					
7. 재난현장을 떠올리게 하는 사람, 장소, 혹은 그 어떤 것이라도 피하고 싶었다.					
8. 잠을 설쳤다.					
9. 뭔가 나쁜 일이 일어날 것 같았다.					
10. 내가 감정적으로 무감각하다고 느꼈다.					
11. 주변사람들에게 관심이 가지 않았다.					
12. 생존자와 대화 내용 중 일부는 기억하려 해도 기억 할 수 없었다.					
13. 화를 쉽게 냈다.					

총 합계 점수가 38점 이상이면, 전문가와 상담이 필요

참고문헌

본 QR코드를 스캔하시면
『재난심리지원: 이해와 개입』의
참고문헌을 확인하실 수 있습니다.

찾아보기

저자 소개

이동훈(DongHun Lee)

미국 플로리다대학교(University of Florida) 박사

현)
성균관대학교 사범대학 교육학과 교수(상담교육전공 주임)
성균관대학교 외상심리건강연구소 소장
전국대학상담센터 협의회 회장
행정안전부 <중앙재난심리회복지원단> 위원
법무부 법무보호위원
한국상담심리학회 상담심리사 1급, 한국상담학회 전문상담사 수련감독급, 게슈탈트
상담학회 전문가

전)
성균관대학교 카운슬링센터장
한국상담학회 대학상담학회 회장
부산대학교 부교수
한국청소년상담원 상담조교수
GS-칼텍스정유 인재개발팀

<수상이력>
2024 교육부총리겸 교육부장관상 수상, 교육부 학술연구지원사업 우수성과 50선
선정
2022년 법무부 장관상 <범죄예방을 위한 학술적 기여>
2021년 행정안전부 장관상 <국가연구개발우수성과: 재난분석을 통한 심리지원모
델링개발>

김정한(Jeong Han Kim)

현)
캘리포니아 주립대학교 로스앤젤레스 캠퍼스(California State University, Los
Angeles) 재활상담학 프로그램 교수 및 프로그램 코디네이터
전 텍사스텍 의과대학 외상센터(Texas Tech University Health Science Center,
Medical School, Dept. of Surgery, Timothy J. Harnar Trauma and Burn
Center) 겸임 교수

전문 분야:
덕성 기반 심리사회 적응 모델(Virtue-Based Psychosocial Adaptation Model, VPAM) 창시자
만성 질환 및 장애에 대한 심리사회적 적응 연구

전)
텍사스 대학(리오 그란데 밸리) 재활서비스 및 상담대학(School of Rehabilitation Services and Counseling), 부교수(Associate Professor)
Ph.D. 프로그램 코디네이터
재활상담사(Certified Rehabilitation Counselor, 미국)
텍사스 텍 대학교 임상상담 및 정신건강학과 교수(Department of Clinical Counseling and Mental Health)
위스콘신 대학교(메디슨 캠퍼스) 재활심리학 박사
텍사스 텍 의대캠퍼스(Texas Tech University Health Science Center), 일반외과, 화상 및 외상센터 겸임교수(Department of Surgery)

김은하
미국 오하이오 주립대학교 박사
현 아주대학교 심리학과 교수
한국상담심리학회 상담심리사 1급, 미국 일리노이주 심리학자 자격증

신지영

University of Iowa 상담심리 박사과정
성균관대학교 석사 졸업 (상담교육전공)
한국상담심리학회 상담심리사 1급, 임상심리사 2급, 청소년상담사 2급

이혜림

한국여성인권진흥원 사원
성균관대학교 석사 졸업 (상담교육전공)
한국상담학회 전문상담사 2급, 청소년상담사 2급

재난심리지원: 이해와 개입

초판발행   2025년 3월 4일

지은이   이동훈·김정한·김은하·신지영·이혜림
펴낸이   노 현

편 집   배근하
디자인   BEN STORY
제 작   고철민·김원표

펴낸곳   ㈜ 피와이메이트
               서울특별시 금천구 가산디지털2로 53 한라시그마밸리 210호(가산동)
               등록 2014. 2. 12. 제2018-000080호
전 화   02)733-6771
f a x   02)736-4818
e-mail   pys@pybook.co.kr
homepage   www.pybook.co.kr
ISBN   979-11-6519-298-3   93180

정 가   28,000원

박영스토리는 박영사와 함께하는 브랜드입니다.